人文江蘇

山水情

凌鼎年——著

《自序》山水情懷，人文底蘊

凌鼎年

我雖然祖籍是浙江湖州的，但我出生在江蘇，讀書在江蘇，工作在江蘇，江蘇於我，屬於生於斯，長於斯的地方，從感情上來說自然與其他省份是不一樣的。

我出生於江蘇省的太倉，這是長江入海口的第一個城市，也是江蘇省東南的第一道大門，與上海接壤，而一九七一年，我踏上工作崗位的所在地，是江蘇沛縣，屬徐州管轄，這是江蘇最北的一個縣，有意思的是，我們單位的圍牆竟被作為了江蘇與山東的省界線。我一個學生娃，從江蘇最南的太倉到了江蘇最北的沛縣，行程一千多里，卻沒有走出江蘇。七十年代的交通遠不能與現在相比，那時候從我工作的單位微山湖畔的大屯煤礦回一趟太倉的家，坐火車的話，得整整一天，搭單位去上海的卡車，中途需在高郵住夜，得兩天時間。這也罷了，最難以理解的是，我探親回到太倉，油票、糖票等一概沒有，理由是沒有出江蘇省。如果誰從相鄰幾公里外的上海嘉定縣葛隆鎮到太倉探親，油票、糖票等都有了，因為跨省了。

就這點而言，我當年是吃虧了，但如果以阿Q的心理來說，我也算得到補償的，那就是有機會行千里路。我曾多次從太倉到沛縣，從徐州到蘇州，沿路的各縣各市、各鄉各鎮我都不止一次地經過，沿途風光，一覽無遺，風土人情，盡收眼底，權當采風，權當觀光。

後來因為文學的關係，我得以每年有機會參加筆會、研討會、評審會、講課、采風等各種活動，也就走了不少地方，我不敢說我走遍了江蘇的每一個縣市，但江蘇的縣市百分之八九十我是去過的，有的還不止去過一次。我是個寫得比較雜的作家，小說、散文、隨筆都寫，也是寫得比較勤的作家，走到哪寫到哪。七八十年代還沒有「行走文學」的概念，無非寫些遊記散文與詩歌之類，留些痕跡，不虛此行吧。日積月累，我撰寫的遊記散文應該有好幾百篇，其中寫江蘇的遊記估計也有上百篇，我生出了編遊記集子的想法。記得我編過一本遊記散文集《萬水千山總是情》，內容涉及海內外風光風情的。我還想編輯、出版一本專寫江蘇山山水水的遊記，此想法有好幾年了，多年前，我就結集了一本，集子取名為《遊山玩水江蘇篇》。那時我還不懂電腦，所謂結集，就是把涉及江蘇山山水水的稿複印一份，整理在一起，編個目錄而已。大約收了七八十篇作品，編好了也就編好了，也從來沒有主動去尋找出版社出版，靜候機會吧。

這次有機會出版這本集子，算是一償夙願，但現在出版社的年輕編輯都只看電子稿，等我著手重編的時候才發現，我早年寫的作品都沒有電子版，甚至沒有列印稿，也就懶的再去翻找、列印，有幾篇算幾篇吧。我翻出了前幾年編的《遊山玩水江蘇篇》，又增加了若干篇近年寫的，在電腦裡尋找電子稿，大約找到五十來篇，作為一本集子，似乎單薄了點，我又翻找列印稿，又找到了二十多篇，我只好請朋友動用現代化設備掃描，省去了我的列印之累。這樣，共有七十六篇寫江蘇的遊記，雖然不是我寫江蘇遊記的全部，但多數篇章收錄進去了。

回想起來，七八十年代，我一度是詩歌發燒友，那時，每到一個地方，就即興寫詩，且以古體詩為主，記得有次去鎮江，金山、焦山、北固山，寫了好幾十首呢，至今一首也沒有發表過，屬自娛自樂性質，不是對自己的詩不自信，實在是古體詩讀者寥寥，這些詩也就塵封於我的抽斗裡。那時，看山看水後，寫詩歌的興致遠高於寫遊記，大約九十年代後，我不再寫詩，若有機會登高臨水後，就以遊記散文記之，算是另一種形式的到此一遊。

這些年來，我有幸跑遍了全國所以的省市，西藏、內蒙古、海南島，港澳臺都去過了，但最難忘的依然是江蘇，依然是家鄉太倉這塊熱土，寫的最多的無疑也是太倉。因為我撰寫、出版過《江蘇太倉旅遊》，不少寫太倉景點的文章已收到那書中了，這次就盡量不重複了。我曾在微山湖畔生活過二十年，小沛、泗水亭，微山湖、微山島，徐州雲龍山、雲龍湖、獅子山、戶部山我都寫過，都是三四十年前寫的，倒不是悔少作，而是沒有電子版，只好割愛。

在排目錄時，我採用了從南到北按線路排列的方法，先太倉，再昆山，再常熟，再蘇州，再無錫，再常州，從蘇南到蘇中到蘇北，最後寫到連雲港。在定書名時，最簡單的辦法是現成的《遊山玩水江蘇篇》，但我總覺得不是太貼切。第一，我筆下的景點，幾乎沒有一處是專程去旅遊的；二，江蘇景點與大陸其他省市的景點其區別在於它的人文內涵。走的多了你就會發現，有幾個省的旅遊是以自然山水來吸引遊客的，而江蘇的旅遊最大的賣點是人文景觀。鑒於此，我把集子更名為《人文江蘇山水情》。

如果讀者讀了我的這本集子，對江蘇的山水風景，對江蘇的人文底蘊有所瞭解，有所嚮往，那就是對我最大的褒揚。

二〇一〇年八月十四日於太倉先飛齋

二〇一一年九月三日改

目次

唐飛故鄉金太倉

唐飛，乃臺灣前行政院院長，在位時間雖不長，但在臺灣民眾中卻有相當不錯的口碑。臺灣的文化人、媒體人周玉寇與寧育華還專門撰寫過《唐飛──在關鍵年代裡》的長篇傳記。為了寫好這本書，周玉寇與寧育華在二〇〇〇年三月特地到了唐飛的家鄉──中國大陸江蘇的太倉市，深入採訪了唐飛的家鄉人與尚健在的親屬。筆者作為唐飛家鄉的作家，有幸接待了周玉寇與寧育華兩位同道。後來還獲贈了兩位女作家合作的《唐飛──在關鍵年代裡》的專著。二〇〇二年五月，我以江蘇省太倉市文化交流訪問團團長的身份到寶島臺灣做了十天的訪問。原本想與唐飛先生接觸一下，可惜唐飛先生當時在美國未能見到。今年八月，唐飛與夫人張明燦專程來太倉尋根訪祖。

在臺灣時我們順道拜訪了《投資中國》雜誌社，總編當面向我約稿，但回大陸後，諸事繁雜，文債欠了多月才得以完稿，慚愧慚愧。

太倉的歷史

大家都知道，皇帝的老子叫太上皇，皇帝的母親叫皇太后，皇帝的兒子叫太子，皇帝的老師叫太傅，以此類推：太倉太倉，顧名思義，就是皇帝的糧倉。太倉的歷史可以追溯到良渚文化時期，有四千五百年歷史。相傳春秋戰國時期的吳王楚君，在此屯糧置倉，供奉朝廷，於是有了「太倉」這地名。

太倉乃江南魚米之鄉，歷來富庶。清康熙年間，蘇州轄一州七縣，當時民間流傳這樣的說法，即：「金太倉、銀嘉定、銅常熟、鐵崇明、豆腐吳江、叫化昆山、紙長州、空心吳縣。」此段評述可在清代褚稼軒的《堅瓠集》中查到。注意，這兒的金、銀、銅、鐵不是指太倉、嘉定、常熟、崇明四地出產金銀銅鐵，意為金銀富厚，銅臭，鐵剛，豆腐淡，叫化齷齪，紙薄，空心虛偽也。經考證，清代就有的這說詞，無非是指官位的肥瘦，就是說在太倉做官收入最厚，銀低一等，銅鐵再低一等，豆腐只夠苦開銷，叫化（乞丐）最差，要貼開銷，紙是薄，空心是空歡喜。寓指在上述縣市當官補缺的油水大小，換句話說，這七縣中，太倉最富，經濟狀況最好。

太倉的興盛與港口分不開的，歷史上的劉家港，從今瀏河鎮到太倉南郊的南碼頭，作為長江入海口的一個港口，在宋代時已發揮作用，《水滸》裡就描寫過混江龍李俊等人在宋江招安後從太倉劉家港浮桴出海的。當然，太倉的真正的繁榮，是從元朝定都大都後開始的，當時元朝開闢了從劉家港到天津的海上漕運航線，負責把江浙的糧食運往大都。定為歲制，這樣，劉家港就成了「古六國碼頭」、「天下第一碼頭」，成了「天下之良港」、「東南之富城」。

明清兩代是太倉的全盛時間，據不完全統計，官至宰相的有兩位；尚書（部長級）有十二位；侍郎（副部長級）約二十位；狀元三位、榜眼五位、探花三位、會元五位、解元五位、進士三百一十四位。文化名人更是舉不勝舉，且不少還是領袖式人物。如明代文壇後七子領袖王世貞，曾獨主文壇二十年，其《弇州山人四部稿》等著作，卷數之多，內容之廣，很少有人超過他；明代的魏良輔，被公認為昆曲之「鼻祖」，他長期生活在太倉南郊，所以昆曲又叫「南碼頭曲」；明代復社領袖張溥，他所寫的《五人墓碑記》為《古文觀之》壓軸篇，膾炙人口，張溥故居早已修復並對外開放；與唐伯虎齊名的大畫家仇十洲是太倉人；明代古琴大師徐上瀛是太倉人；有「江左三大家」之稱的大詩人吳梅村是太倉人，他所寫的《圓圓曲》：「慟哭三軍皆縞素，衝冠一怒為紅顏」，讀書人幾乎沒有不知道的。

清代正統宮廷畫派婁東畫派，即太倉畫派，統治畫壇兩三百年，被後人稱之為國畫正脈的「四王畫」，其中王時敏、王鑒、王原祁三位是太倉人，其中另一位王翬是太倉王時敏、王鑒的學生。近代太倉也是名人輩出，南社四劍之一的俞劍華是太倉人；有「新聞界釋迦牟尼」之稱的俞頌華是太倉人；一代電影名導，導演過《清宮秘史》的朱石麟是太倉人；中國新舞蹈的奠基人吳曉邦是太倉人；一代畫壇大師朱屺瞻是太倉人；中國現代山水畫開創者之一宋文治是太倉人；交通大學的創始人唐文治是太倉人；有中國居里夫人之稱的女物理學家吳健雄是太倉人；美國阿波羅登月計畫的技術主管、美國火星探測計畫的技術主管陸孝同是太倉清代狀元陸增祥的後裔；曾任美國化學家協會主席的女化學家朱汝華是太倉人；諾貝爾物理學獎獲得主，現任美國奧巴馬政府能源部長的朱棣文教授祖籍也是太倉。

人口僅四十五萬的太倉，先後有兩院院士有十一位，按人口比例，全國第一。除此外，據考證：江南絲竹發源於太倉（已批准為國家級非物質文化遺產）；昆曲起源於太倉南碼頭（昆曲歷史上叫南碼頭曲，是聯合國教科文組織評定的世界級非物質文化遺產）；麻將起源於太倉；中國四大神話之一牛郎織女傳說降生於太倉（宋代龔明之的《中吳紀聞》，范成大的《吳郡志》都有明確記載）；世無前例的明代鄭和下西洋均是從太倉劉家港起船揚帆的，至今還留有鄭和當年朝拜過的天妃宮、大鐵釜等古蹟。城內還有十字交叉的兩條人工河流，一條為西元一二〇〇年前開鑿的鹽鐵塘，一條為九百多年前在宋代至和年間開挖的致和塘，還有明代大文豪王世貞築的弇山園，明代大學士首輔王錫爵建的南園，以及王錫爵故居大學士第等，還有元未築的樂蔭園，清代的錢氏花園等。在城內的致和塘上，就有三座元代的石拱橋。還有始建於晉朝的雙鳳寺、唐代的普濟寺、宋代的南廣寺、元代的玉皇閣、天妃宮、明代的同覺寺等。總之，太倉的文化底蘊極其厚實，是名符其實的歷史文化古城。

太倉的現狀

太倉作為一個縣級市，面積只八百二十二點九三平方公里，人口也只四十五萬左右，是江蘇略大於揚中市的一個縣市。但由於太倉的地理位置得天獨厚。位於上海與蘇州之間，被稱之為浦東的後花園，而上海與蘇州，正是目前中國大陸經濟最發達，改革開放最有成效的地區。太倉東瀕長江，是長江入海口的第一座城市，因此戰略位置極其重要。有人形容長江乃華夏大地的一條巨龍，而長江口乃龍嘴所在位置，而太倉恰好似龍嘴中的一顆夜明珠。從經濟地理學的角度看，世界上凡江海交匯的地方都是經濟最發達的地區之一，而且無一例外是重要的港口城市，可建萬噸級碼頭的岸線早就搶佔一空了。而太倉，由於五十年代初，行政區劃歸上海還是不劃歸上海的原因，江蘇擔心太倉早晚被上海吃掉，不敢輕易投資，上海因太倉地屬江蘇，不是自己的屬地不好自作主張規劃，因此也遲遲未投資，就這樣一耽擱再耽擱，造成了太倉境內的長江沿線至今尚有二十五公里深水黃金岸線可以開發，成了一塊碩果僅存的投資風水寶地。

由於太倉的長江段江面寬闊，岸線穩定，都可建萬噸級碼頭，五萬噸級的海輪能原地掉頭，再加上太倉背靠蘇錫常，腹地遼闊，這種腹地的經濟實力不是一般地區可相比的。

上海浦東的開發，也輻射到了太倉，帶動了太倉的發展，從直線距離看，太倉離上海市區要比上海市多個郊縣近得多。太倉市中心到上海虹橋機場只三十五至四十分鐘的路程，到浦東國際機場也只七十五分鐘時間。更重要的是太倉人的素質好，受教育的程度要比一般縣市高得多。歷史上，太倉就是個文化人輩出地方，且多位還是領袖式的人物，因此太倉人溫文爾雅，社會風氣好，治安狀況好，適宜居住，適宜投資。近年，太倉更是以乾淨、清靜、安全而著稱，有「東方新歐洲」之譽，凡來過太倉的海內外友人，無不伸出大拇哥誇獎太倉。

太倉與昆山相鄰，到昆山市區只十八公里。昆山的臺資企業是中國大陸最集中的地區，因此昆山在臺灣有很高的知名度。其實，歷史上，昆山是隸屬於太倉的，元代元祐元年（西元一三一四年）至元至正十七年（西元一三五七年）昆山州就是設在太倉的。明弘治十年建太倉州，昆山、常熟、嘉定、崇明都屬太倉管轄。因為太倉歷來被稱之為「小壯蟹」，人均產值、人均儲蓄等歷年來在江蘇名列前茅，所以搞開發區慢了一拍。但太倉有港口，以港興市，後來居上，不是沒有可能的。據瞭解，隨著外商、臺商對太倉的瞭解，來太倉投資的外資企業、臺資企業越來越多。

因為太倉畢竟有港口。特別是那些原材料與產品需大進大出的企業，到太倉來開工廠是最划算的，光每年省下的運輸費就是筆不小的開支。

經過幾年的快速發展，太倉的外資企業、臺資企業正在大幅度增長，已形成了氣候，像太倉新區的德資小區，有一百多家德資企業，是德國在大陸最集中的企業群，像太倉陸渡地區的臺資自行車城，其規模在整個中國數一數二，臺灣自行車行業有點知名度的企業差不多全到了那兒。

太倉近年的發展勢頭很好，其經濟實力被國家排名為全國百強縣市第九位，而發展後勁被國務院有關部門排為全國百強縣市第一位。目前太倉已是全國衛生城市、全國園林城市、全國旅遊城市、全國文化先進市、全國文物工作先進市、計劃生育全國先進縣市，被授予「中國月季高峰論壇永久舉辦地」，還被有關部門授予「中國長壽之鄉」、「中國民樂之鄉」、「中國武術之鄉」、「中國橋牌之鄉」「中國龍獅之鄉」、「中國微型小說之鄉」……

近年，太倉新建了鄭和公園、金倉湖公園、江南第一牡丹園、現代農業示範園、豔陽農莊、豔陽山莊、花卉園、西廬園等處大型園林，至於城市遊園小區就更多了，陸續闢了數十個，綠地面積大大增加，到了太倉就像到了江南的花園城市。像太倉新建的圖博中心、藝術中心、傳媒中心都是一流的；前幾年造的體育館也很氣派，不少大型國際體育賽事都放在太倉進行。太倉還擁有五星級的金陵花園酒家、錦江國際大酒店、寶龍大酒店等多家，以及多處極有個性有文化品位的度假村與餐飲場所。太倉還有百年名牌的肉鬆、糟油、雙鳳爊雞等土特產；還有河豚、鰣魚、刀魚、鮰魚等長江四鮮，有江海湖三鮮節、有雙鳳羊肉節、有牡丹花卉節、有中國航海節、有沙溪古鎮旅遊節、曉邦舞蹈藝術節，還有國際自行車嘉年華等，太倉的電話、手機持有率，也都是走在全中國最前面的。總之，交通、通訊、住宿、餐飲、休閒、娛樂等，太倉都一應俱全，極為便利，太倉的古鎮沙溪與烏鎮、周庄、甪直、西塘、南潯等一樣被評為中國歷史文化名鎮，近年也成了一個旅遊熱點，鎮上還修復了國民黨要人陸京士的故居，陸京士曾當過臺北的市長，老臺灣人可能還有印象。

當然，投資需要回報，從這個角度講，太倉也是塊黃金寶地，一是土地價格比之浦東便宜得多；二是勞動力價格低廉；三是太倉的地方官員對投資者熱情熱心，真誠歡迎；四是一條龍服務，手續簡單、快捷；五是有關部門比較廉政、勤政，服務意識強；六是法治觀念強，以法行政，以法辦事。

從以上歷史與現實的分析看，太倉確乎是外商與臺商投資的好地方。中國有句老話謂「耳聽為虛，眼見為實」，有興趣有意向的企業家不妨去走一走，看一看，到了太倉，找臺辦、找僑辦、找港區管委會、找新區管委會都可以，保證熱情接待，以誠相待。

順便來看看唐飛故鄉，看看陸京士故居不也蠻好嘛。

此文原載於臺灣二〇〇二年的《投資中國》，現略作修改

海寧寺遺址地宮內有釋迦佛祖舍利

二〇〇六年太倉市有關部門對弇山園改造、擴建時，在原四面廳東側挖泥時，意外地挖到了數十塊老磚，並在磚身上發現了若干文字，經辨識，清晰可見「釋迦真身寶塔祝延摩訶般若波羅密多聖壽保國界安民者」等字樣。

按字面釋讀，此乃釋迦牟尼的真身寶塔，而「祝延聖壽」通常可兩種解釋：一、為祝延今皇帝聖壽萬安；二、祝聖佛事：主要指佛菩薩聖誕的慶祝活動，包括佛的誕生日、出家日、成道日、涅盤日等。按其聖誕祝儀的格式，要唱「摩訶般若波羅密多」三遍。「摩訶般若波羅密多」是梵文音，係佛家常用語，在佛教用語裡，「摩訶」是大，「般若」是智慧；翻譯成現代漢語就是「大智慧」的意思，亦即無為心；「波羅密」是「到彼岸」的意思。整句中文意思是「大智慧到彼岸」。

這磚上的二十四個文字傳達給我們的歷史資訊為：此磚係釋迦牟尼的真身寶塔之磚。換句話說，這兒可能有釋迦牟尼佛的真身舍利。據當時主持公園改造的負責人，也是開挖的見證者之一殷繼山說：地下還有很多同樣的磚塊沒有挖出，目前還在地下，保存完好。這些磚應該是寶塔之磚，地宮之磚，此事如果確實，佛祖舍利一旦挖掘出土的話，必會轟動世界佛教界，引起媒體的爭相報導，成為佛教信徒的又一朝聖之地，成為遊客新的旅遊景點。當時我們大吃一驚，反覆思量自問：這是真的嗎？但茲事體大，萬一不確，驚動領導，豈不貽笑大方，我們也就不敢妄言。只有殷繼山、吳駿等我們幾個人小範圍內知道，並多次議論過，然一時無法確定真偽，因此我們也就不敢冒昧建言。

雖然我們知道這兒係原海寧寺的舊址，知道海寧寺是宋代的寺廟，但確鑿的詳實的信史文字資料實在太少。我們通過多方途徑，查閱了宋代淳佑年間昆山的《玉峰志》、明代桑悅寫的《太倉州志》、明代嘉靖年間張寅寫的《太倉州志》、清代嘉慶年間王昶撰寫的《直隸太倉州志》、清代宣統王祖畬寫的《太倉州志》、明代延德年間王鏊寫的《姑蘇志》，以及清代康熙年間張大純撰寫的《姑蘇采風類記》等地方史資料，歸納起來可得知：海寧寺係南宋建炎四年（西元一一三〇年）裡人郟承直舍地，僧人善能建之（南宋遷都杭州後，江南的太倉等地就變得舉足輕重，迎來了一輪發展之機）。元紹興二年間名廣法教院；毀於元代初年的乙亥之變（西元一二七五年），但佛像獨存，僧景宜披榛鼎建。元大德年間，朱清奏請改額為海寧寺。元延佑二年（西元一三一五年）重修，還專門請了元代最著名的大書畫家趙孟頫撰寫了《昆山州重建海寧寺碑》（此石碑原件現保存於弇山園碑廊，彌足珍貴。在清嘉慶年間的《寰宇訪碑錄》，清乾隆年間的《吳郡金石志》，以及近代的《太倉城厢鎮志》都有附錄記之）。趙孟頫乃元代的書畫宗師，雖有太倉與之亦師亦友關係的顧善夫出面邀請，但作為一代大家肯為海寧寺寫碑，海寧寺在當時佛教界的地位可想而知，如果海寧寺沒有一定的知名度與檔次，趙孟頫如何肯寫，為一般小廟小寺寫碑豈不太讓他掉價，太讓他為難。趙孟頫云：「婁東海寧寺，創梁天監中，蓋尼妙蓮故址也。」按趙孟頫的說法，「海寧寺」前身是梁「妙蓮庵」，距今已有一千五百年的歷史，趙孟頫碑還有這樣一段話：「尼以矢節得度，荼毗日煙中皆現蓮狀，鄉人因以名庵」。荼毗，乃佛教用語，譯為焚燒，一般指僧人死後火葬。整句意思：某尼姑得以火葬超度時，鄉人發現火焰中的火苗有蓮花狀，因而尼姑廟就改名為蓮花庵。如此言之鑿鑿，又出自名人碑刻，海寧寺始於梁，似乎有根有據，不用懷疑。

梁武帝蕭衍篤信佛教，其在位期間曾大興寺廟，相傳梁武帝建造了上百成千的寺廟，唐朝著名詩人杜牧詩云「千里鶯啼綠映紅，水村山郭酒旗風。南朝四百八十寺，多少樓臺煙雨中」。其中「南朝四百八十寺」主要指南京與江南一帶的寺廟，我們太倉的隆福寺（明代王世貞弇山園邊上，今「太倉人家」房產南門處）原名報恩寺，就是梁天監四年（西元五〇五年）建造的，妙蓮庵是同一時期的廟宇。臨近太倉的用直保聖寺、常熟興福寺，包括蘇州的靈岩寺等也同樣是梁武帝時代建立起的寺廟。趙孟頫碑記中還有「累朝曠典，昭代隆恩」的說法，堪可玩味，這說明海寧寺絕非一般寺廟。

還有太倉籍文化名人唐文治上世紀四十年代為隆福寺寫的碑刻，有「厥後相沿稱為敕建」，敕，是指皇帝的旨意；敕建就是遵照皇帝的命令建造或皇帝同意建造的。唐文治為著名國學家、大學者，如果隆福寺為敕建有典籍依據，他絕不會寫「相沿」這種不確定的話來，「相沿」就是相傳，就是民間野史，我推測很可能是指海寧寺為敕建，因唐文治撰寫碑記時，海寧寺已毀了八九十年了，民間口口相傳，把海寧寺敕建訛傳為隆福寺也不是沒有可能的。上世紀五六十年代在隆福寺原址能看到裸露的花崗石石礎，比海寧寺石礎要小得多，倒是寺廟前的放生池水面不小，我們兒時常在那裡游泳。

元代時，朱清督海運，當時的漕糧北運乃朝廷的頭等要事，因朱清督運漕糧有功，曾任武略將軍，後升為左丞，權力甚大，而海上漕運為歲貢，也即朝廷行為，朱清在海運漕糧時遇到風暴，「遂請額於朝以壓之，因仍其名賜焉」，朱清奏給誰？當然是朝廷，當然是皇上，當時的皇上是元仁宗愛育黎拔力八達，無疑，把廣法教院改名為海寧寺，是元仁宗下旨的，這就與敕建有了聯繫，朝廷最後准奏這是事實，如果再敕建，似乎順理成章。從現在挖掘到的原海寧寺石礎規制看，其廊柱直徑八十五公分，方形石礎邊長一百二十五公分，不是民間寺廟所能具備的規模，還有挖到五六米長的花崗石條石都說明了海寧寺應該是太倉規模最大，等級最高的寺廟，符合朝廷敕建寺廟的幾個要素。如果是朝廷敕建寺廟，有塔必有地宮，有地宮必有寶函，有寶函供奉佛祖舍利也就有了可能性。據記載，清代時，昆山州的州治搬到太倉後，知州每年都到海寧寺祝禱，這也是海寧寺非民間寺廟的旁證之一。可惜的是太倉最早的地方誌是明代時寫的，有關宋代海寧寺的記載文字少而又少，我們說海寧寺為朝廷敕建寺廟，或皇家寺廟也只是推論而已。

海寧寺在在歷史上多次重修，明代洪武十一年（西元一三七八年）太倉州的靖海候吳禎出資，僧常在重修；明萬曆二十四年（西元一五八六年）王世貞、王世懋兄弟捐資，僧明因重修；清乾隆二年（西元一七三七年）畢禮重修。根據能查到的史料，海寧寺重修均為地方官吏與地方名人出資，可見海寧寺在當時的地位非同一般。

明代太倉著名的「婁東三鳳」之一的陸容在他的《菽園雜記》卷二寫到：「太倉未有學校之前，海寧寺僧善能講四書，裡住弟子多從之遊。」善能是南宋初年的海寧寺主持，也就是說海寧寺在太倉有私塾、文社、學院之前，是太倉最早傳播文化、歷史，講學開課的所在。可見海寧寺在太倉宋元時期的地位與作用。

清代《嘉慶直隸太倉州志》卷十六「風土」（上）在「節序」條目，介紹太倉新年風俗時，官府有這樣一個儀節的記載：「正月元旦五鼓，州牧率僚屬詣西城海寧寺設行幄，群望闕朝賀。」這說明直至清代中期，海寧寺仍是一個重要的司儀場所。

野史還有一說：明建文帝十歲時，曾經遇到過太倉海寧寺的方丈，方丈觀其相貌，認定他有慧根，與佛與緣，來日還會相見。這話明太祖與朱允炆都聽進去了，所以朱元璋在臨死前密令手下定做了僧衣、袈裟、度牒、剃刀等，後來朱棣攻打皇城時，建文帝穿上袈裟從地道逃出京城，逃到了太倉，太倉民間曾有過建文帝逃到雙鳳的玉皇閣，其實是逃到太倉的海寧寺，海寧寺的方丈早就在恭候其大駕了，讓朱允炆隱身於寺內。說建文帝逃到雙鳳玉皇閣，後來從劉家港出海云云，那不過是障眼法而已。不管是否信史，但如果重建海寧寺的話，倒是吸引善男信女與遊客的一則富有色彩的歷史傳說。

清代姚承緒著的《吳趨訪古錄》有一則史料記載：清康熙年間曾免除海寧寺基糧二十九畝，也就是說海寧寺佔地面積不會少於二十九畝。並有詩云：「古剎傳天監，新題頌海寧。魚龍皈供缽，風雨陋撞莛。寺以蠲租重，神知舍宅靈。佛光凌萬丈，魑鬼久韜形。」

清咸豐十年（西元一八六〇年）海寧寺毀於兵災，後有僧人到處募捐準備重建，後多年募捐之款被偷而發瘋，人稱瘋和尚。到一九一一年，這塊土地修建了遊憩山莊，解放後改建為公園，前幾年更名為弇山園。

佛家五戒中有「不妄語」之說，後來演化為「出家人不打誑語」。既然塔磚上有「釋迦真身寶塔」字樣，應該不會有假，再說，地宮一般在地下數米深處，如果沒有大規模的盜挖是不會破壞的。從歷史上看，盜墓的很多，盜挖寺廟地宮的很少很少，我國民間的風俗，或者說禁忌：寺廟裡的東西一般不能拿到家裡，怕供養不起折壽。這也是西安法門寺、南京長干寺地宮能保存到今天的重要原因之一。

據我們瞭解，目前我國仍傳於世的佛舍利，共有九處。

一、江蘇南京阿育王寺舍利。我國建寺安奉舍利，以金陵阿育王寺塔最早，該塔建於三國時期孫吳赤烏十年（西元二四七年）。

二、江蘇鎮江甘露寺舍利。甘露寺傳孫權所建，為劉備招親之地，唐末長慶年間（西元八二一至八二四年）潤州刺史李德裕在京口（今鎮江）北固山甘露寺創建一石塔，將金陵阿育王塔孫權安奉的部分舍利移置此塔。宋熙寧二年（西元一〇六九年）改建鐵塔安奉。一九六〇年鎮江市修復鐵塔時，於塔基中發現地宮內石函中有佛舍利十一粒。

三、浙江寧波阿育王寺舍利，該寺創建於東晉義熙元年（西元四〇五年）。

四、河北正定縣（宋）寧志寺舍利。舍利塔建於北魏孝文帝太和五年（西元四八一年）。一九六九年發現了宋太平興國二年（西元九七七年）重建靜志寺舍利塔的地宮，地宮內安奉的真身舍利至少已五百多年。同時清理出各種文物數萬件。這是我國有紀年的最早的舍利塔基。

五、陝西耀縣神德寺舍利。原舍利塔是隋文帝於仁壽四年（西元六〇四年）為供養舍利而建，一九六九年發現舍利塔基石函內置三枚佛舍利。

六、北京廣濟寺舍利閣佛牙。

七、甘肅涇川縣大雲寺舍利。舍利塔建於隋文帝仁壽元年（西元六〇一年），十四枚佛舍利同時被安奉於該塔地宮石函內，一九六四年被發現。

八、陝西臨潼慶山寺舍利。塔建於唐開元二十九年（西元七四一年）。一九八五年於地宮內發現銀槨，內置金棺，棺內有兩瓶舍利。

九、陝西省扶風縣法門寺佛指舍利。一九八四年四月三日，佛指舍利在陝西省扶風縣法門寺真身寶塔地宮中被發現，一九八七年二月對塔基清理發掘，從地宮出土金銀器一百二十一件，鐵器、瓷器、石器等八十件，珍寶玉器四百件，以及大量絲織品。

這九處供奉著釋迦佛真身舍利的寺廟都為名寺大廟，名傳遐邇，香火鼎盛，成為佛教信徒的朝拜聖地。

現在我們已大致勘查了原海寧寺大雄寶殿、藏經閣、山門與寶塔的位置。

二〇〇九年春天，浙江千島湖玉泉寺主持方丈演通高僧來太倉，看到塔磚後，興奮莫名，特地到今弇山園實地勘察了一番，丈量了大雄寶殿與塔磚發現地的距離，他認為整個佈局完全符合皇家寺廟規制，認定發現塔磚處應該是寶塔的原址，此地下應該有地宮，舍利子應該在地宮之中。

明代嘉靖張寅寫的《太倉州志》在記載海寧寺歷史時，提到：「寺之僧有善定者，戒行精嚴，兼通儒學，又有清奇者少不茹葷，嘗與修《永樂大典》，後復徵至京師校對《三藏》。」《永樂大典》是中華文化的百科全書，其價值，其水平，大家應該都知曉，不多說了；《三藏》包括《律藏》、《經藏》、《論經》，被認為代表了整個佛教文字記載，可見其地位之高。這也說明海寧寺的僧人其學養都是一等一的，無非證明海寧寺非普通寺廟。

千島湖的演通方丈回玉泉寺後，又在《大藏經》中查到了一則重要史料，太倉海寧寺的方丈在清乾隆年間，曾參與了《乾隆版大藏經》的編寫，《乾隆版大藏經》為清代官刻漢文大藏經，亦稱《清藏》，又因經頁邊欄飾以龍紋名《龍藏》。它始刻於清雍正十一年（西元一七三三年），完成於乾隆三年（西元一七三八年），是我國歷代官刻大藏經極為重要的一部。《乾隆版大藏經》的編刊工程浩大，負責其事的官員、學者有七十八位，佛教界都是精選再精選的得道的飽學高僧，共五十五位，參與了這套佛學大典的編纂與校閱，太倉海寧寺的方丈就是獲此殊榮的著名方丈之一。

二〇〇九年十一月八日，太倉雙鳳普濟寺開光，我在徐蘇安居士的邀約下，前去躬逢其盛。結束後去雙鳳寺曙提主持那兒問道，剛好見寺裡藏有《乾隆大藏經》，共一百六十八卷，我查閱後，在第一卷第二十頁「藏經館臣工名錄」的「分領校閱」欄，查到了共六家寺廟主持的名字，領銜的就是「傳臨濟元南山宗江南太倉州海寧寺主持釋祖安」，揚州石塔寺、嶗山華嚴庵、衡山南嶽祝聖寺、京都玉泉山觀音庵、江西安福東土庵等都隨其後，這再一次說明了太倉海寧寺地位的特殊。

二〇〇九年十月中旬，深圳恒果大師來太倉，偶聞此資訊後，也大感興趣，在太倉居士的陪同下，特地去了弇山園，當時恒果大師感覺到了一種特殊的能量場，據其法眼觀之，認定在離地表五米以下深處有地宮，而且認為地宮中的舍利應該是釋迦牟尼佛的骨舍利，這比一般的髮舍利、肉舍利、血舍利更顯珍貴。恒果大師由衷地說道：太倉百姓的福報真大呀！

演通高僧和恒果大師素不相識、互不相知，卻都認為同一地點藏有佛真身舍利，可作為一個來自佛家的參考意見。

也是機緣巧合，二〇〇九年十一月七日，中國佛教學會副會長、江蘇省佛教協會會長、蘇州市靈岩寺方丈明學方丈來太倉開光，我特地去他下榻之處拜訪了他，請教了他，請他看了海寧寺釋迦真身寶塔磚的文字，經他辨識，認為不會有假，並認為這塔磚屬於文物。

現任南京博物院院長龔良是太倉穿山人，他曾任江蘇省文物局副局長、江蘇省文物管理委員會辦公室副主任、江蘇省文物局文物保護處處長，係南京大學歷史系考古專業畢業，是文物保護方面的專家、權威。為了慎重起見，我特地把海寧寺的相關資料發給了他，龔院長很重視，專門請了考古與文物方面的專家會商，會商的結果認為：海寧寺遺址有塔基，有專家知道此事。他們認為海寧寺的寶塔應該是南宋初年建造的，按南宋廟宇的規制，通常大廟都建寶塔，而建寶塔，通常都有地宮，都有佛家珍寶封存於石函之中。專家傾向於海寧寺地宮有舍利子，但是否就是佛祖舍利，還缺乏過硬的史料佐證。另外，海寧寺地宮在歷史的風風雨雨中是否被盜挖過，誰也不能打保票說肯定沒有盜挖過。專家認為勘探一下並不是很複雜的事，只要向有關部門打個報告，派專業人員來勘探，很快就能知道地宮是否存在。

還有，聽說南京圖書館藏有太倉海寧寺的圖畫，希望有關主管部門及時聯繫，請他們援手幫助。

海寧寺毀於清代咸豐年間，約一百五十年，這一百五十年來，有多本有關太倉的地方誌撰寫、出版，一般來說，假如地宮挖掘過，這幾本地方誌上應該會有記載，但查不到片言隻語，是否可以這樣解釋：地宮未開挖過。

趙孟頫碑記：海寧寺前身為梁天監中建造。查梁天監年號共存世十八年，天監中就是天監九年，西元五一〇年，算下來二〇一〇年正好是一千五百年，而海寧寺毀去正好是一百五十年，一個一百五十年，一個一千五百年；而海寧寺本身是南宋建炎四年（西元一一三〇年）建的，到二〇一〇年正好是八百八十年，這三個數位都是整數，都是吉利數，也許只是一種巧合，也許是冥冥之中有定數也未可知，看來二〇一〇年對太倉來說是個有特殊意義的年頭，這樣的機緣恐怕是求都求不來的，我們自當珍惜，自當把握。

佛真身舍利為佛家之絕頂聖物，佛教信徒無不頂禮膜拜。古話說「盛世現聖物」，如果我們太倉能早日發掘出釋迦牟尼佛的真身骨舍利，並在原址重建舍利寶塔供奉，可以預見，屆時會有相當數量的來自全國各地乃至世界各國的佛教徒到太倉朝聖禮拜。這對太倉知名度的擴大，對投資軟環境的改善，實在是花多少錢都不能換來的，太倉無疑會被海外有識之士認定為一塊名副其實稀有難得的風水寶地。隨著太倉知名度在國內外的不斷擴大，太倉的文化、經濟發展將有一個巨大的發展空間與未來。太倉的老百姓也會倍感自傲、感到歡欣鼓舞的。無論哪一任領導在任期完成發掘保護，其功德必載入史冊，佛佑一生。

從目前弇山園實地考察看，寶塔地宮的位置在弇山堂東北側的湖邊，周圍無建築，樹木也不多，勘探成本較低。如果勘探不到地宮，到此為止，太倉也沒有什麼損失；而那兒相對空曠，即便挖掘，費用也不會太高。

一旦發掘到佛祖舍利，重建海寧寺，無需政府財政支出，自有各界人士，善男信女自覺自願募捐善款，千年寶剎再建，太倉輝煌再現。

當然，就一般老百姓的心理來說，或多或少會有一種挖寶情結，往往把能不能挖到寶看得較重，把結果看得很重，而忽視了過程。我認為我們既要挖寶，更要挖掘太倉的文化底蘊，挖到寶固然皆大歡喜，挖不到物質的寶，挖掘到太倉歷史積澱，文化內涵，不也是一種收穫!?其實，勘探的過程，挖掘的過程，就是宣傳太倉極好的由頭與機會，在這個過程中如果與媒體配合得好，就算挖掘不到佛祖舍利，藉此媒體的一輪輪宣傳，對太倉文化底蘊的展示，對提升太倉的知名度也大有益處。

據我們瞭解，太倉是全國為數不多五教俱全的縣級市，目前太倉已恢復的廟宇有三十四家，但作為太倉首善之地的城廂鎮卻反而一家廟宇都沒有，這不免有點遺憾，而歷史上，城廂地區的廟宇是甲於其他鄉鎮的。海寧寺在毀去一百五十年後，在始建一千五百年後，如果再建的話，不啻是太倉歷史上，乃至我國佛學界的一件大事，大功德。

建議：

一、最簡單的辦法是請考古專家來鑒定一下那幾塊塔磚的年代，以便推定佛塔建於何朝何代，年代越遠，有地宮、有舍利子的可能越大。

二、市政府責成主管部門先做調查研究，請專業單位的專業人員來勘探一下，如果地宮確實存在，再打報告請上級部門派考古人員做考古發掘。

三、如果探到地宮，開挖前可由宗教局或寺廟組織一次有關佛舍利的研討會，以擴大影響。

四、及時向國家科技部申請專案可行性論證，爭取被列為國家科技支撐計畫中國文物保護重大課題，參照南京長干寺挖掘項目，應獲得數百萬元支持經費。

二〇〇九年十一月三日初稿

十二月八日修改

明代復社領袖張溥故居巡禮

讀過《古文觀止》的人，大抵都記得張溥的壓卷之作《五人墓碑記》。這是一篇激烈抨擊魏忠賢閹黨的檄文，也是中國古代文學史上膾炙人口的散文名篇之一。或許正是這篇文章的緣由，使我對張溥產生了強烈的興趣。

張溥（西元一六〇二至一六四一年），字天如，太倉人。明崇禎進士，選翰林院庶起士，著作千卷，名滿天下。他提倡「興復古學，務使有用」。創立復社，尊為領袖，門生七千人，為一代宗師。後張溥被魏忠賢餘黨構陷入牢獄，於是憤而著書，終其一生，卒年僅四十。

張溥的故居座落在江蘇太倉市城內老街上，即西門街八號。解放後，這幢建築做過新華書店的倉庫及居民住宅，雖破舊不堪，卻得以倖存下來。上世紀八十年代時，著名古建築專家陳從周教授發現並肯定了張溥故居的文物價值，後經費孝通教授及有關專家的呼籲，當地政府撥款對之進行了修復。

張溥故居原來是其伯父工部尚書張輔之的宅地。建於明天啟年間，距今有近四百年歷史，是一座較為完整的具有典型江南宅院特色的明代建築，主要建築是一樓三進木結構房子，堂樓與後樓四周相通。俗稱「通轉走馬樓」，因門戶甚多，另有「迷宮」之稱。

來到修復後的張溥故居門前，但見正門上方有水磨磚刻「張溥故居」四字，此為趙朴初先生題字；門樓裡側題有的「嗣響東林」，乃費孝通教授手撰。

門樓的磚雕極為精美，上部分別為梅蘭竹菊圖案，下部為五福捧壽圖樣，並嵌有歷史故事，神話人物的深浮雕磚刻，西邊為楓橋夜泊圖，東邊為封神榜插圖。

門樓天井裡有多塊石礎、門枕石、抱鼓石，有明清遺物，也有元代遺存。特別東首靠牆一塊花崗石條石不可不看，此為響石。如用小鐵錘輕輕叩之，會發現悅耳之響聲，明顯能感覺到此石中間是空的，這應該是火山爆發，或岩漿噴湧，冷卻時因氣泡等關係形成的特殊現現象，因此乃大自然鬼斧神工的妙手天成，非人工製造，故格外珍貴。據說此響石原為明代雙鳳上岡橋墩之原物，而上崗橋大有來頭，據太倉地方史記載：靖難後的建文帝朱允炆與鎮撫楊應能、監察禦使葉希賢、翰林編修程濟等君臣四人一起逃到太倉雙鳳玉皇閣避難，後來又雇船從太倉劉家港逃亡海外，這橋就是為紀念建文帝造的，扯遠了，打住。

第一進是一所寬敞的大廳，大廳正中進門口安放著張溥的立式銅像，先生手執書卷，深沉的目光彷彿在思考著什麼，其背後是張溥手跡。引人注目的是全國人大副委員長胡厥文筆力遒勁的抱柱對：「承弇州啟梅村一代文章在婁水；繼東林匹幾社千秋山門仰天如。」胡老言簡意賅，對張溥的一生做了高度的概括與評價。兩側牆壁掛有明代太倉第一個狀元毛澄的書法，與周臣等名家的畫幅。堂上高懸的匾額為「孝友堂」，匾額下方有明代大文豪王世貞手書的《岳陽樓記》全文。整個大廳給人莊重、古樸之感。令人遐想，令人緬懷，一時猶置身於三百多年前的歷史氛圍之中。

步出大廳，兩邊各有一個邊天井，因其小，俗稱「蟹眼天井」，植有天竺、梔子花等。其門洞上方有磚刻石綠字，左為「幽深」，右為「清遠」，有如一幅活的立體國畫。步入中天井，門樓之門楣上赫然刻有著名書法家費新我左書「照耀江左」題詞，門樓磚雕上的人物，一個個栩栩如生，極為生動傳神。幽靜的天井裡有古井一口，請注意井欄圈上的文字，「工部張衙重建義井」，一行小字是「天啟二年孟冬，」明代天啟二年是一六二二年，距今三百八十八年，可見這是一口明代古井。而且還是一口可供老百姓汲取、飲用的公井，能不感慨!?井畔一株高大而茂盛的山茶，是棵百年名品，如果做個有心人觀察之，會發現隨著早晚光線的直照、斜照，花呈多色，或粉或白，謂之「五色山茶」。另有四叉枝的百年老桂傲然挺立，或綠葉凝翠，或香氣四溢，加之牡丹添古意，路徑帶苔跡，清新古樸，雅意盎然。

修復後的第二進大廳裡，正對大門的是現代化的幻影成像，可以再現張溥與「七錄齋」的情景，像看小電影，是孩子們的最愛。左手展出了張溥的墓碑，那花崗石的墓碑上刻著「明鄉賢張天如先生之墓」字樣。據說張墓之墓是文革初期被西郊的當地農民挖掘掉的，當時出土了硯臺與爛成一灘牛屎樣的線裝書等，那硯臺因收購站只肯出一毛錢收購，結果被賭氣的農民扔到了河裡。但據熟知明清墓葬的專家告知，此墓碑亦非張溥原墓碑，因為明代墓碑通常用方形青石刻之，應該還有墓誌銘。現在我們見到的墓碑可能是清代時重立的。張溥墓原碑至今未找到，但所幸由明末著名書法家黃道周撰寫的張溥墓誌銘已被發現，其原件藏於北京故宮博物館，且還是透露了有關張溥的若干史料。

這一進還陳列有張溥的尺牘、文房四寶，其中那只明式的抄手硯，與文革時從張溥墓中出土的是同一種類型，如果保存到現在，完全有資格上中央電視臺「鑒寶」節目的珍寶臺，名人用硯，又流傳有序，估價必定不菲。這裡還有徐光啟與張溥的蠟像，有的遊客可能奇怪徐光啟怎麼與張溥放在了一起，其實這倒是尊重歷史的表現，因為很少有讀者知道，張溥還是徐光啟的學生，徐光啟是我國明末最早接受西方先進理念的朝廷大臣，張溥投師於徐光啟，可見，張溥思想之新。

右手裡陳列著張溥的「五人墓碑記」拓片，在三四百年前的張溥就能為籍籍無名的平頭百姓鼓與呼，為他們撰寫墓碑，其識見，其膽氣，令今日的文人也不能不欽佩。幾個陳列櫃裡則展出了《張溥年譜》、《明史》、《七錄齋集》、《東林始末》、《復社紀事》、《明清之際黨社運動考》、《故文觀止新編》、《七錄齋論略》等。

如果從樓下走，則要穿過過道，進入後天井、這最後一座門樓相對比較簡潔，只荷花、荷葉、蓮子與地龍等幾種磚雕圖案，兩側的小天井裡則植有竹子，從漏窗望之。恰如一幅鄭板橋國畫，其洞門之上，東為「入韻」，西為「溢芳」。

第三進的底樓是「復社虎丘大會」的模型，展現的是一六三三年復社「聲氣遍天下」的盛景。但見虎丘塔身高聳，白雲繚繞，綠樹森森，蕉葉青青，張溥於千人石上正昂首揚手作著演說，那慷慨激昂的言詞似在耳邊震響。但見整個虎丘，學子濟濟，儒生濟濟，或頷首，或沉思，或入迷，或興奮，場面壯闊，人物逼肖，以陶瓷模型濃縮、聚焦了當年虎丘集會，聲震朝野的一幕。史學家評之「三百年來從未有之也」。

其背面是「虎丘大會」磨漆畫，此畫由南師大藝術系碩士生導師凌清副教授設計，本邑書畫家趙炎、陸培明精心製作。

大廳兩側為展區，分「復社史跡」、「復社祭尊」、「復社先賢」、「復社研究」四個部分。「復社先賢」部分內容最充實，陳列有張采、吳梅村、顧炎武、歸莊、黃宗羲、錢謙益、瞿式耜、楊廷樞、姜埰、黃淳耀、侯峒曾、侯岐曾、夏允彝、陳子龍、徐孚遠、萬壽祺等復社中堅的畫像與簡介。「復社研究」，則陳列著日本京都大學人文科學研究所的著名歷史學研究學者小野和子教授與我國著名明史研究專家謝國禎、著名學者蔣逸雪等人的研究成果。

第二進堂樓乃住宅樓，為兩層樓房，斗拱軸柱，形制各異，底樓之門窗均有雕刻，如正門有八仙圖，一門一幅，相對獨立，又連成一氣。而東西房三門窗上則有臥冰求鯉、哭竹求筍、郭巨埋兒、單衣迎母等二十四孝圖。其客堂兩側東西房的掛落飛罩上亦點綴著造型生動的雕刻，以花鳥魚蟲為主，細辨之，有鳴蟬、有蝙蝠、有蝴蝶、有螳螂、有紡織娘、有石榴、有蘭花、有萱草、有佛手、有牡丹，亦有銅錢。

遊客至此可緣梯而上，樓上為著名的「七錄齋」。可直接到第三進的後樓。七錄齋，陳列著書桌，書櫥、筆架，薰香爐、腳爐，烤火盆等。中間是「三賢雅集」蠟像，分別是「婁東二張」張溥與張采，與吳梅村，張溥、張采屬第一代復社領袖，吳梅村係第二代復社領袖，吳梅村還是張溥的學生，三人坐而論道，慷慨激昂，讓我們後來者遙想當年。最西邊象徵張溥臥室，老式的架子床，老式的實木櫃子，老式的臉盆架，以及現在八零後，九零後可能不太認識的馬桶，在明代這又叫「子孫桶」。細心的遊客可能會注意到老式架子床前不但有床頭櫃，還有一塊床前板。上海話裡有「懼踏板」的說法，被人演繹為怕老婆的男人跪在搓衣板上，這不確。這說法的出處，應該是「跪踏板」，即跪在床前的踏板上，說白了就是老婆不讓男人上床。但在明代時，恐怕只有休妻的男人，鮮有命老公跪踏板的女人。時代真是變了。

第三進的樓上，陳列有張愛萍將軍題寫的「復社紀念堂」，著名文化名人李一氓題寫的「復社祭尊」書法，著名書法家趙朴初題寫的「張溥故居」，費孝通題寫的「名滿天下」，與費新我等書法家的題詞題匾等。

這兒主要佈置著張溥故居之微縮模型，可見當年全盛時期的全貌，現在的建築僅剩三分之一不到。雖然談不上《紅樓夢》描寫的賈家全盛期「烈火烹油」的情景，至少也讓我們瞭解一品之家曾經的輝煌，與家大業大。

張溥故居是其伯父張輔之建造的，而張輔之是工部尚書，建造是他的管轄範圍，或者說對建築屬內行，他的宅院造得有特色，美輪美奐也就不奇怪。從相關的圖片與文字介紹還可知張溥故居的某些建築風格與特色，諸如似圓實方的脊瓜柱，形似彎月而平和自然的月樑，方椽椽頭的「卷殺」，蘑菇型的礎磴，抬梁式、穿斗式、童柱、中柱、抬樑式等五種樑架組合，以及抱樑雲、山霧雲等，無不顯示出江南明代建築的精美。

從建築角度看，張溥故居的大廳為五架樑帶軒，並有前後廊，方磚地，廳柱均有石礎，雀替處有官翅棹木，即俗稱官帽翅，據說在古代非一品大員不能在其宅第上裝有官帽飾件的，否則即屬越規，要治罪的。此廳前面為蝴蝶式落地格子窗門，門之下部均有雕刻，或仙桃或蓮子，或仙鶴或福祿壽等，後門則有極為高大的七對十四扇厚門，可用門栓關煞。還有後樓沿屋面下垂處，用哺雞垂脊手法，據專家認定：乃蘇南民居之孤例。

原先三進堂樓之後還有學山園，現為醫院，再後則憩園。站在第三進樓上，若推窗，則可見高高風牆下的最後一進小苑，兩邊各有一小天井，東首為「醉月」，西首為「坐花」。坐花小天井中的一棵老桂樹已枯死，現植有一株蠟梅，而「醉月」小天井裡那棵兩百年以上樹齡的老桂花還倔強地生長著，但樹身已中空，其主幹上分兩枝，一枝已枯死，其樹形古樸入畫，特別是其樹身，佈滿青苔，而樹下因無人踏入，亦滿地苔蘚，古趣四溢。

據太倉地方誌記載：張溥幼年就勤奮嗜學，獲「黃童」譽。他讀書法是手抄、焚去、再抄、再讀、再焚，如是六、七次始已。他甚至把自己的書齋命之為「七錄齋」。

一般認為，「七錄齋」原址已無跡可尋。筆者查閱王祖佘《太倉州志》謂「七錄齋」在太倉西門內興福橋東，顯然與張溥故居地址是吻合的，看來，現在張溥故居與「七錄齋」不無關係。

在張溥故居修復前，我提出文字介紹中，把張溥之死單獨成章，因為張溥之死至今是一個歷史之謎，遊客一定會感興趣的，可惜沒有被採納。張溥之死正史上說是病逝，民間卻有不同說法，懷疑是周延儒派人毒死了張溥，這說法並非空穴來風。從現有史料我們可以知道，宜興人周延儒在黨爭中敗於溫體仁，從大學士首輔位置下臺後，一直謀求東山再起，張溥領導的復社是反對溫體仁的，對周延儒的復出，起到了推波助瀾的作用。但重新上臺後的周延儒，認為張溥一個年輕後輩太咄咄逼人，他無法容忍張溥老在他面前指點江山，他更不願受制於復社，於是過河拆橋，以派人探病為由，在送來的食品中下了毒，以致張溥英年早逝，但這是坊間之說，野史之說。歷史的真相也許我們永遠難以破解了，但某些民間的口口相傳，往往比正史更接近事實本身。

太倉市政府修復張溥故居，一度辟為蘇南地區第一家縣市級博物館，後又增辟現代名人館、歷史名人館，再後來重修後恢復為「張溥故居」，實乃有識之舉。

記得在重修後恢復「張溥故居」前，南京的文史專家與有關方面領導曾召開座談會徵求意見，我當時提出：張溥領導的復社在明末時，有「聲震朝野」、「遙控朝政」的說法，與東林黨人的清談不可同日而語，學術界有復社乃我國第一個文人在野黨雛形的論述，據此，是否可以認定：太倉係中國政黨的發源地？如果這個論點可以成立的話，那石破驚天啊。

只是有關領導認為此話題太過敏感，沒有採納。但學術界的探討一直沒有停止。假如有一天對此能達成共識，我想這決不僅僅是提高太倉的知名度。

張溥通才碩望，時人譽之為「一代文章百世師」，實為確評。

一九九五年時，張溥故居評定為省級文物保護單位，二〇〇六年時又升格為國家級文物保護單位。如果到太倉，張溥故居不能不看。

弇山園紀勝

張溥故居之北，今公園弄篤底，乃弇山園所在地，弇山園係舊海寧寺基。距今已有八九百年歷史。查清《光緒志》有如下記載：海寧禪寺，宋建炎四年（西元一一三〇年）裡人郟承直舍地，僧善能建庵，曰妙蓮。宋紹興二年（西元一一三二年）改名廣法教院。元大德年間，朱清督海運，奏改今額（即海寧禪寺）。元延佑二年（西元一三一五年）重修，趙孟兆撰碑云：「海寧禪寺，梁天監中尼妙蓮故址。」由此可見，弇山園的歷史可溯源至宋代，元代時改名為海寧禪寺與漕運有關，因當時元大都的糧食由皇家的糧倉運往天津，再轉運的，故天子對轉運港有津貼補助，遂叫天津。這條漕運航道關乎皇室與元大都的糧倉供應，自然要祈求上天保佑，保佑大海安寧，無風無浪無災難——海寧禪寺之名源出於此。

元代時，世居太倉的詩人馬麟評定滄江八景，每景一詩，海寧寺為滄江八景之一的「西寺晚鐘」列為八景之首，詩云：「樓觀參差映落暉，數聲敲罷客應歸，山僧貪看長青樹，猶是哦詩坐翠微。」

據地方誌記載：海寧禪寺在清代咸豐十年（西元一八六〇年）在兵災中毀壞。相傳光緒年間，有個叫善通的和尚，四處募資，發願重修，哪知募金被盜，因此而發瘋，人稱瘋和尚。

民國初（西元一九一一年時），由裡人陸佐霖、陳大衡、李液豐三人設計佈局，原址改建為遊息山莊，俗稱公園。解放後闢為人民公園。經數十年來的改造、擴建，特別是經過二〇〇三年的擴建、提檔，公園已成了太倉百姓與外地遊人的一個好去處，在太倉文化人的提議下，更名為弇山園。

弇山園是一個集園林、歷史、文化之美的江南傳統式園林，是綜合性展示太倉人文景觀的視窗，也是探尋太倉古韻的重要旅遊景點。目前，弇山園佔地面積約一百一十五畝，其中水面佔地近三分之一，南部為歷史文化遊覽區，東北部為自然生態區，西北部為遊憩管理區。

歷史文化遊覽區通過廳堂、連廊、雲牆、亭臺等傳統建築小品的巧妙佈局，運用對景、障景、框景、借景等古典園林的審美手法，力求步移景換，百態千姿。主要景點有：嘉樹亭、點頭石、分勝亭、振屐廊、小飛虹、湖心亭、荷池、九曲橋、快覽亭、紅楓谷瀑布、墨浪橋、文漪堂、碑廊、此君亭、小浮玉等。

自然景觀生態區為擴建所在地，原本無人文景觀，則通過挖河堆坡的系統工程，使原來一馬平川、一覽無餘的場地有了水面，有了高坡，有了大量的植被，形成了起伏，造成了曲折。那綠色的空間，點綴的景點，讓遊人流連忘返，有回歸自然之誘，有生態鄉野之趣。其主要景點有：盆景園、四季山林區、濕地植物、留英澗、大草坡、飽山亭、先月亭、惹香徑、柳浪堤、振衣渡等。

遊憩管理區主要景點有：琅琊別墅入口、磚雕照壁、水榭、竹林清音、小罨畫溪、棧道、金粟嶺、省獲亭、西歸津等。當然，最值得一看的是弇山園六寶，即望海峰、大鐵釜、通海泉、墨妙亭、郟亶墓與弇山堂。

進得園門，穿過古色古香的門樓，看望見圍牆前有一塊體量巨大型態生動的臥石，其兩側，左有大鐵釜，右有通海泉。均有造型古樸的石亭覆之，均為市級文物保護單位。大鐵釜說白了就是一口大鐵鍋，用來煮浸竹篾纜繩的。這在明代朱國禎的《湧幢小品》一書中有記載。據說這還是元代的老古董呢，是元代造船場的遺物，早先在南門外的婁江邊上，明初移入小北門外蘇州府造船場。這碩大無朋的鐵釜內徑一百六十四釐米，深八十七釐米，厚五點五釐米，口邊闊七釐米，有數噸之重。它的具體用法是把桐油倒入，再把用竹篾編成的纜繩盤置於釜內浸煮，使桐油滲入竹篾之中，這樣，竹篾纜繩就防蝕耐用，就不怕鹹性的海水腐蝕了，在古代沒有粗尼龍纜繩的情況下，這實在是個聰明之舉。千萬不要望名生義，以為這大鐵釜是部隊打仗時使用的千人鍋，這可沒人背得動。

據《張寅志》載：通海泉是明代洪武三十一年（西元一三九八年）由張宗源所開鑿的，算來亦有六百多年歷史了。此泉原來屬聖佑道院，後改建公園劃入園內，此泉其實是口井，因井口有四個井眼，俗稱「四眼井」。此井有個特別之處，再你大旱不雨，它照樣不乾不涸，邑人疑為通海，好事者謂之「通海泉」，也就沿稱至今。此井之水，至今有人飲用，據說甘甜淳厚，優於一般純淨水呢。

大鐵釜西北處，迎面傲然獨立的一峰假山為極為珍貴的望海峰，相傳此石乃北宋花石綱之遺物，明代時為文壇後七子領袖王世貞之弟王世懋澹圃所有，澹圃俗稱五美園，即石美、花美、樹美、泉美、建築美，難怪此石高達尋丈，玲瓏剔透，百竅千靈。這整塊的太湖石遠望如奇獸翹首遙望大海，故稱望海峰，亦有人認為此石側看如百歲壽者，因此民間又有老人峰的稱謂，此石一九五六年時由政府移至園中，半個世紀中，已三次移位，最後定位弇山堂前。

朝前往右手拐，是海寧寺遺址陳列區，用石欄圍著的是出土的石礎、條石、門枕石等，無規則地散放著，豎的橫的，或臥或躺，石默默，草無語，靜對晨風夕照，靜對遊客遊人，唯有那蘊含的歷史資訊，似乎在透露著什麼。有興趣的遊客可以看一下東首的石碑，係筆者撰寫，簡略地記錄了歷史的變遷。

在往東，即為郟亶墓。郟亶是北宋時為王安石欣賞的吳中著名水利學家。他在宋熙寧五年，出任司農寺丞，負責興修兩浙水利，著有《吳門水利書》等，是個對吳中水利有大貢獻的歷史人物。郟亶墓早先有墓道、墓門、石馬等，現墓側的土墩即為原墓所在地，其上的封樹有櫸樹、黃楊、冬青、老槐、劍麻、棗樹等，長得鬱鬱蔥蔥。土墩邊上的郟亶墓這一九九三年八月建造的，四周雜樹蔽蔭，松樹環抱，幽靜而肅穆。墓前有一石亭，亭內的重建郟司農祠記碑，倒是真古董，乃清同治七年（西元一八六八年）知州蒯德模厘正墓道，修築墓門時所立。

弇山園內最值得一看的當數墨妙亭。此亭《辭海》中也有介紹，可見其身價不凡。據地方誌記載，該亭原址在城北的淮雲寺院中，此寺為元代浙江軍器提舉官顧信舍宅為寺。顧信與元代大書畫家趙孟頫私交甚厚，曾拜趙為師，潛心書法。其辭官歸故里太倉時，趙孟頫為其臨別贈書，寫下了《歸去來辭》、《淮雲寺院記》與《送李願歸盤谷序》等三幅墨寶相贈，顧信如獲至寶，回太倉後即勒石供之，築亭翼之，起名為墨妙亭。一九八三年三月，移至公園重建。重建的墨妙亭後壁嵌有按拓本重刻的趙孟頫《歸去來辭》碑，與唐褚遂良《枯樹賦》，以及趙書《重建海寧禪寺》碑等幾塊，頗得原碑神韻。說起這《歸去來辭碑》，還有則小故事，相傳明閹黨魏忠賢專權，其黨羽蘇州巡撫毛一鷺在山塘街為其造生祠，嚴令太倉送趙書碑刻，太倉人不願白白相送，又迫於其淫威，最後在當地學政陸應麟等計議下，想出了敲斷碑刻，以保留碑刻的辦法，因碑已殘損，才得以保存。清代時，此碑移嵌於孔廟大成門壁間，文革時，斷碑又不見影蹤，八十年代初，普查文物時，才發現一段作了農家洗衣踏板，一段充當了豬欄墊板，卻倖存了下來。亭內「墨妙亭」三個字乃本邑丹青大師朱屺瞻手筆。當地耆宿王君麓老先生還撰寫了「墨妙建新亭，點綴園林景色；文明耀古園，發揚藝術光輝」的楹聯，為已故著名書法家費新我左筆。亭內抱柱楹聯為潘景鄭撰文，沈抱一所書，上聯為「墨痕垂婁水，長護新亭同仰之；妙跡傳鷗波，遠珍遺范式高風。」

現墨妙亭所在地為張溥故居學山園舊址，雖為重建，然飛簷凌清虛，回廊搖花影，小憩美人靠，恍然入妙境。門窗與座基，或雕得拙樸簡潔，或塑得栩栩如生，皆古意綿綿，疑為舊建。唯亭前王君麓撰文、蘇州沙曼翁所書、無錫黃懷覺鐫刻的《重建墨妙亭記》，記載了重建之大略，始悟新築。

亭前，蟠槐流溢翠色，羅漢松如護亭門神。此處臨水而建，憑欄眺望，但見湖水一碧，白鵝浮其上，紫燕掠春波，對面土坡黛色滿眼，四周湖邊，或楊柳枝依依，或迎春花燦燦，右有墨浪橋，左有扇形軒，好一幅怡人的畫面，令人心曠神舒，俗慮頓消。而亭前湖畔的石欄，乃元代孔廟月亮池的舊物，令人發思古之幽情。

弇山園堂是弇山園的主建築，為移建。上個世紀九十年代老城區改造時，清康熙年間的大學士王掞的保素堂保護性搬遷，二〇〇三年移建恢復於此，更名為弇山堂。弇山堂高近十米，面積約三百平方米。堂內的雕刻考究、精美，樑架上的雲山為典型的香山幫匠人工藝，額枋的木雕有梅蘭竹菊圖案與雙桃石榴等。整個建築為歇山式，屋頂的正脊兩端為魚龍對峙，斜脊為雙獅捧繡球，高敞、堂皇，端的是氣派。

在弇山堂東側，近年發現了海寧寺寶塔的遺址，經查核歷史資料，遺址有地宮，地宮內有可能存在佛祖舍利，這可是佛教界的一件大事，如果真能發掘出佛祖舍利，那可會轟動整個佛教界。為此，筆者撰寫了文章，在海外刊物發表，並在當地政協大會上提交，已引起有關方面的重視，讓我們靜候佳音吧。

如果有興趣，盆景園等也值得一看，數百盆大大小小之盆景令人賞心悅目，其中多株榆樹樁、枸骨樁、梅花樁、槭樹樁、紫藤樁、黃楊樁、五針松樁、羅漢樹樁造型古樸，樹齡已過百年，且有多盆為明清古盆，價值不菲，為難得珍品。

牡丹園與月季園各有諸多名貴品種，牡丹名種有「姚黃」、「魏紫」、「昆山夜光」、「嬌容三變」、「二喬」、「酒醉楊妃」、「洛陽紅」、「玉樓春曉」、「趙粉」等。月季名種有「總統夫人」、「榮光」、「藤本春」、「藍月亮」、「法國小姐」、「金不換」、「鵝黃」等，若到春夏時，嫣紅姹紫，爭豔鬥麗，令人目不暇接。

弇山園經過多年開發，現已佳木連蔭，滿園春色，且有多株百年以上的櫸樹、樸樹等，園門前還有弓背迎客的百年黑松。在墨妙苑邊上，還有一株五針松，乃為紀念太倉與日本青谷町締結友好關係而種植的。

本邑先賢吳養涵老先生曾為弇山園撰寫過一楹聯，上聯為「四周疏柳，三徑荒苔，人來通海泉旁，古寺夕陽供憑弔」；下聯為「一曲小橋，半灣流水，地接學山園外，平林煙景足勾留」。寥寥數語即勾勒了弇山園全貌。

總之，古園新貌，到太倉，弇山園不能不遊。

長江入海口的沉思

我的家鄉在江蘇太倉，是長江入海口的最後一個城市。有人把長江比喻成一條盤舞於華夏大地的巨龍，那麼太倉恰似巨龍口中的那顆明珠，地理條件得天獨厚。

當年，電視片《話說長江》全國播映，轟動一時，主講的陳鐸老師從長江發源地一直講到長江入海口，講到了太倉的穿山是長江沿岸的最後一座山，講到了太倉的瀏河鎮為江尾海頭第一鎮，講到了劉家港曾是明代鄭和七下西洋的起錨地——這能不令我激動嗎!?

二〇〇九年，上溯到六百多年前，也即明永樂三年（西元一四〇五年），三寶太監鄭和率領兩萬七千多人馬，分乘兩百多艘寶船、戰船，在始建於元代的天妃廟拜祭了媽祖後，浩浩蕩蕩向西洋進發，開創了史無前例的遠洋航行壯舉。

我作為一個土生土長的太倉人，作為鄭和研究會的理事，對流淌過我家鄉的長江，對入海口那一片浩淼的水面自然有說不出的感情。

記得兒時的我，是個頑劣的野孩子，有「孩兒王」之稱。大熱天的時候，我常帶著弄堂裡的一幫「和尚」頭去瀏河塘玩水。每次去，我們都不忘扛兩個大浴盆去，回來時，照例是滿滿兩浴盆黃蜆等貝類與小魚小蝦，以及螃蜞、河蟹等，這可是我們的勞動成果，改善餐桌上的單調全靠它，這也是父母們允許我們玩水的重要原因之一。

因為年年夏天泡在水裡，我們長埭弄的小夥伴個個練就了一套水下憋氣，摸蜆摸蚌、捕魚逮蝦的絕活。俗話說「常在河邊走，哪有不濕鞋」，我們一群和尚頭三天兩天在水裡鑽進鑽出，危險自然也難免。譬如我有一次在深水中突然抽筋，嗆了好幾口水才沒被閻王爺請去。

也許真的是年輕時無知無畏，不懂害怕，當我們可以隨心所欲在瀏河塘兩岸游來游去時，竟生出了渴望到有大風大浪的長江裡去野一野的心態。還好，那時的父母不像現在的家長，他們並沒有把我們下長江看作是危險萬分的事，甚至覺得自己的孩子小小年紀就敢下長江多少是件值得自傲的事。

於是，我們雄赳赳氣昂昂地向長江入海口進發。

當然，我們是勞動自己的兩條腿，謂之開動11路車前往江邊的。從我們住的長埭弄到江邊有十幾裡路呢。可驕陽哪裡擋得住長江水的誘惑。

印象中六十年代的長江水還是很清很清的，江灘濕地延綿不斷，有一眼望不到頭的蘆葦灘，有漸遠漸綠的水草。蘆葦叢中，鳥飛鳥鳴，淺灘水中，魚躍魚戲，一派生機，欣欣向榮。

如果有興致靜靜地坐著啼聽、觀察，那真是一幅江畔生命圖：野鵪鶉在蘆葦叢中飛進飛出，偶爾還會打鬥，不知是爭搶食物還是爭搶配偶，鬥得驚心動魄。還時不時能見到長腳尖嘴的水鳥，或紳士般在濕地踱步，或從空中一個俯衝，刁起一條魚兒又飛向藍天。那時江邊的鳥兒真多，似乎也不怎麼懼怕人，人與自然形成了一種難能可貴的默契。

當然，江水也有發橫的時候。最怕的是所謂三碰頭，即天文大潮訊，加之颱風、暴雨，那平時還算溫順的江面立時桀驁不馴起來，巨浪排空而起，雖無海嘯的摧枯拉朽之力，也算是一種難得一見的壯觀，最厲害的浪頭，可以凌空飛過江堤，直撲十幾米遠，若是沿江邊的農舍，那也很難倖免。

歷史上，這種自然之力曾一次又一次破壞了江堤，自宋代以來，地方誌上一再出現築堤防洪的記載。范仲淹在宋仁宗景祐元年（西元一〇三四年）出任蘇州知府後，曾力排眾議，親至海浦，開浚五河，以通婁江；元代時，宣慰使朱清曾率民眾築江堤；明代的尚書夏元吉也坐鎮太倉，發兵四十萬，指揮過築堤排澇；清代時，林則徐任江蘇巡撫時，曾多次到太倉治水，在長江邊的閱兵臺、元寶村等險段江灘，夯以排樁，鐵釘相扣，內置竹簍，儲以碎石，名曰「玲瓏壩」。還築了夾石壩坡、塊石單壩坎以護江岸。解放以後，改拋石為築石頭堤壩，當時領導一拍腦袋，就地取材，結果，著名的景點長江口最後一座山穿山被開石築堤，江堤是建了，穿山卻消失了，令人扼腕歎息。

記得學生時代，有一次心血來潮決定到江邊看日出，我們一行十來個人天未亮就徒步走到江邊，坐在江邊大石上靜候東方日出。朦朦朧朧中，但見江邊全是參差不齊的大石塊，似獸似怪，其實，這些全是歷朝歷代的護堤的拋石，以起到消浪遏潮的作用。在晨光曦微中，但見淺灘上一排一排木樁，高高低低，排列有序，尤如護堤的衛兵。這些木樁，年歲久的，已有八九百年歷史，最年輕的，恐怕也有上百年歷史。也許，那一排樁是范仲淹指揮下打下的；也許，那一堆石是林則徐指揮下佈陣的，一石一樁，無不鐫刻著歷史的銘印。

長江口的日出是很壯觀的，我甚至固執地認為，並不比泰山日出遜色，各有各的特色與韻味。

當我踏上社會，離開家鄉，來到微山湖畔煤礦時，家鄉長江口的日出成了我最美好的回憶之一。

二十年彈指一揮間，當我重新回到家鄉時，家鄉已大變。當我重新來到長江入海口時，呈現眼前的是一望無際的水泥防護堤，堤內的大道可開汽車，堤外密匝匝的水泥消浪墩延伸到很遠很遠處，據說這江堤固若金湯，能抗百年一遇的大潮。我能不為此欣慰嗎！

然而，自然界的一切又往往是有一利也會有一弊。就拿江堤來說，固則固了，但原先的江灘濕地消失了很多，大片大片的蘆葦蕩不見了，百鳥爭鳴爭飛的景象消失了。這也罷了，最讓人憂慮的是昔日那清清的江水如今濁如黃河。說心裡話，這樣的長江水我已不敢再下水游泳了。

記得長江上游築葛洲壩時，我還在煤礦打工，我是反對建壩者之一，但人微言輕，說了等於沒說。如今壩是建了，爭論仍未結束。作為長江入海口的老百姓沒有享受到建壩發電後的好處，但因建壩而由此帶來的鹹潮，我們卻深受其害，由於上游建了壩，江水的流量被控制了，以致造成海水倒灌，咸水期從開始的每月兩三天，發展到每月一半日子，連涮牙都沒法涮，燒飯必然用純淨水，要不就成了鹹泡飯味道。更糟糕的是凡沿江產品要用水的企業，大大影響產品質量，都叫苦不迭。當地政府不得不花鉅資建蓄淡避鹹水庫。犧牲下游百姓的利益來換取某些局部的利益，也不知當初那些決策者為什麼聽不進專家學者的意見與忠告。假如當年把建壩的鉅資投入到上游的植樹造林，那才真正是造福子孫後代，澤被華夏百姓啊。古希臘著名的哲學家赫拉克利特有一命題「人不能兩次走進同條河流中去」。是的，長江還是這條長江，但流水已不是原來的流水了，這就是歷史，就是自然的辯證法。

今天，當我再次佇立在長江入海口時，我真的感慨萬分，我這個歸來的遊子重新回到了母親河的懷抱。我既感慨長江入海口的日新月異，又感慨時光的易逝。放眼望去，江面上集裝箱碼頭、散貨碼頭、輸油碼頭、輸煤碼頭已一個接一個建起，原本安靜的江畔熱鬧了起來，紅火了起來。從「以港興市」提出，僅僅十幾年時間，太倉港已成為江蘇最重要的港口之一，成為上海港的配套港，樞紐港。因為從世界範圍來看，凡江海交彙的地方，必是經濟最發達的地區之一。荷蘭的鹿特丹、美國的洛杉磯、日本的橫濱、臺灣的高雄、韓國的漢城，無不如此。

遙想六百多年前，劉家港就已經被譽為「天下第一碼頭」、「古六國碼頭」，否則偉大的航海家鄭和也不會選擇從太倉劉家港揚帆起錨吧。

我擔任過太倉市政府僑辦副主任、太倉市作家協會主席，因此曾數十次、百多次陪同海外僑胞與外地來的作家到長江入海口參觀遊覽，每每介紹到這兒的歷史與未來時，我都情緒高漲。太倉的長江口既有自然景觀，又有人文景觀，歷史底蘊極為厚實。二〇〇五年時的紀念鄭和下西洋六百周年活動，世界各國鄭和研究專家都蒞臨太倉，可說是千年難遇的盛事，隨著紀念活動的鋪開，隨著「鳳凰號」下西洋，太倉，這個臨江濱海的城市再一次為世界媒體注目，長江口再一次引吸世界的目光，諸多的紀念活動再一次使長江入海口回憶與展示曾有的驕傲與今日的輝煌。

二〇〇八年第三屆世界航海日前夕，香港鳳凰衛視來太倉拍攝《長江四鮮》，邀請我作為嘉賓講解歷史背景，我與香港鳳凰衛視的著名主持人謝亞芳在長江沿岸訪問了河豚養殖場，河豚經銷商等，考察了長江江堤，我坐在長江蘆葦灘的消浪拋石上，接受了謝亞芳的採訪，雖然我對長江入海口日新月異的巨變，欣喜萬分，然而，當我想到穿山的消失，長江水的由清變濁，長江四鮮的日漸減產，乃至消失，我百感交集。長江啊，我愛你，深深地愛你，但我不知怎樣向你訴說我複雜的情感。

太倉曾經有座穿山

江蘇太倉市周邊的昆山市有玉山，常熟市有虞山，獨獨太倉一馬平川，無山無峰，徒歎遺憾。其實，太倉歷史上曾經是有山的，而且還是座名山。我第一次知道太倉有山是在八十年代看《話說長江》電視紀錄片時，陳鐸的解說渾厚而磁性，印象最深的是這樣一句話：「太倉境內的穿山是長江從青藏唐古喇山發源地流向東海入海口的最後一座山……」

那時我還在微山湖畔的煤礦貢獻青春，對家鄉太倉的瞭解還局限於縣城。一九九〇年我調回太倉，這後，就開始關注太倉的文史。我在翻閱《太倉州志》、《直隸太倉州志》、《璜溪裡志》、《沙頭裡志》等方志時，無意中讀到了不少有關穿山的文字記載與前人吟詠穿山的詩文，於是，穿山從塵封的歷史冊頁中突兀於我眼前。

根據志書的記載：穿山，在太倉歸莊鄉境內，古時為長江中一小島，後泥沙沖積成陸，穿山成了江邊小山。

穿山被認為是世界上最小的山。據明代桑悅的《太倉州志》記載：穿山高十七丈，周圍兩百五十步。別看穿山小，但小而有特色，其最大的與眾不同處是山中間有一天然之洞，故曰穿山。

穿山別名帆山。據說穿山早先聳立江中時，那山洞正好拱於江面，若有船隻想穿洞而過，須降帆落蓬。因此那洞又名降帆岩，對此傳說，有人疑之。然到明正統年間，有人在山上鑿池，發現了海船的桅梢，且言之鑿鑿，云發現者為近山居民景升氏。其實此說仍有可疑之處。太倉的長江入海口舊稱海塘，緣何不稱江口而稱海塘，蓋因水面寬闊，與海無異故名之。一座小小的穿山即便獨立江中，拳拳一小山在浩浩水面又算得了什麼，大小船隻盡可繞山而行，何須冒險降帆穿洞而過呢，看來降帆之說實不足信。但山上有桅杆則完全可能，因江中有島有山，觸礁總難免的吧，或者上游漂流下來的片板殘桅，擱淺在穿山，倒也解釋得通。

穿山在宋代時已小有名氣，在元代時已有行政區劃，有居民，有商鋪。已有文人為之賦詩撰文。如元代的如鏡寫的《穿山》詩：「何年有此阜／突兀似荒城／洞口秋雲暗／山腰夕照明／草生烏韭菜／花發鬼燈檠／見說龍池內／年年水更清。」到了明代，穿山已成遠近聞名的景點，文人騷客爭相前往遊覽、小憩，或丹青繪之，或詩詞詠之，甚至不少迷戀穿山風景者，乾脆在穿山四周築園起屋，以作別墅。從能查得到得資料看，穿山四圍園林多達十幾處，有南野齋、駐景園、南園、南莊、西疇、鶴溪務本堂、怡園、樂清軒、宜杏園、半帆居、登思堂、騙山草堂等；那些相中穿山風水的，則覓一墓地，長眠於此。

從地方誌與留存的詩文可知，在明代時，穿山已有景點十四處，曰降帆岩、曰崩雲磴、曰石佛龕、曰釣鼇臺、曰天門頂、曰輾輿坡、曰立馬臺、曰夕陽坡、曰起運峰、曰龜跌趾、曰倚天壁、曰仙人岩、曰叢篁澗、曰臂彎洞。明慶歷年間有個叫趙樞生的還專門勒石刻詩，以紀這十四處景點。

明代的陸鉞還專門撰寫了《穿山志》，可見穿山在文人心目中的地位與份量。

我查過相關資料，歷代吟誦穿山的詩文，彙編一書，綽綽有餘。所謂山不在高，有景則靈；峰在不峻，有詩則傳。山因名人增其名，人籍名山更出名，歷來如此。且讀讀文徵明的《穿山晚翠亭》詩吧：

欄檻涵清瞰水流，四時交翠總芳辰。
春光過眼無多日，暮景榮身有幾人。
綠竹蒼松同晚節，落花飛絮各風塵。
高情最是庭前樹，應有清風萬古新。

與唐伯虎、仇十洲等並列為明吳門四家的大畫家沈周的詠《穿山》詩最有意思：

遍觀天下山多少，
唯有穿山山最小。
巍然一洞洞然開，
未必此中無可寶。

大畫家畫之猶嫌不盡興盡意，還詩之詠之，美景動人此為例。清代大詩人吳梅村對家鄉的穿山更是情有獨鍾，他激情詩曰：

勢削懸崖斷，根移怒雨來。
洞深山轉伏，石盡海方開。
廢寺三盤磴，孤雲五尺臺。
蒼然飛動意，未肯臥蒿萊。

常言道「天下名山僧佔多」，穿山有如此的自然景觀、人文底蘊，僧人的慧眼能放過？據老人回憶：光寺廟就有好幾座，有玉皇殿、真武廟等。據說太倉雙鳳鎮的寺廟供奉同樣的玉皇大帝神像，但雙鳳的只能稱玉皇閣，不能稱玉皇殿，因為規格是不一樣的，可見穿山寺廟在當時的地位。

除了人文景觀外，穿山還有一獨特的自然景觀，即此山盛產金燈花與骨牌草。金燈花，學名石蒜，太倉民間稱其為螳螂花，亦稱龍爪花。此花有杆無葉，花葉不相見，常不經意間拔地而出，且花開迅速，加之花型奇特，花色豔麗，頗受鄉民喜愛，民間還有「忽地笑」、「葉落花挺」等雅號。金燈花還是一味中藥，李時珍《本草綱目》中有記載。明清時，太倉人還有專門結伴到穿山去看金燈花的，並留下了多首觀賞金燈花的詩。如「花繁山骨隱，花豔石色赤」；「小山著意留殘照，野火何心佔早秋」。

骨牌草就更奇特了，此草長在岩石縫中，據說其草葉背面有各各不一的牌九圖案，若下功夫，能找滿一副呢，因此不少孩子專門去尋找，成為童事樂事之一。更難得的是此草除了穿山，外地不見記載，很可能是草中之孤本。如今山已不存，骨牌草自然物種消失了。可惜啊可惜。

就是這樣一座滿山是景，景景入詩，景景入畫，人稱「小杭州」的名山，到了五十年初，竟被上海一個叫謝一丁的打著「上海市工務局供應處帆山採石工廠」的牌照開山取石，一座名山毀於一旦，時在一九五一年。

據當地老人回憶，這姓謝的是得到太倉第一任縣長浦太福同意的，謂之就地取材。因為帆山是名山，此事後來驚動了中央文物管理部門，派人追查責任，姓謝的被判刑8年。浦太福也做了深刻檢查，並受到黨內處分，他臨終前曾說過：我一生中最大的錯誤就是毀了穿山，回想起來，懊悔不已，對不起太倉人民。但懊悔有什麼用呢，一座極具自然景色、人文景點的名山就因為無知而徹底毀了，惜哉惜哉，痛兮痛兮。

夏至前一日，冒著酷暑，我與殷繼山、吳塵、張曉冬一行四人專程去歸莊，實地考察穿山遺址。真所謂滄海桑田，昔日勝景早已物換星移，但石去山根在，依稀還能見到裸露土表的岩山，且有一石橫臥山根之上，原來是當年開山取石之孑遺。

穿山附近的村民對穿山畢竟是有感情的，他們自發組織保護穿山遺址，並四處募捐，造了兩幢古典式建築，現辟為穿山歷史文化陳列室。

當地的退休人員紀炳林是位熱心人，不但收集、整理了不少穿山的文字史料，還收集了一些出土的碑刻。此乃積德積福，功德無量之事。穿山有知，自當護佑，先賢有知，也當襄助。

站在穿山遺址，感慨萬千。

這樣一座名山，在我們這一代手裡毀去，上對不起祖宗，下對不起子孫，我們能為恢復穿山略盡綿薄嗎？

我設想：能否把利用現有基礎，建一個穿山遺址公園，具體做法就是沿穿山四周挖出一片水面來，用水落石出之法，把穿山山根變成一水中之島，如果堆砌一定數量的黃石，不說恢復穿山原貌，至少是可重現若干景點吧。殷繼山乃築園的行家裡手，他以很肯定的口吻說：既便按原貌重建都不是難事，只要有關方面下決心。沿山根挖土乍聽似乎有些荒唐，其實只要調整一下思路，把如今建高速公路挖土取土的地點改在穿山四周不就解決了。

我們還設想在僅存的一塊穿山石上刻上吳梅村的集字「穿山松鳴」，以成一景。

臨別時，穿山歷史文化陳列室的主管紀炳林先生贈送了我們每人一本《穿山小集》，回來饒有興趣地翻閱了這本《穿山小集》，無獨有偶，在拜讀明陸鉞《穿山志・自序》時，讀到這樣一段文字：

彙成一集，分為四卷，曾以質之趙凡夫（即太倉明代著名篆刻家、書法家趙宧光），凡夫曰甚善，若有好事者取山下之田盡鑿為湖，浸此石於水中，始為奇絕，嗚呼，今征君矣，安得真有好事者點綴此山耶！

原來我之挖土成湖成島之設想早已不新鮮了，四百年前的鄉賢早早想到過了。我不敢說英雄所見略同，只是覺得前人想做而未做的事，假如在我們這一代手裡做成了，豈非造福於桑梓之美事，豈非告慰先人於九泉。

穿山，太倉重要的非物質歷史文化遺產，挖掘之，保護之，太倉的文化人有責任啊。

園花園鎮園之寶

——千猴大型立體雕

太倉市的瀏河鎮位於長江入海口，乃「江尾海頭」第一鎮。從二〇〇〇年起，農民企業家顧建中審時度勢，把經營針織業賺來的錢，投入到了生態休閒旅遊項目「園花園」的建設中，前後已投入了一點五億，現「園中園」已初具規模，目前佔地六百多畝，其引進的牡丹有「二喬」、「姚黃」、「魏紫」等一百六十多種珍稀名種，三萬多株，播種面積一百多畝，被譽為「長三角牡丹第一園」，另外還有人工養殖河豚基地等，其鎮園之寶是香樟木千猴大型立體雕

這是一棵有幾百年樹齡的香樟木，是從江西的井岡山地區覓來的，因該樹樹幹中間已基本空心，故抽枝發芽數年後，終於枯死，成了枯木一株。獨具慧眼的顧建中，卻想到了變廢為寶的好主意：決定聘請國內木雕大師在這樹身上雕刻千猴圖。

幾經周折，顧建中聘請到了曾在北京紫檀博物館從事多年精雕的謝庭明先生前來領銜主雕。謝庭明先生的木雕《弘曆宮中激樂圖》、《清明上河圖》等多件作品珍藏在紫檀博物館，木雕《招財進寶》曾獲大獎，受到過李瑞環等國家領導人的接見。

謝庭明先生面對這株高六點八米，直徑一米，淨重三噸多的香樟木老樹，根據其三叉樹型，與技師們反覆推敲，設計了五個專題，其一為「水簾洞美景」；其二為「猴子撈月亮」；其三為「豬八戒上山」；其四為「孫大聖下山」；其五為「花果山盛會」。

謝庭明率領多位木雕技師從樹幹下部雕起，再搭臺起架，自下而上雕刻上去，經過近一年的努力，終於把一株八百多年的整株香樟木樹幹，雕刻成了一件難得一見、極具觀賞價值的大型立體雕刻。此樹立體雕刻了一千隻各型各態、大大小小的猴子，有覓食狀的，有嬉鬧狀的，有爭鬥狀的，有親熱狀的，喜怒哀樂諸狀，無所不有，甚至還有猴子交配狀、生育狀，讓人歎為觀止。除了這千猴外，還雕有豬八戒、牛魔王、山羊精、蛇精、仙鶴等神話動物，以及柏樹、松樹、葛藤、芭蕉、獼猴桃、福壽瓜、葫蘆、仙桃、梨子、香蕉等等，還有奇峰、怪石、險徑、瑞雲等配景，以透雕、鏤雕、鏈雕為主，還配有浮雕、圓雕，且隨枝賦形，因木制宜。此立體雕刻，無論從那個側面觀賞，都栩栩如生，精美絕倫。

據瞭解，此大型立體雕刻，為目前世界上最高最大，也是雕刻群猴、花草、樹木最多的一件大型立體樹雕，園花園主人顧建中正準備申請金氏世界記錄呢。

別具一格的中國古磚瓦博物館

八十年代初期，我寫過一篇關於秦磚漢瓦的隨筆，後來我聽說昆山有個中國古磚瓦博物館，一直想去看一看，但直到最近去錦溪，才一償夙願。

昆山的錦溪鎮如今打的旅遊招牌就是博物館之鎮。我個人認為，錦溪鎮最有價值的是中國古磚瓦博物館。據我所知，這也是我國目前唯一的一家磚瓦博物館。

筆者曾與一文友探討東西方文化的差異，其中一點就是西方古代建築以石塊為主，所以像古羅馬大門獸場、埃及的金字塔等等都留存了下來，而中國的古代建築以磚木結構為主，因此像阿房宮、銅雀臺等都蕩然無存了。所幸磚與瓦，雖不如石頭堅硬，畢竟還有孑遺物，也就成了歷史的資訊載體，成了彌足珍貴的文物。從這個意義上講，中國古磚瓦博物館保存的不僅僅是幾塊斷磚殘瓦，而是保存了中國建築史的一個縮影，保存了中國古代建築美學的資訊。

磚在古代又稱「瓴甓」、「令甓」、「令辟」、「甓」等。「秦磚漢瓦」如今是一個成語，但據我對磚瓦的瞭解，瓦的歷史更早於磚，其實在秦漢之前，已有了磚瓦的身影。

我注意到距今四五千年前的良渚時期已出現了紅燒磚，由粘土、蘁糠和稻草揉合，雜以竹竿、蘆葦作骨架，經堆積大量乾柴，經大火焚燒而成——這大概算是磚的雛型吧。

如果排一排磚的發展脈絡，列表如下：

良渚時期的夯土燒結磚↓秦漢的幾何紋磚↓西晉的紀年磚↓唐宋的井磚↓明清的金磚↓民國時的青磚↓現代的紅磚、機制磚、粉煤灰磚等。

在參觀中留下印象很深的有晉代繩紋磚上面可見清晰的晉代造磚工人右手的手印，看來是造磚工人即興按上去的，按其手印大小考古人員推算出可能是一位一點六五至一點七〇米的男青年一時好玩留下的，沒想到就此留下了一件極為珍貴而難得的實物。

從陳列的磚瓦實物可知，磚在演變過程中，出現過砌牆磚、城牆磚、地坪磚、祭祀磚、裝飾磚、藝術磚等等用途各異、造型不同的磚。其中比較出名的有文字磚、花磚、畫像磚。

展出的磚之實物雖種類繁多，但空心磚與畫像磚還不算豐富，可能與這類磚大多出土於中原地帶有關係。吳中一帶出土的空心磚不少有紋飾，飾有虎、朱雀、飛鷹、衛士、以及舞樂、騎射、田獵等，陰紋、陽紋均有，畫像磚內容就更多了，通常有神話故事、生產場面、貴族家庭生活、娛樂活動場景，以及地方民俗的。這些磚對研究古代歷史都是不可多得的實物資料。

很有意思的是，西漢早期的磚室墓有一種薄薄而中空的漢磚，距今約兩千兩百年左右。此磚表面還鏤有菱形的花紋等，很有美感。明代時，習古琴之風盛行，有人用此磚來擱琴，沒想到因漢墓磚為空心的，輕輕叩之，罄然有聲，琴弦一動，即有共鳴，收到了意想不到的效果。於是漢墓磚一時身價百倍，被時人譽為琴磚。

磚中間的巨無霸為方磚，有些讀書人家覓到一塊一米見方的大方磚後，擱在凳上，讓孩子用毛筆醮清水練書法，這也算是磚的本職以外的一輔助用途吧。

其實，方磚中真正的巨無霸乃是金磚。金磚不是用金子鑄成的塊狀之物，而是鋪於皇宮地墁之用磚。這種磚是御用之磚，用現代術語乃皇家指定用磚，所以不是隨便哪家磚瓦廠都能生產的。金磚的選料、工藝都很講究。據說那泥土要取太湖底下沉睡千年之土，要求泥土細膩、結構緊密、色澤鐵青，須經過六道工序，燒製長達一百三十天，出窯後還要用桐油浸漬百天。這磚能曆千年而不毀，敲之有金石之聲，故謂之金磚。

當然，細分細述的話，光磚就能寫一大篇，例如有一種比較罕見的錢幣磚上有漢王莽時期的錢印紋。還有一種龍腰磚，放在屋脊中間的，明清時的風俗，在此磚裡種萬年青。另外還有一種有文字的明城牆磚也很有收藏價值，因為磚邊上有年代有監造的官府名稱等。

說了磚，不能不說一說瓦，在古代用土坯造房時，瓦就已經出現了，最早大約是西周時。瓦在實用性之外的裝飾性上似乎比磚更明顯，所以除了平瓦、底瓦外，還有蝴蝶瓦、瓦當、筒瓦、滴水吻、異形瓦等等。如瓦當的圖案紋飾就分文字、動物、獸面、植物、幾何紋等五大類。據我知道，有些收藏家還專門收藏瓦當、滴水等。像秦漢時的「長樂未央」「千歲萬歲」、「與天無極」、「漢並天下」、「漢廉天下」、「飛鴻延年」、「永受嘉福」、「保子宜孫」、「萬壽無疆」瓦當頗受收藏者青睞呢。另外還有「雙福壽水滴」、「雙鳳捧壽水滴」、「龍鳳呈祥水滴」、「丹鳳朝陽水滴」、「雙龍嬉珠水滴」等。瓦當的種類也很多，有花卉瓦當，如雙梅瓦當等，還有鳥魚瓦當、海水瓦當、雲紋瓦當、福祿壽瓦當、神獸類瓦當、鯉魚跳龍門瓦當等等。

錦溪中國古磚瓦博物館的收藏展品還稱不上齊全，據我知道，春秋戰國時，燕國瓦當紋飾喜用饕餮紋，以及雙龍、雙馬、雙鳥、雙鹿；齊國則偏愛樹形紋；魏國時的戰國則流行獸面紋瓦當；南北朝時，瓦當紋飾常有蓮花與忍冬等，這與佛教影響有關；隋唐時，蓮花瓦當最流行，明清時為蟠龍瓦當取代。

古代的屋頂上，往往還有吻獸，俗稱天雞、蒲雞。通常有獸頭、雞頭、魚頭、龍頭等四神，為北宋時於辟邪演變過來的。

寫到這兒，我又想起了在錦溪的另一家古董博物館裡見到的一塊相傳為銅雀臺瓦當。銅雀臺為東漢建安十五年時曹操所築，距今已一千八百年了。這塊瓦當乍看像石質的，比常見的方凳之凳面還大，重七十五公斤呢。據說曾為明奸相嚴嵩所藏。據說此瓦當要用黑泥磨細，加雞蛋清和胡桃油，再壓製成瓦當坯子，放入爐子高溫燒製。這瓦當比石還重，不吸水。我細看了，瓦當背後有「建安十五年」字樣，並有「乾隆御識」題款，還有明代文徵明的題詩，以及其他文字。我只記得「為愛陶甄之質，宜加即墨之封」詩句，還有「惟天降靈錫……」等我記不全了。雖然這塊瓦上有不少文字，言之鑿鑿，但我總懷疑其真實性，因為從實用價值看，如果此瓦放在屋面上的話，此銅雀臺要多大規模呀，其柱子、牆基如何承受得住如此重量，要知道一塊瓦就重達一百五十斤。我突然想起我家鄉太倉在清道光年間出了個叫陸增祥的狀元，後來在陝西做官，因酷愛金石，辭官回鄉時，收集了數百塊漢瓦，據說就是銅雀臺之磚，這磚我見過，很粗礪，與那陳列的瓦當比之，無論是造型、質地、工藝都天壤地別。我想同時代同一建築的磚、瓦不可能相差太殊吧。所以我以為此銅雀臺瓦當的真實性大可懷疑。這大概也是中國古磚瓦博物館不收藏的原因吧。

中國古磚瓦博物館在江蘇昆山錦溪鎮丁家弄的丁宅，為清中期的建築，可惜展廳面積僅六百多平方米，還顯得小了些，不過，能收集到如此品種繁雜的實物，堅持辦到現在，也實屬不易。

遺憾的是我忘了創辦這博物館的主人是誰，在這裡我向他致歉，並表示深深的敬意。

觀昆侖堂藏畫

昆山是太倉鄰市，近在咫尺。去蘇州必經昆山，經昆山必經科技館，經科技館總會想起昆侖堂。所謂昆侖堂，並非那幢圓球型建築稱之為昆侖堂。而是科技館中辟出二樓的一千多平方米建了一個昆侖堂美術館。

此館是專為旅居日本的昆山籍文物收藏家朱福元先生開設的。朱福元先生由於家庭教育關係，耳濡目染，愛上了書畫藝術，他經商所得，傾囊投入書畫收藏，且定位於收藏散失於海外的中國歷代書畫名作。經不遺餘力地廣為收羅，竟累積數百件之多，上至唐宋，下至近代名人字畫，更多的為元、明、清之精品力作。他以收藏為樂，以鑒賞為樂，自號昆侖堂，樂此而不疲。

朱福元老先生年屆耄耋，愛國之心不泯，思鄉之情日熾，最後決定將畢生之收藏悉數捐贈給家鄉昆山。家鄉政府、家鄉百姓有感於朱老的一片赤誠之心，特建了昆侖堂美術館，並於二〇〇一年十一月十二日正式開館。

據講解員介紹，因朱福元的藏畫數量達三百多幅，故分期分批，輪流展出。

藏品中最有價值的是唐代的《迦理迦尊者像》，畫在麻布上。此畫歷經千年以上，畫面已不甚清楚，但細看，還能看出畫一趺坐的老僧，可惜無落款，不知是出自名家之手，還是普通畫師之筆。但能保存千年而回歸故土，無論怎麼說都是件大快人心的事。

還有宋代的《貨郎圖》、《秋葵鳳仙圖》等皆為絹本，皆無落款。前者傳神，後者工整，風格儘管各異，似乎都出自名家手筆。

元倪瓚的《為寓齋作山水圖》與吳鎮的《修篁圖》。山水畫逸筆草草，疏遠簡淡，為典型倪瓚風格。墨竹則簡練靈動，墨趣盎然，乃吳鎮的力作。

明代沈周的《水鄉泛舟圖》，疏淡高遠，空靈寧靜。而謝時臣的《雪山行旅圖》，以氣勢勝，以意境勝。都不失為名家精品。

清代龔賢的《溪山隱居圖》則筆黑高古，意境清幽，遠觀近賞皆適宜。而揚州八怪之一李鮮的《喜上高枝圖》，疏朗奇崛，重趣重味，題詞更與畫相得益彰，珠聯璧合。

說到書法，明張瑞圖的《行草書》與清王鐸的《臨王獻之書》都是百看不厭的精妙之作。王鐸的為人自可批評，但其書法確實自成一家。

藏品中還有吳昌碩的《松石圖》；齊白石的《菊花蜻蜓圖》；張大千的《伯勞木石圖》等，或重筆沉墨、沉雄拙樸；或寥寥數筆，意趣盡現；或古雅細膩、滿紙生靜，讓人歎為觀止。

除開以上論及的書畫，最使我感興趣的是我還發現了兩幅筆者家鄉太倉畫家的畫，一幅為清代王鑒的《仿巨然山水圖》，據專家考證是其三十一歲時作。另一幅為清代顧見龍的《祝壽圖》。王鑒為清婁東畫派的代表畫家之一，與王時敏、王原祁、王翬齊名，號稱「四王畫」被譽為中國畫之正脈。另一位畫家顧見龍則較為陌生，只知道其生卒年月為一六〇六至一六八九年，為明末清初人，字雲臣，號金門外史，擅畫人物肖像。

昆侖堂藏畫中，有兩幅太倉畫家的畫，已令我十分地驕傲與感慨了。

這使我想起兩年前在臺灣故宮博物館見到太倉明代畫家仇英之畫與清代畫家王原祁之扇面畫時的激動心情。

戰亂，國寶散失；盛世，收藏興起。但願和平長久，珍品現世，國寶回歸。

聰明弄端糊塗樓

蘇州作協假昆山文聯新大樓召開會議。蘇州文壇的精英到了一大半，有范小青、范培松、呂錦華、朱子南、陸咸、吳鳳珍、譚亞新、朱紅、谷新、楊守松、陳益、張昌頤、車前子、王稼句、紀銀劍、荊歌等二十多人濟濟一堂，共商蘇州市的文學創作大計。

中午，楊守松盡地主之誼，招待大家在同一幢樓的難得糊塗酒家就餐。就餐前，楊守松給每位作家發了《糊塗詩集》與《糊塗詩集續》，並向每位贈送了他的長篇小說《迷樓》與散文集《醉人小語》。作家紛紛要求他簽名，楊守松卻反向大家索要詩句，說格律不論，平仄不論，長短不論，只要有「糊塗」兩字即行，並言明以後要爭取正式出版。

有些作家初次到昆山，或者第一次到難得糊塗酒樓，對此還有一點糊裡糊塗是怎麼回事。我因來過昆山文聯，也曾去過老的糊塗酒家吃飯，知道吃了糊塗酒家的酒，是非留下糊塗詩不可的，因而餐桌上剛落座，就瞎塗了一首打油詩，以此蒙混過關。題目是《糊塗樓即席口佔》，詩曰：「聰明弄端糊塗樓，糊塗樓裡聰明人。聰明過頭即糊塗，糊塗難得亦聰明。」這樣，算是第一個交卷。

據我所知，一九九四年夏天時，揚守松曾辦過一個糊塗酒樓，算文聯的三產。曾火過一陣子，終因聘請的經理糊塗及其他又糊塗又清楚的原因而撐不住門面，酒樓轉讓了，留下了遺憾，收穫了三十多首糊塗詩。揚守松做有心人，遂有了列印的《糊塗詩集》。

楊守松自然是昆山地面上的一個人物，他大本事，竟然赤手空拳造起了文聯大樓。大樓座落在柴王弄，正好對準聰明弄。聰明弄乃昆山的一條古弄，據說歷史上有過「一弄十進士，一門三鼎甲」的榮耀，於是後人給此弄取名「聰明弄」。

一則楊守松曾辦過糊塗酒家，二則聰明弄對糊塗樓，堪稱絕對，因而楊守松取樓名為糊塗樓，據說此乃他自作主張，未經批示。

或許因為楊守松有過辦糊塗酒樓失敗的教訓，悟出糊塗只能難得才行，故這回酒樓取名「難得糊塗酒家」。

楊守松在《糊塗樓記》中云：「願文藝家得糊塗三昧，做瀟灑文章。」

在楊守松的催逼下，到會者幾乎無一「漏網」，一個個都寫了「糊塗詩」，在他的貴賓留言簿上留下了所謂的墨寶。可惜來不及一一細看，來不及抄錄，否則可以把不少精采的詩句抄錄在此文中，以增文采，以饗讀者。

回家的路上，我還在想著吟糊塗詩，想得腦子裡稀裡糊塗，因零零散散，不成其詩，姑且取題為《糊塗樓隨想》。

一、哪能聰明一世，難得糊塗幾回。

二、聰明不聰明，就看怎糊塗。

三、聰明寫在臉上，小聰明；糊塗擱在心底，真糊塗。

……

我有這樣一個想法，隨著歷史的變遷，糊塗樓很可能會成為昆山新名勝。就讓我以「昆山一景糊塗樓，文壇一才楊守松」來作結。

巴城吃蟹一條街

「秋風起，蟹腳癢」、「十雌九雄」；「無腸公子」、「橫爬將軍」，這是民間有關吃蟹的諺語及對蟹的別稱。放到文人詩文中，就是「菊黃蟹肥」、「持蟹賞菊」，或「賞菊啖蟹」，此乃口福，此乃人生樂事也。

蟹，首推中國江蘇蘇州地區的陽澄湖大閘蟹，為區別其他地區之螃蟹，每年還推出不同的防偽標誌。而想吃正宗的陽澄湖大閘蟹，到原產地昆山的巴城應該是最放心的。可能如今假冒的李鬼實在太多，不少食客寧願花時間趕到巴城，以便吃到真正的青殼、白肚、金爪、黃毛的陽澄湖原產地大閘蟹。

巴城吃蟹名聲漸傳漸遠，慕名而來者越來越多，以致供不應求。於是吃蟹的飯店應運而生，說是如雨後春筍般出現一點不為過。據說整個巴城大大小小各種吃蟹的飯店已達兩千多家，形成了巴城吃蟹一條街，形成了一條讓人吃驚的產業鏈。

如果誰做個有心人，在巴城吃蟹一條街走一走，逛一逛，看一看的話，會發現各家的店名有各家的特色，各家的廣告門聯也各不相同。店名最平民化的，有叫「阿浦蟹莊」、「高記蟹莊」，或「兄妹蟹莊」、「老兄弟蟹莊」、「張師傅蟹莊」的；大眾化點的有「糊塗酒家」、「大家樂蟹莊」、「蟹香樓」、「金爪子蟹樓」、「龍源蟹莊」、「哈哈樂蟹樓」、「天天蟹港」；也有的乾脆叫「陽澄湖人家」、「巴城蟹樓」；稍雅一點的，有叫「香蟹園」、「溢香酒樓」、「碧玉蟹莊」、「可心蟹樓」、「螯水閣」、「在水一方」、「秋漁樓」、「蟹鑫園」等；牛氣點、霸氣點的，則叫「蟹司令」、「蟹霸樓」、「鼎鼎香蟹樓」、「金海岸蟹樓」、「金滿樓」、「銀滿樓」等等。

再看各家各店的廣告門聯，直話直說的有：「陽澄精品數三寶，水鄉美肴迎佳賓」、「秋風起兮蟹腳癢，金秋正好吃蟹黃」、「富饒清澈陽澄湖，金秋佳節品螃蟹」、「更愛陽澄金爪蟹，秋深好佐菊花杯」、「持蟹賞菊為傳統雅舉，剝蟹品茗則別繞風趣」、「接待唯此親，佳餚獨有味」。自信得老子天下第一的有：「聞名天下大閘蟹，源自巴城陽澄湖」、「青殼白肚金爪黃毛，水中極品蟹中之王」。俗的有「美食到巴城，好運伴隨您」、「名樓待高朋，佳餚迎貴客」。雅的，借用古人聯語的有「不看盧山辜負目，不食螃蟹辜負腹」、「螯封嫩玉雙雙滿，殼凸紅脂塊塊香」、「越蟹丹螯美，吳蓴紫蟹肥」、「越浦黃柑嫩，吳溪紫蟹肥」、「持蟹更喜桂陰冷，潑醋擂薑興欲狂」。自撰的有「一杯兩盞，今逢天下蟹港，三碗四碟，淵源百年風情」、「黃花正豔邀明月，紫蟹經霜迎嘉賓」、「陽澄金爪蟹如盤，風味九秋勞客夢」、「白玉金邊青映天，深秋香菊色滿湖」。也有的乾脆詠蟹「十裡水帳率千萬，橫行霸道數將軍」、「一股金相玉質，兩螯明月秋風」……

太多了，記不勝記。不過吃蟹之前，先讀讀這些聯語，品品其意，極有味道，會使盤中之蟹更鮮更美更有文化意韻。

如果是從上海或外地趕來的，有些道地的店家還會拿出事先準備好的嫩菱與薑栗等江南水鄉的農家特產來讓食客嚐鮮，讓你感到一種溫馨。

當然，假若時間充裕，還可去巴城的崇寧寺看看，該寺與佛光山莊連在一起，最值得一看的是其中有座「巴解」石雕像。相傳他即為我國吃螃蟹第一人。為立像，巴解右手持蟹，左手握鏟，身有披風，腳穿芒鞋，青筋畢露，蠻氣四射。人高馬大的他腳踩螃蟹，威風無比。巴解石像前，還有兩隻青石雕刻的巨型螃蟹，每只有兩米左右長，估計是世界上最大的螃蟹了。

中國有句俗語：「敢於做第一個吃蟹的人」，其典源出於此，來此吃蟹的人，實在應該來瞻仰一下吃蟹第一人巴解石像，上一炷香，恭恭敬敬拜一拜。在此看一看，拍張照，留個紀念，不也挺有意義。

體驗怪樓

友人相約，在周庄小聚，於是第四次上周庄。幾年未去，周庄變大了，變俗了，變嘈雜了，變擁擠了。友人在送我離周庄時，恰好經過怪樓，印象中老周庄只有迷樓沒有怪樓，不知何以稱怪樓，怪樓又怪在何處？友人見我在注意「怪樓」兩字，極力慫恿我去看一看怪樓，說保證有收穫，他還說他曾一個人來過怪樓，嚇得逃出來。是嗎，有如此恐怖嗎？我這朋友，可是比我年紀輕，比我長得壯實，比我知名度高的畫家、收藏家，他去過十多個國家，見過的世面比我大，能有什麼怪物嚇住他呢？本沒想去看的我，不禁動了好奇心，好，就去親歷親見一番吧，不信像我這樣已過不惑之年，走向知天命年紀的大男人還怕被妖魔鬼怪誘惑了。

老實說，我當年在煤礦的時候，塌方、爆炸、械鬥，缺胳膊少腿，血肉橫飛，哪樣沒見過，怪樓裡能藏三頭六臂之人，還是會竄出毒蛇猛獸。我很坦然，又做了充分的心理準備。

先我們進去的一批出來了，我細觀之，或面帶怪異笑容，或臉露驚魂未定之色。問之，幾乎千遍一律：看了就知道！

廢話，看了當然知道。不過，遊客越如此，越吊足了我胃口。

那怪樓是一幢老式樓房。上得樓，但見老式木櫥上放著散亂的破舊的線裝書，那窗上糊著的窗紙，全是泛黃的線裝書上撕下來的，給人感覺進入了時間隧道，回到了唐宋時代，至少是明清時代。來到裡邊一間，幾隻八仙桌一字擺開，上有老式桅燈，而掛在樑上的是一隻只鳥籠，籠中是一盞盞電燈，牆上掛著蓑衣、竹笠等，古不古，鄉不鄉，極是怪異。

我們三人一桌坐定後，一服務員叫我們帶上耳機，隨之，燈就滅了。眼前一片漆黑。黑暗中，那恐怖之音從遠處漸漸飄來——原來所謂怪，就是利用先進的身歷聲音的效果，讓聲音變成立體的，從你頭上、背後、腳下、身邊傳來，響得像真的一樣。譬如先是有一毛骨悚然的陰森森的女鬼之音問你要不要喝茶？隨後倒茶之聲傳來，感覺就在你面前有一茶杯，有人在沖水。又有人問你要不要點燈？隨著打火柴之聲，眼前的桅燈跳出一火苗，極為逼真。這僅僅是個開始，之後，風聲、雨聲、閃電、電擊聲，一聲比一聲可怕，那落地雷彷彿一個個打在你頭頂。再後來有人打架，杯子碎了，窗玻璃碎了，那倒下之聲，那碎裂之聲，在你腳下，在你面前，似在割裂你的皮膚，刺傷你的肌肉。那拋擲之物，感覺每一次都朝你頭上砸來，那倒下的門窗，感覺直向頭上身上壓來。我因有思想準備，取我之巋然不動的態度對之。但覺逼真有趣而已。當那「小孩」出來後，則有些瘮人的感覺，那人不人，鬼不鬼的孩子，一會兒笑，一會兒哭，在你身邊鑽來鑽去，好像在摸你、撫你，推又推不開，趕又趕不走。你不知他想幹啥，只能忍受他與他玩恐怖遊戲。膽大的人或許會進入角色，伸出手想抓住那孩子；膽小的不嚇個靈魂出竅，至少心怦怦亂跳。若是陰雨天或冬夜，或者一個人來，確乎有些恐怖，但不至於嚇住我，畢竟見得多了。怪樓之怪在於音響，說穿了也就這麼回事，但這不失為一種生財之道。沒體驗過的，花十元錢體驗一回，也不能說沒一點意思，總歸是另一種體驗吧。

據我道，海外的恐怖小說、恐怖電影、恐怖旅遊等早就有了，但我們國內才剛剛開始。是好是孬，可能仁者見仁，智者見智；不過總會有一部人歡迎的，特別是年輕人。

周庄的古戲臺

重遊周庄，發現多了周庄舫與古戲臺。我把周庄舫的出現稱之為「無中生有」，因為它原來根本是不存在的，從「無」中生出來的。而古戲臺的出現，我稱之為「移花接木」，因為周邊縣市周邊小鎮歷史上有過古戲臺的不勝枚舉。周庄有古戲臺，與之歷史，與之現實都相吻合的，因此當聽到有人對此持疑義時，我是大不以為然的，我覺得這古戲臺的出現，屬金點子，屬妙手筆之一。好事，應該肯定。

我去過烏鎮，那兒也有個古戲臺，那是真古蹟，好像清同治年間造的，可惜唱的是當地地方劇，外地人很難聽懂。不過，能為一種快絕種的地方劇提供一個表演舞臺，畢竟是功德無量的事。

在這一點上，周庄就做得更漂亮了。古戲臺造了，如果不唱戲，那就純粹是個古蹟，是個擺設，意義就減了一半。印象中寧波就有一個金壁輝煌，古色古香的古戲臺，但只是給遊客參觀，給遊客拍照留念的。相比較而言，周庄則讓古戲臺發揮了它三個作用，一、作為景點之一，讓遊人感性認識江南古戲臺的風貌，即便不懂戲，古戲臺也有審美的價值；二、增加周庄的文化品位，吸引部分遊人；三、讓遊客欣賞到原汁原味的昆劇，輸血著一個古老的劇種。

此話怎講，原來周庄旅遊公司每年拿出一百二十萬元給蘇州昆劇團，以資助昆劇這瀕臨失傳的高雅藝術。只要求此舞臺每天有演出，這樣，蘇州昆劇團就可利用這舞臺排戲、練戲、演戲。周庄的人氣，保證了舞臺下總有觀眾，總有知音。這樣一來，文企聯姻，既使蘇州昆劇團無後顧之憂，又在客觀上推動了昆劇的發展。從另一意義上說，也多少培養了一批昆劇觀眾。

我不敢謬托知己，說自己如何如何喜歡昆劇，但作為被聯合國認可的歷史文化遺產，確需方方面面援手。周庄與蘇州昆劇團的合作，是一種雙贏。周庄人在這方面是有眼力的，但願這樣的互惠互利的好事多些再多些。

周庄的三毛茶樓

作為江南古鎮的周庄，自從被聯合國列為文化遺產之一，自從APEC會議各國財長會議假周庄舫召開後，周庄的知名度幾乎炒到沸點，慕名而至的遊人用過江之鯽來形容之，一點不為過。若是逢雙休日、節假日，周庄的大街小巷，可以說是人擠人，人看人，數不清的遊人成了周庄最大的風景線。

在這眾多的遊人中，世界各國的都有，各種層次的都有。若隨機抽查，詢問周庄哪兒留給他影響最深，有的答沈廳，有的答張廳，有的答雙橋，的有答小街小巷，有的答遊船船娘，有的答古戲臺，有的答周庄舫，各奇各式，莫衷一是。不過有不少文化人、白領麗人與大學生卻不約而同地說：周庄最有文化品位，最值得留戀的是三毛茶樓。

是嗎是嗎？據我知道，三毛到周庄時在一九八九年的一個春日，連頭帶尾也不過二十年時間，想來三茶樓創辦的歷史也最多十幾年吧，然而這爿歷史僅十幾年的茶樓已接待了來自美國、法國、德國、英國、日本、俄羅斯、加拿大、韓國、西班牙、義大利、厄瓜多爾、新馬泰、港澳臺以及全國三十多個省市的海內外遊客，有政界的，有軍界的，有著名作家、藝術家，有多位影視名星，他們來此品茗，來此休憩。三五知己也好，獨自一人也罷，臨河臨窗小坐，喝一杯阿婆茶，聽幾曲臺灣校園歌曲，感受一下這兒的氛圍，這確乎是人生的一大享受，我注意到光茶客們在此茶樓的留言簿上留下的留言已達幾十冊，計三百四萬字。這些文字不少是動了真感情的，那種即興而隨意的書寫，率真而無拘無束，其中不少文字完全可與名家的美文相媲美。可惜我來也匆匆，去亦匆匆，沒時間在那兒細翻細看。聽三毛茶樓樓主張寄寒先生說，他打算編一本《茶客留言精粹》出版呢。這點子絕，我想必有許多讀者會喜歡。

隨著中央電視臺、新加坡電視臺、香港鳳凰衛視等海內外幾十家電視臺的採訪拍攝，如今的三毛茶樓已名聲在外，它已不僅僅是一座普通的茶樓，而成了一座世界文化交流的橋樑，一扇傳播地域文化的視窗，連結海內外文化人的紐帶。說實話，當初誰又會想到，一爿小小的三毛茶樓會有如此知名度，如此作用呢。

張寄寒是我文友，因此每次去周庄，我都要去三毛茶樓小坐片刻，不僅僅是為了友情，還為了去尋找一份心靈的寧靜。

也許我是站在文化人的立場上了，我覺得其實三毛茶樓已成了周庄的品牌之一。周庄應該重視它，愛護它，扶植它，宣傳它，這對整個周庄的文化印象有百利而無一害。然而，不免有點令人遺憾，在介紹周庄的有關宣傳畫冊中，都沒有三毛茶樓的倩影，是無意的疏忽，還是認為三毛茶樓不夠歷史，不夠格？我百思不得其解。後來得知，因三毛茶樓已被張寄塞個人承包，這一來宣傳了三毛茶樓豈不變成了替張寄寒宣傳？錯兮錯兮，三毛茶樓雖為張寄寒個人承包，但這畢竟在周庄這塊土地上，它已成了周庄的一個組成部分，宣傳三毛茶樓，從廣義上說不就是宣傳周庄嗎？要知道，如今的周庄，缺的不是遊人，而是品牌，有文化內涵的旅遊品牌。作為現成的三毛茶樓，為什麼不稍稍包裝一下，使其成為更吸引遊人的品牌呢？

周庄，我該為你喜還是為你憂？

周庄的名聲大矣。大到海外遊客都知道周庄，大到聯合國都把它當回事了。

周庄人祖祖輩輩就算是做夢，也決計夢不到今天會這般鬧猛、紅火的。

想當年周庄很小，很舊，很破，很閉塞，很蕭條。記得上世紀七十年代時，我同宿舍的一位青工談了個周庄的女朋友，其父親是打鐵的，那時的周庄連公路也不通，唯水路可出入，但須乘五個小時的船。據說整個小鎮沒一輛自行車，比外面世界要慢幾個節拍，說得好聽點，謂世外桃源，說得難聽些，謂被人們遺忘的角落。

然而，事情有時就是這麼奇怪，被人遺忘有時不是壞事而是好事，只因多年來，甚至百年來被主流社會遺忘，造成一成不變，或叫停滯不前，甚至還有所倒退，但如果換一種視角，換一種說法，歷史的凝固就此成了寶貝，成了財富。不是嗎——小，成了袖珍；舊，成了歷史；破，成了古蹟；閉塞，成了古典；蕭條，成了寧靜。在現代商業社會中，古典與寧靜，是用金錢都不易買到的。於是，在文化人眼裡，周庄有了別樣的情趣，與不一樣的價值。

常言道名山名景須名人捧，自然，名人亦與名山名景同傳名，甚至不朽。多年來難道就沒人發現過周庄的古典，周庄的寧靜，周庄江南水鄉式的美嗎？不，無非是人微言輕，說了等於沒說，講了等於白講。後來，大名人陳逸飛的油畫筆這麼一畫，三毛這麼一走一贊，周庄陡然身價百倍起來，似乎養在深閨人不識，一朝亮相萬人驚，其實，周庄還是原來的周庄，記得一九九一年我去周庄時，張廳、沈廳的那些住戶抱怨聲不斷，那些潮濕、陰暗、擁擠的破舊老屋老宅住著多憋氣呀，他們弄不明白那些外地人有什麼好參觀的，要參觀應去參觀上海、北京、廣州的高樓大廈才對呀。他們哪裡在知道住慣了鋼筋水泥空間的大都市人是多麼想換換口味，來次尋根或返樸歸真呀。

我也是出生在江南水鄉，又是周庄的鄰縣之人，周庄的印象與我兒時家鄉的印象並無多大反差，我實在沒有洋人的那種驚歎，但爬格子人，走到哪寫到哪的我，游了周庄總要留些文字吧，美言是中國人的美德，於是我躊躇再三，發掘出了周庄美之我見：整體保存了一個古色古香的江南水鄉小鎮。

後來，又去過幾次周庄，每去一次，均有變化。最近，我又一次光臨周庄。哇，大變樣了。周庄變大了，變洋了，變俗了，變熱鬧了，變整潔了，變現代化了。

去前，我已聽到不少關於對周庄的批評，網上更甚，據說專家在批評，聯合國教科文組織在批評，遊人也在批評。不過，也有人在為周庄說好話，認為俗得好，商業得好。

那天，我漫步在周庄的大街小巷，看著想著，古典與現代化，保留與發展，這永遠是一對矛盾。是的，不必諱言，如今的周庄人滿為患，已太擁擠，太嘈雜了；如今的周庄，店挨店，鋪連鋪，家家開店，戶戶經商，商業氣氛已浸入到每一個角落。說得誇張些，周庄的每一磚一瓦，一草一木，都無不鉻上了商業的印記。周庄的繁榮，果然與名人捧周庄大有關係，但更重要的是一系列的商業策劃，與商業包裝。周庄的包裝是成功的典範，周庄的炒作已達到了登峰造極的地步。假如周庄沒有一個接一個的宣傳活動，一波又一波的反覆熱炒，能有這樣的知名度嗎？假如周庄沒有阿婆茶，沒有萬三蹄，沒有沈萬三的傳說，沒有迷樓的傳說，沒有沈廳，張廳的修復，沒有三毛茶樓、古戲臺的出現，能吸引這麼多遊人，創造這麼大的旅遊收入嗎？

我們假設一下，如果周庄依然像八十年代或者像九十年代初那樣一條河一條街兩座橋兩間廳，保持原汁原味，遊人會稱好稱美嗎？每年能接待這樣數以萬計的海內外遊客嗎？難！

然而，如今的擴建、改造，確乎已使九百年的周庄面目全非了，該歎息該遺憾，還是該喊好，該慶賀呢，我不知該說什麼好，我該為周庄喜呢還是該為周庄憂？

周庄啊周庄，你的繁榮還能維持多久呢？也許，周庄若干年後依然紅紅火火，鈔票大把大把的收入，只是，古典的周庄已開始淡化，乃至消失，商業的周庄逐漸取而代之。如此而已。

三訪沙家濱想到的

沙家濱在常熟，常熟與太倉相鄰，僅一個小時車程。記得《沙家濱》唱紅全國時，我就想到鄰縣的常熟去實地看一看沙家濱。

大約在七十年代時，我有次去常熟，想順便去沙家濱采風，以圓我學生時代之夢，結果很是使我失望，並沒有我想像中的那情那景，或者說當時沙家濱與我家鄉太倉的鄉村並無多少不同。

我生出一種感慨：藝術是藝術，生活是生活，兩者畢竟是有差距的，不能隨便等同起來。

九十年代初，我從微山湖畔煤礦調回了太倉，因為工作關係，去常熟的機會多了。有次會議主辦方組織與會者去了沙家濱，這是我第二次去沙家濱。嘿，感覺大不一樣，有了春來茶館，有了江南水鄉特色的街道、店鋪，還有了穿越蘆蕩的小船。那小船在曲曲彎彎的河道裡穿行，兩岸是密密匝匝的蘆葦，那感覺有點進了青紗帳，雖說土了些，不過頗有幾分野趣。但遊客寥寥，沙家濱的知名度還沒從舞臺轉化為旅遊資源。

印象中，蘆蕩上來，在春來茶館喝了一壺茶。品茶清淡間，阿慶嫂的資色，阿慶嫂的機智，以及阿慶的行蹤，阿慶的歸宿等等成了遊客輕鬆而聊博一粲的話題。對沙家濱日後能不能紅火，各人各說。

看得出，那些中老年遊客與時尚青年的遊興是不一樣的。凡是耳熟能詳「智鬥」等唱段，腦子中有郭建光、阿慶嫂、沙老太、十八個傷病員、胡傳魁、刁德一的，或多或少帶有一種懷舊心理。因為這兒的一切時不時會引起他們的某種共鳴，甚至會引發某種愉快不愉快的回憶。而那些小年輕，無非是看個新鮮，圖個快活，他們更多地是來踏踏春，游遊秋，看一看江南水鄉景色，回去有個談笑話題，至於十八個傷病員十八棵青松已與他們似乎有些隔膜了，或許有人對「水缸裡面把身藏」，有疑問，有興趣，會一探究竟，但更多的人是來郊遊的，是找個地方休閒而來的。

好像是去年吧，因為有活動，第三次去了沙家濱，哇，沙家濱鳥槍換炮了，已成了頗具規模的旅遊區了。造起了高大的紀念館，豎起了沙家濱碑亭等，正規了，氣派了，有遊覽的蘆蕩，有留影的景點，有瞭解歷史的場館，有憑弔、緬懷的所在，有喝茶的春來茶館，有美食的店鋪，有買紀念品地街道。總之，遊、購、玩、食、宿等等一應俱全，已俱備了留得住遊客，接待批量遊客的能力，可以說是做大做活了。

回想起來，沙家濱成名有四十來年了，而成為旅遊景區，年頭並不長，鬧騰得如此紅火，更是近幾年的事。

一部文學作品，或一件藝術作品，火了一個景點或知名了一個地區，這樣的例子能舉出不少。最現成的例子是英國人詹姆士的小說《失去的地平線》，使得我國雲南迪慶成為了全世界遊客嚮往的伊甸樂園——香格里拉。還有陳逸飛的油畫《雙橋》，促使昆山的周庄成了日進鬥金的旅遊品牌古鎮。當然，沙家濱也是典型之一。相比較而言，論先天條件，沙家濱是遠不能與香格里拉比的，那兒的自然風景凡去了的遊人，幾乎沒有不稱讚，不留戀的。沙家濱即便與周庄相比，其自身條件也相對較弱，周庄畢竟有個九百年歷史的古鎮。沙家濱有什麼？就歷史而言，滿打滿算，抗戰到現在也不過六七十年。從另一角度講，沙家濱最初是滬劇《蘆蕩火種》故事的原發地，歷史的遺存與歷史的資訊是有限的。然而，沙家濱所在地的領導獨具慧眼，緊緊抓住了有限的資源，緊緊抓住輿論工具，利用現代媒體的全方位輻射，動用一切可以動用的力量，打革命傳統牌，打紅色經典旅遊牌，打青少年德育基地牌，把文章做足做好，把它做成了江南地區物以稀為貴的紅色旅遊的經典品牌之一。總結起來，一是有超前意識；二是有可靠的論證；三是有詳細的規劃；四是捨得投入，大手筆建設；五是利用媒體，在輿論宣傳上一波接一波造勢。

記得兩年前，有位作家在《江南》雜誌上發表了一篇戲說沙家濱、戲說阿慶嫂的小說，精明的沙家濱鎮領導人作為一個契機，抓住不放，吸引了全國不少讀者的眼球，還因為新四軍老戰士老革命的介入，有效地調動了媒體的積極性，結果變壞事為好事，狠狠地知名度了一把。

後來的電視劇《沙家濱》的投拍，也是波折幾起，使得沙家濱之名在各媒體上反覆出現。據報導，根據京劇《沙家濱》改編的同名30集電視連續劇5月份將在全國同步播出。許晴飾阿慶嫂，陳道明飾刁德一，劉金山飾胡傳魁，最有趣的是還編出個日本鬼子小野，由程前扮演，說不定又有爭議，一有爭議，又是免費廣告。這一個又一個的創意、點子，真絕。看來，沙家濱這地方藏龍臥虎有高人。

沙家濱的成功說起來得益於文牧的劇本，得益於當年樣板戲的普及，但光有這些顯然是遠遠不夠的。君不見許多省市、村鎮守著老祖宗留下的數百年數千年的文化遺產，無價寶貝，並沒有吸引遊客，並沒有紅火起來，從這個意義上說：沙家濱人是精明的，是值得學習的。在沙家濱火紅的背後，有許多經驗可總結，有諸多啟迪可借鑒，就看做不做有心人了。

蘆墟古鎮尋訪王時敏遺跡

深秋的一個上午，報社「阿高鑒寶」欄主持與周海瑤、張太一等幾位畫家朋友，邀我同去吳江蘆墟鎮。起因是從事收藏的高建剛新近在昆山的古玩市場覓到了王時敏的磚雕對聯。收藏界有個不成文的規矩，一般不肯輕易說出古玩從何處何人手中收到。但王時敏係太倉歷史名人，乃明末清初的大畫家，有「國朝畫苑領袖」之稱，被譽為「婁東畫派」四王畫的領軍人物。即便在他的家鄉太倉也很難收到王時敏的字畫，而在鄰市發現了王時敏的相關文物，太倉的文化人當然大有興趣。經再三打聽，出手者極勉強地透露：在蘆墟鎮收來的。

高建剛是一位很癡迷的收藏家，他決心尋根訪源，弄清王時敏磚雕的出處。他們邀我同往，是希望我寫篇考證文章。我一聽臨縣發現太倉明清時文物，欣欣然前往。

車到江浙滬三省交界的蘆墟鎮，才知道他們事先並未聯繫好，只是知道磚雕出自蘆墟鎮而已，得去老宅老屋打聽尋訪，這豈不有點大海撈針的樣子。

也是我們運道好，一到蘆墟就遇上了熱心人，在其帶路下，看了小鎮名人陸映澄故居，但這是百年老宅，與王時敏的年代還差了兩百多年，顯然對不上號。我們還看了沈宅等幾戶老宅，可惜多是清代中晚期的，不到明末清初。怎麼辦呢？我們不甘就此打道回府。想來想去，最後寄希望於小鎮上有否寫鎮志的老先生。大概我們的誠意感動了太倉的先賢，冥冥之中在助我們一臂之力，竟有熱心人帶我們找到了撰寫《蘆墟鎮志》的張舫瀾先生，他是當地文化界的老法師，我與他雖未見過面，但曾同時被評為蘇州市十大藏書家，所以他對我情況很熟悉，故而十二分熱情。張舫瀾是個十分健談的人，對於蘆墟的歷史與名勝古蹟、文化名人，他爛熟於胸，一路走一路說，如數家珍。在張老先生的介紹下，我們知道了蘆墟鎮的第一大戶是明代時的袁家，古鎮一半小地名與袁家有關。在張舫瀾的引路下，我們得以參觀考察了袁家濱、袁家弄、北袁家濱路、南袁家濱路，去了袁家老宅，拜會了袁家後人。

雖然跑得腳也酸了，但功夫不負有心人，我們瞭解到吳江蘆墟鎮在明代嘉靖至萬曆年間時，出了一位名人叫袁黃，號了凡。官至兵部職方司主事，卒後追封為尚寶司少卿。袁黃博學多才，著有《勸農書》、《三吳水利考》、《兩行齋集》、《皇都水利》、《曆法新書》、《了凡綱鑒易知錄》、《論語箋疏》、《評注八代文字》、《了凡四訓》等。這位才子與太倉的幾位文化名人有著很深的交情，他與太倉的大文豪王世貞曾一起合著過一部極有影響的《袁王綱鑒合編》（一至四卷），此書被認為是繼司馬光編著的《資治通鑒》後，最有價值的史書。魯迅在《彷徨》一書的《高老夫子》一文中還專門提到過這本書。北京中國書店一九八五年三月出版過這部古籍，在作者欄標明「王鳳洲、袁了凡著」。

袁黃與王世貞合著過史書，可以肯定來過太倉，他與太倉的王時敏等文化人有交往，也就順理成章了。

據張舫瀾先生與袁家後人回憶：蘆墟鎮上有王時敏字畫的，不止袁氏一家，在他們兒時印象中，都曾見過王時敏的磚雕、題詞等。

根據這次尋訪、采風，可以認定：王時敏磚雕對聯「祥雲浮紫閣，瑞氣繞朱軒」，橫批「紫氣東來」，出自蘆墟鎮袁了凡家的老宅。

我們也算不虛此行。

由用直引發的聯想

遊覽是我的愛好，每到一處，必訪古蹟，收集資料，采風民間，以便回家後寫遊記，寫感受，紀錄所見所聞，留住那景那情。

姑蘇一帶名城古鎮、老屋舊景，我差不多已跑遍了，唯用直幾次擦肩而過，遂成一大遺憾。今年清明節前夕，太倉市民進總支部組織我們去用直為民進前輩葉聖陶先生掃墓，使我有機會一償夙願，大慰我心。

介紹很詳盡，該遊的景點也遊了，資料收集也相當完整，但用直遊記我卻遲遲未落筆，是景色不值得寫嗎？不！是別人都寫過了，難出新意嗎？也不是。說實在，遊罷用直，我大有感慨。看看用直，比比太倉，我為太倉歎息，我為太倉可惜，所謂不比不知道，一比怨氣生，我怕自己牢騷太盛，怨氣太重，故消消氣，冷一冷再寫。

用直留給我的印象不錯，比昆山的周庄還好，好在有文化底蘊，好在保存了保聖寺等名勝，好在保存了小橋流水人家的江南水鄉特有的韻致，保存了世外桃源式的古樸風貌。

特別是保聖寺與隔壁生生農場的三棵千年古銀杏，更是使人感到這裡古風綿綿，歷史悠悠。

其實，用直所包涵的文化底蘊，我家鄉太倉絕不輸於它的，甚至遠遠超過用直，可惜的是太倉沒有好好保護。

用直最有價值的是保聖寺與寺內相傳為唐代楊惠之的泥塑。這些珍貴的泥塑到民國初年已隨時有毀於一旦之虞，當時政府並不重視之，幸虧文化人顧頡剛、胡適、蔡元培、葉恭綽、馬敘倫等人呼籲奔走，捐款集資，才算保留下了半堂羅漢，真乃保聖寺之幸也。太倉雖然沒有保聖寺，沒有唐代泥塑，但太倉有長江入海口的最後一座名山——穿山、有元代的孔廟、有明清時的多處園林（史稱婁東園林甲姑蘇），有些五六十年代時還保存得好好的，像孔廟竟然在八十年代還會被拆除，而這毀壞的代價僅僅是為了建一座政府招待所的樓房。而孔廟前的那棵八百年的古銀杏（曾拍攝過電影《飛刀華》），但一聲「軍工需要」，就被無情伐倒，令人痛惜不已。更荒唐的是那些頭頭腦腦為了自己的所謂政績，不惜大搞建設性破壞，在老城區改造中，把一大批有文物價值的古建築拆毀了。像獲諾貝爾物理獎的科學家朱棣文，祖籍太倉，他的祖居一九九七年十月被拆除，距朱棣文獲諾貝爾物理學獎僅一星期左右；像我國早期大導演朱石麟先生的故居一九九八年四月被拆除，剛拆除三天，朱石麟先生在香港、澳門、上海、北京、洛陽的子女四代十四人專程來太尋根訪祖，為一九九九年香港將舉辦的「朱石麟百年電影回顧展」尋找資料，可惜又晚了一步。遺憾的是太倉的某些領導一點不接受教訓，在一九九九年元月，又把建於清康熙年間的小閣老王掞的保素堂拆遷了。王掞官至一品，為清代漢人大學士首輔，相當於現在的副總理。電影《雍正王朝》有三集中的故事與他有關，本可以借東風，辟為旅遊景點，但照拆不誤；而有著近千年歷史宋代人工開鑿的致和塘，原本兩岸石駁岸古舊滄桑，斑斑駁駁，儲藏著自宋以來多個朝代的歷史、文化資訊，可被某分管領導下令用花崗石貼片全部改造，似乎是整齊劃一了，但一條原本充滿歷史文化底蘊的河道從此失去了應有的魅力，成了一條規模大點的明溝而已，其原有的價值大打折扣。

其實，太倉解放後，如能把大部分古蹟保存下來的話，完全可以成為一個旅遊城市，不辦一片廠照樣經濟上去。看來決策失誤是最大的失誤，只是那些「父母官」在位時不大可能去反思這些的。

甪直有座蕭芳芳演藝館，我無意貶低蕭芳芳，但作為一個八九十年代走紅的香港電影演員，其藝術成就是完全不能同導演過《清宮秘史》等電影的一代大導演朱石麟先生相比的，我多次呼籲，並兩次在政協提案建「朱石麟電影藝術館」，可只見樓梯響，不見人下來，太倉對現成的人文景觀、名人資源不好好利用，令人扼腕歎息。

甪直的王韜紀念館是紀念近代甪直名人王韜的，王韜曾辦報鼓吹變法自強，是改良主義的先驅之一。在太倉，像王韜這樣級別的名人可找出多位，比王韜知名度高得多的也大有人在，如有「新聞界釋迦牟尼」之稱的俞頌華、有南社「四劍之一」的俞劍華、有三十年代上海四大報社掌門人張竹平等，如果太倉也能像甪直這樣重視文化遺產，重視文化名人，太倉的旅遊業必將興旺發達。

甪直號稱七十一座橋，成為水鄉標誌之一，太倉當年的橋不會少於甪直，且太倉的橋都是貨真價實的古橋，光元代的橋就有五座（屬國家級文物保護單位），還有宋代的橋，有明代的橋，有清代的橋，比之甪直的橋，太倉的石拱橋應該更具文物價值。問題在於如何包裝，如何宣傳，但無奈的是領導的所謂重視至今依然停留在文件上、嘴巴上。

甪直因葉聖陶的一篇《多收了三五鬥》的小說收在了中學語文課本裡，使萬盛米行名聲大噪，竟成為了吸引遊人的景點之一、亮點之一。

據我知道明代大散文家歸有光有一篇膾炙人口的散文《項脊軒記》被收入大學教材。有多種版本的注釋裡寫道「項脊軒相傳在今太倉境內」。據我知道太倉歸莊鎮是有項脊涇的，雖一時無法考證確認項脊軒是否就在項脊涇，但旅遊文章自可照做不誤。我在政協會議，在文化座談會等多種場合提出過幾次，可沒有領導接這個茬，也就停留在說說而已的層面上。

用直還在沈宅興辦了一個「東吳水鄉婦女服飾館」，因極具地方特色而遊人不斷。我曾多次提出太倉是否建一個「土織布陳列館」，因為太倉歷來是棉桑區，在太倉民間，特別是鄉下，織土布原本是一種風俗，嫁女都用土織布壓箱底，用土織布做杠繩抬嫁妝的，但現在誰還穿土布衣服，如果現在不收集，再過若干年，在想尋覓就難了，領導場面上也認為是金點子，就是沒有下文；還有，據考證麻將起源於太倉，如果能建造一座麻將博物館，相信其影響絕對大於水鄉婦女服飾館。另外，像明代文壇領袖王世貞、清初大詩人吳梅村等都是太倉的驕傲，都是應該建紀念館的，只是太倉的「冒號」一聽到要花錢就不感興趣。

好了，多說也是白說，只是不吐不快而已。

你不是頭，不是「長」字頭，說的再有道理，也屬於人微言輕，不會有人採納。但這類事文化人不講誰講，得罪只好得罪。如果萬一能聽進一二，不就是對地方文化的一點小小貢獻嗎!?

白說也要說，或許不白說，但願不白說。

置身蘇州新博物館

蘇州的新博物館因為邀請了世界著名建築大師貝聿銘來設計，因此從一開始就牢牢吸引了媒體的眼球，因此，把一個個老蘇州與新蘇州人，甚至把外地人的期望值都提得高高的，大家翹首以盼，希望謎一樣誘人的新博物館早點拉開那神秘的面紗，好讓遊客一睹她的芳容。

從二○○二年四月三日聿貝銘在蘇州簽約，到二○○六年十月六日正式開館，歷時四年半，讓多少關心關注此館建設的人望眼欲穿，如今總算可零距離接觸，讓廣大市民能一飽眼福，瞧個究竟了。

我很想成為第一批入館的幸運者，先睹為快嘛。但因忙，陰差陽錯，兩次參觀機會都不得不放棄，直到十二月中旬才又有機會走進蘇州新博物館。不管怎麼說，總算也是比較早的參觀者之一吧。

在此之前，我已從報紙、電視、網路等多種媒體上見到、聽到了對新博物館一面倒的讚譽。把這新館的特點歸結為「中而新，蘇而新」。

想想這貝大師也真不容易，在快九十高齡的耄耋之年，在全國文物保護單位忠王府西側的一萬零七百五十平方米的寸土寸金之地，去設計、建造一座萬民注目，誰都可品頭論足的公共建築，這確乎是嚴峻的挑戰。如何與周邊古建築相協調，與整個蘇州古城風貌相吻合，融入蘇派主流建築風格之中，這對貝大師也不失為一個考驗。

帶著極大的崇敬，以一睹大師封刀之作的虔誠，我走進了蘇州新博物館。

博物館外觀似乎不那麼起眼，這符合貝氏的「不大不高」的設計理念。整個建築的主色調是白色粉牆，與黑色框架構勒，簡潔而凝重，明快而流暢。雖無美輪美奐的洋派，確有匠心獨具的感受。小中見大，平中寓巧，入詩入畫之處之景點，不是一處兩處。但在欣賞、讚美之餘，總觀整個格局的風格，我心裡冒出了個不大不小的疑惑：進了這博物館怎麼像進了日本的某個建築裡，怎麼這建築的中國元素似乎不如日本元素突出？甚至那假山，那綠化，也與中國傳統園林、傳統建築有著這樣那樣的距離。或許這就是創新，就是與國際接軌？我在暗暗問自己。

在一片稱譽聲中，想要質疑貝大師，多少有些不知趣，但我還是不吐不快。因為這確確實實是我參觀蘇州新博物館後的原始想法、真實想法，我不想隱瞞。我沒說不喜歡這建築，只是與我想像中的模式不那麼一致。從小到大，我們看慣了現有的古典建築，習慣了中國傳統園林的審美走向，也就會條件反射似地出現一種本能排斥，也就不很習慣這以創新名義的「中而新」。我想對此建築風格有看法或保留看法的決不止我一個，只是他們的觀點未形成文字，未公佈於媒體罷了。不習慣，有看法，這不稀奇，極正常，也許看看就習慣了，就適應了，就會接受，就會喜歡，存在就是合理的嘛。

當然，貝大師在古典建築上採用天棚天窗式設計，確乎需要勇氣，這種打破傳統的大膽，換來的是採光優勢大大凸現。因牆體與牆角牆邊黑白分明，拍照效果一流。還有一窗一景，牆內牆外的借景效果等等，都是讓參觀者駐足欣賞，流連忘返，褒語迭出，一贊再贊的。還有像復原的宋代書齋堪稱神來之筆，極在味道，總算保持了原汁原味的中國元素與中國風格，只是多少有點降為陪襯的感覺。

外行論道，可聽可不聽。愛之切，才有這番言論，請老貝大師見諒。

大詩人吳梅村墓地尋夢之旅

吳梅村，明末清初以來的一代詩壇盟主。三百多年來，讀過《圓圓曲》，為其才情詩風折服的，何止千千萬萬。海內外無數學子因吳梅村而知道太倉。多少後學懷有極為虔誠之心欲來太倉尋訪吳梅村墓園，以憑弔一代詩壇巨擘。然而，晚年歸隱家鄉太倉的吳梅村魂歸道山后，並未在太倉入土為安，而是葬在了蘇州光福的石壁。無論從常理上來說，從傳統上來說，從風俗上來說，狐死守坵，葉落歸根，晚年生活在太倉的吳梅村，安葬在故土太倉是最順理成章的事，何以捨近求遠，不入祖塋呢？

關於此，大概有三種說法。政治說認為：因梅村被迫三年仕清，隱歸後，面壁反思，深以為憾，深以為恥，無法面對自己，無法原諒自己，怕葬入祖墳，有辱祖宗，故臨終前留遺言：「吾死後，殮以僧服，葬吾於鄧尉、靈岩相近，墓前立一圓石，題曰詩人吳梅村之墓，勿作祠堂，勿乞銘於人。」其《臨終詩》：「忍死偷生廿載餘，而今罪孽怎消除。受恩欠債須填補，總比鴻毛也不如。」看似禪機禪意，大徹大悟，實乃泣血之言、痛悔之言。歸隱以來，梅村幾乎天天自責自鞭，依然難以心如止水，臨終前他還倍感靈魂煎熬，終夜難眠，在寫給兒子的遺囑中充滿了情感的矛盾和道德的混亂，在無限緬懷前朝天子御批歸裡完婚，不以讒言為惑，拔擢重用，到一失足成千古恨，自我責備「此吾萬古慚愧」，認為自己乃天下第一大苦人，是天下第一個寫「懺悔錄」的中國文人！

愛情說認為：是吳梅村還淚卞玉京，其詩云：「記得橫塘秋夜好，玉釵恩度是前生」。秦淮八豔之一的卞玉京年輕時曾想以身相許吳梅村，然梅村迫於封建禮教等種種壓力，錯過了這段原本可能刻骨銘心、烈烈轟轟的才子佳人式的天合之作，自食了割不斷，理還亂的永遠的相思。其不與結髮妻子在太倉合葬，而葬到太湖邊是希冀可與安息於無錫錦樹林的卞玉京地下相望，一泓太湖水相連，正是「因麒麟伏白首雙星」，生前未能兩情相悅相結合，死後又沒有資格同穴同墓同九泉，只有讓兩個墓地作牛郎織女星！「欠債須填補」，情債也！莊妃死後也是無顏與皇太極合葬，因為下嫁小叔子之羞也！莊妃與梅村的墓地之不歸故鄉，情感上的原因很重要，是不得不「反認他鄉是故鄉」！

還有一說更是石破天驚，有臺灣杜世傑、大陸陳斯園等研究者認為：係《石頭記》（即《紅樓夢》）的作者隱語。其遺言：「吾死後，斂以僧袍，（如寶玉出家，終於如願，大作已成，可以瞑目）葬我於鄧尉，靈岩相近，（寶玉緣於僧化的大石，通靈之石也）墓前立一圓石，（為何不立碑，是《石頭記》的標誌物也）題曰詩人吳梅村之墓」。吳梅村墓碑文字似乎透露了一明一暗兩個資訊：明線——我是詩人；暗示——我還是小說家，因為詩與文向來是相通的。他希望宦海中的祭酒吳梅村死後，永遠死去，政治生涯中的一切榮辱、恩怨、褒貶，隨著他的辭世隨風而去；但他相信詩人、小說家的吳梅村將藉他的詩他的小說永遠被歷史被後人記得。只是清代的「文字獄」令人心有餘悸，像《紅樓夢》這樣的小說，朝廷是不會允許的，鬧不好是要掉腦袋的，誰敢貿然把自己的真名實姓署上去呢。因而他預留伏筆，埋下線索，給後人給歷史打了個啞謎。他相信早晚會有人讀懂他的文字玄機的。

三百多年前的鄧尉、靈岩一帶還是較為荒僻之地，然依山面水，既有自然之景，又有天籟之聲，且少有人來干擾，確乎為極佳的長眠之地。看來梅村只想靜靜安息於此，尋求一種絢爛至極後的平靜平淡，以作默默地永遠地懺悔。

三百多年的歷史風雨，蕩滌了人世間多少盛與衰、人與事，然而，吳梅村因他那一首首膾炙人口的詩篇活在了讀者心裡，贏得了後人的喜歡；因他那五內俱焚、靈魂拷問的懺悔精神，得到了後人的諒解。在中國詩壇吳梅村是永遠繞不過的領軍人物，他的《圓圓曲》則是詩壇乃至清史上永遠繞不過的話題，褒貶任評說，毀譽寫春秋，是清是濁，歷史自會沉澱，功過後人明鑒。乃至三百多年後的今天，尋訪、憑弔吳梅村的墓成了我這後學與我幾位文友道兄多年的夙願。

我曾讀到過紅學家馮其庸去光福石壁尋訪吳梅村墓的文章，他有當地人陪同，也尋尋覓覓，也幾多艱難。如果我們貿然前往，大海撈針般，很可能無功而返。

機緣巧合，光福搞綠化的沈惠明先生因事來太，願作我們嚮導，於是選日不如撞日，說走就走，我們當即驅車前往。說是嚮導，其實沈先生也未去過吳梅村墓，他也只知大概方位而已。

車至太湖邊，但見湖水淼淼，山色鬱鬱，好地方，好風水，估計此乃石壁也。我們拾級而上，綠樹掩映處有一廟宇，原來係永慧禪寺，此廟周圍古樹森森，野鳥啾啾，頗有幾分世外桃源的味道。我們一說尋訪吳梅村墓，僧人脫口答曰：「寺後石壁處有吳梅村石刻」。我們大喜出望外，急急尋覓而去，但細瞧下來，乃吳氏後裔祭掃先祖吳梅村墓時路過此地鐫刻的，文字為「戊辰春，祭掃先七世祖梅村公墓，路過來遊」，落款為「太倉吳詩永志」，我們趕快攝之以存。

雖未找到吳梅村墓，但石刻透露的資訊告訴我們：就在附近了。

沈先生到底是老土地，趁我們在廟裡廟外尋訪時，他已找到熟人，問清了吳梅村墓的大致位置。石壁山下已辟為了苗圃，密密匝匝種著望不到邊的各種樹木，不見路，不見道，如果瞎摸瞎撞，要想一下找到，難。經人指點，在距公路一塊「光福石壁」字樣的牌子一箭之遙處，我們撥開樹苗，沿著一條窄窄的小徑，進去不遠即發現了一墓地。

墓用花崗石石欄圍之，中間立一石，刻「詩人吳梅村之墓」七個字，乃馮其庸題。通常墓碑為長方形，此墓碑上為圓形，以暗合梅村當年以圓石立墓前之意思。可惜已非當年原碑，即便馮其庸從農家訪得的舊碑，亦非圓石之碑，而是民國初年的重立之碑。

墓堆上芳草萋萋，有一槐樹正抽枝舒葉，看來是近年新長出的，有一棵南瓜藤無所顧忌地爬在墓的封土上，倒也有幾分野趣與生氣。

因為四周已成苗圃，墓之前後左右全是香樟、紅葉李、羅漢松、雪松等樹木，還有一棵棵的梅樹，梅村墓前梅子香，梅子香裡說梅村，不知是有意種之，還是天意巧合？

前去祭拜、憑弔者除我為爬格子一族外，殷繼山為園藝家、收藏家，王福係鑒藏家兼國畫家，吳塵、吳駿兩人為書畫家，吳塵、吳駿與吳梅村一筆寫不出兩個吳字，至少五百年前一家人吧，殷繼山與王福都收藏過吳梅村的書畫，殷繼山還收藏了多件與梅村相關的文物，因此一個比一個有感情，一個比一個虔誠，不但帶了酒帶了香，帶了供果，帶了鮮花，還寫了祭文、悼詩。

我們拔草的拔草，清掃的清掃。然而敬酒、獻花、上供品，點燃香燭，之後，面對青山沃野，我們大聲說道：「梅村公，家鄉後學看你來啦！」

青山默默，綠野默默，風輕輕，雲柔柔，此事無聲勝有聲，唯有一種心靈的溝通、撞擊，怦然作響，久久、久久。

一切準備停當，我們按年齡長幼，依次合十作揖，鞠躬默哀。還由吳駿朗讀了祭文、悼詩，焚化於墓前，以表崇敬。

正在我們祭掃時，此地塊的承包戶來了，他告訴我們：此處原來還有墓道與古樹，俗稱吳家大墳……

較之早先的古柏老松、石人石馬，如今這兒方圍局促，氛圍寂寥，以大詩人吳梅村在文壇在歷史的地位衡量，此墓顯得寒磣了點，讓慕名來訪者若有所失，心存遺憾。至少該造個石牌坊，建個墓道吧。

據瞭解，此墓是馮其庸呼籲後近年重建的。我還在梅樹枝葉後發現了一塊「吳梅村墓重建記」碑，乃二〇〇〇年三月十八日吳縣政府立的，落款是「梅村故里婁東政定榮書，沈建坤勒」。政定榮是我們相熟的道兄，他的小楷清秀內斂，屢獲金獎，由他來為家鄉前賢書之，也算相得益彰。

六月仲夏，暑氣漸生，祭掃完畢，已汗濕衣衫，然一行個個欣欣然，謂之不虛此行，因為總算夙願得償。

也許，我們還應該為宣傳吳梅村，讓更多的人瞭解吳梅村、理解吳梅村做點什麼，這是我們歸途中一直在討論得一個話題。

讓人流連的虹飲山房

蘇州的木瀆名氣不可謂不響，到過木瀆或未到過木瀆的，可能都報得出木瀆的幾處名勝古蹟名來。

可我這篇文章要寫到的虹飲山房就鮮為人知了，因為此山房還在作最後的裝修與佈置，尚未正式對外開放，我是由當地政協副主席帶領，捷足先登，先睹為快了。

據導遊介紹，虹飲山莊乃清初木瀆文人徐士元的私家花園，因乾隆下江南時在此看過戲，遊過園，因此被野史稱之為乾隆下江南時的民間行宮。地方誌記載：劉墉曾兩次下榻於此，和坤、紀曉嵐也在此山房住過。這是一座向水建築，山房前為一河道，左右各一石亭，一為古井亭，一為御碼頭碑，寓意此處乃乾隆木瀆上岸處，但這只能姑妄聽之看之，當不得信史的。

這個山房雖然是個按歷史傳說建造的一處仿古建築，但仿得比較到位，給人有修復中的古典園林的錯覺。虹飲山房目前佔地面積二十二畝，從建築佈局上看，由正門的古戲臺與東園、西園組成。古戲臺因乾隆在此看過戲，民間又稱御戲臺。古戲臺雕樑畫棟，金碧輝煌。那戲臺確乎古色古香，是能打高分的仿古建築。這兒的東園，曾經住過中國「刺繡皇后」沈壽。

進得花園，也讓人眼睛一亮。我算是個比較挑剔的遊客，但對此園的佈局，我還是蠻欣賞的，特別是那些假山的疊砌，乃高手所為。雖然那些太湖石幾乎無一上品，幾乎都不符合「瘦、皺、漏、透」的審美，但竟然堆砌得無匠氣，看去自自然然，難得難得。

當然，一座小園林再精再巧，讓遊客逗留的時間也是有限的。換句話說，必須有內容才能留得住遊客，虹飲山房的高招是設立了明清聖旨、匾額、服飾、科舉等四個專題館。最有創意的是與徐州的聖旨博物館簽了份五年的租借合同，借了二十份明清的聖旨，以及相關的古文物。這一手做得真是漂亮，看得我津津有味，我曾在一篇小說中寫到過聖旨的辨識，但我本人其實並未見過聖旨實物，只是根據我的瞭解，紙上談兵罷了，所以我一直想有機會親眼目睹一下真正的聖旨。

聖旨是古代的庶起士寫的，這庶起士不但要文采好，還要書法好，所以聖旨通常都言簡意賅，字精句美，那一筆楷書更是工工整整，功底非淺。

關於聖旨，對普通百姓來說，幾乎都是從電影、電視中看來的，通常由一個太監來宣讀，再由當事人跪下一接旨。其實，真正的聖旨要比電影電視中的聖旨大得多，長得多，有的要長達數米呢。按規定，聖旨分誥命與敕命兩種，誥命為是頒給一品至五品官員的，五品以下的用敕命。誥命為五色絹，敕命為素色絹，明代時因只用漢字書寫，聖旨相對就短些。到了清代，聖旨須漢文與滿文對照書寫，聖旨就要長了。按漢字書寫習慣乃從右到左，而滿文的書寫習慣正好相反，及從左到右，這樣，正好皇帝的御印蓋在中間，即漢文的落款處蓋一印章，滿文的落款處也蓋一印章，正好對稱，在聖旨的起首，還有一龍頭向上，一龍頭下下的銀色雙龍圖，此乃手工織就其上，相當於今日的防偽標誌。

敕命的素絹也就是白絹。誥命五色絹由紅、藍、黃、紫、白等顏色組成。清初時，那些聖旨的質地極為高檔，工藝也精美，到了晚清，有的則用麻來代替，做工粗糙多了，這也反映了國力的衰弱，最有意思的是清初時的御印都蓋得齊齊正正，一絲不苟。晚清時的御印有的蓋得歪歪斜斜，印泥也滲了出來，給人感覺，外面要打進來了，匆匆忙忙中拿印一蓋了事。從中也可看出清初與清末時朝廷管理制度的緊與鬆。

聖旨還配有存放的箱子，箱子上還雕刻有龍等圖案，按舊時規定，聖旨是不能遺失，不能轉送，不能典當，不能買賣的，凡發生諸如此類情況，輕則罷官、罰款，重則坐牢、殺頭。這大概也是使有些聖旨能保存到今天的一個重要緣故。

有些官宦人家為了光宗耀祖，顯赫鄉梓，還請了專門的工匠，把聖旨內容刻匾後高懸於家中，以作鎮宅之寶，以畏鄉人。

當然，虹飲山房展出的文物遠不止聖旨，還有鄉試、會試、廷試時的試卷，還有考試作弊時夾帶，清官帽、清朝服官補子三寸金蓮之小鞋等等。讓人看得眼花繚亂，可惜是集體行動，要不然，我看個一天也看不過癮。

如果說遊園林是休閒是放鬆，那麼看這些展出就能增知長識。如果是動動筆桿子的遊客，那更得益匪淺。

我對虹飲山房留下了好印象，這好印象一半來自築園水平，一半來自這些珍貴而稀有的展出。虹飲山房讓人流連！

太湖之濱宰相府

在蘇州參加「蘇州小說研討會」，會後蘇州文聯、作協組織與會作家觀太湖之濱東山古村——陸巷。

陸巷是目前江南地區保存得相對比較完好的一處明清古村落，而這古村落裡最值得一看的是王鏊的府第。宣傳資料稱之為明代宰相府。其實明代是沒有宰相這個官位的，王鏊應該是明武宗時的大學士首輔，只能說相當於宰相，或者說，相當於我們現在的總理職務。

王鏊的出名其實主要並不是其官其位，而是他著有《姑蘇志》、《震澤志》、《震澤長語》、《震澤紀聞》等，是個對吳文化有貢獻的學者，也是明朝有名的賢相之一。

陸巷原本名不見經傳，但出了一個宰相級的大官，自然是小村無上的榮耀，故而村裡建起瞭解元牌樓、會元牌樓、探花牌樓。這王鏊果然了得，差一點連中三元。我三年前來陸巷時，這三座牌樓還僅剩光禿禿的石柱而已，這次去，牌樓已一一恢復了，看來小村也在打王鏊牌，打旅遊牌了。

記得三年前來時，王鏊故居還關閉著，我們是通過關係才得以進去的，裡面一派蕭條，那種人去樓空，雜草叢生的景象讓人唏噓不已，惟蒙塵的雕樑斗拱還依稀能辨當年的紅火盛景。

這次去一看，大不一樣了，惠和堂已修葺過了，有了若許生氣，只是那種蒼老的歷史感反而淡了。

導遊小姐指著惠和堂前大門口的抱鼓石和門上方的橫樑介紹說「這是門當戶對，這是明代建築」。其實，懂行的一看那抱鼓石就知是清代建築，因為明代的門枕石通常採用長方形的，圓形的抱鼓石直到清代才出現的。

不過裡面有座小樓倒是明代建築，從石礎、石階、人字磚天井鋪地，以及落地格子窗、掛落飛罩、雲山等看，乃原汁原味的明代建築。據說《桔子紅了》就在此樓拍攝過不少場景呢。

導遊見我們這些作家對原始的東西感興趣，就帶我們去了小姐的後花園。這花園不大，未經全面整修，尚有淒涼之感，唯有一亭一樹一石而已。最讓我覺得有味道的是那一面高高的山牆上，是一株百年爬山虎的天地，彷彿西方抽象大畫師的傳世之作，最讓人心痛不已的是牆腳根有一棵百年桔樹被燒得枝焦枯乾。經再三詢問，方知是當年拍電影《小城春秋》時，導演花五百元買下這老桔樹，澆了汽油焚燒，據說是為了拍一個景頭需要。燒一棵百年桔樹，無論怎麼說都讓人感到導演的殘忍。咳，那時村民的環保意識、生態意識、文物保護意識、開放意識等畢竟還很淡。如果放在現在，恐怕給五千元村民都不會同意。

在這王鏊府第中還有王鏊睡過的紅木床等。據說是王鏊後人捐出來的，也不知是真是假。但我對此興趣不大，最引起我興趣的是一座照壁似的清水磚牆上方，有一組磚雕，為明代九獅圖，那九獅形態各異，或騰或躍、似龍非龍，極為精緻。導遊說這就是所謂的「時務」，識不識時務，是不是俊傑，出處在這兒呢。本人孤陋寡聞，還是第一次聽到這說法，總有點懷疑，東山回來後，我特了地查了《辭海》、《中華成語辭典》等，「時務」在《漢書・蜀志・諸葛亮傳》則完整地提及了「識時務者在乎俊傑」。晉陶潛的詩中也有「秉來觀時務，解顏勸農人」之句。由此看來，導遊嘴裡的「識時務」出於此的說法是穿鑿附會、靠不住的。不過這些磚雕還是極精美的，是值得一看的。

太湖落日金燦燦

作為市作協的主席，我每年都要選擇一個地方，組織部分創作骨幹去采風一下，可幾年下來，周邊縣市能看的景點都看過了，今年上哪兒呢？商量來商量去，有人提出了去太湖的三山島，沒想到全票通過。

四月上旬一個風和日麗的中午，我們一行二十人順利地登上了三山島。大概是快艇把我們送上島時的刺激還在誘惑著大家，黃昏時，有人提出到太湖邊上去看太湖落日。於是我們一個不拉地來到了太湖邊上。算是讓我們找到了一個好地方，那岸邊有一塊巨石，那水裡有一片難得的礁石，礁石同周圍長滿了蘆葦。

在礁石上可直接嬉水，有人在摸螺絲，有人在逮小魚，我則在水邊尋有沒有看得上眼的小塊太湖石，一群人都玩得興致勃勃，連晚飯也忘記吃了。

夕陽漸漸變大，慢慢落了下去，斑斕的晚霞塗抹著半空，落日把天空與湖水染得金燦燦一片，真可謂天光雲影共徘徊，美得醉人。我們趕緊按動快門，留下了永遠的紀念。

湖面開始沉靜了下來，此時的太湖是寧靜的，尤如處子一般。我們都默默地凝視著遠方，看落日一點點西沉。突然，湖面上又響起了汽艇的馬達聲，那是最後一班遊客上島了。

我們像猴子般爬上了那塊巨石，像調皮的孩子般大喊大叫起來，快艇上的遊人也看到了我們，聽到了我們的喊叫，他們也揮動著帽子，呼應著我們的呼喊，使得原本已寧靜的太湖又一次熱鬧了起來。

當汽艇靠岸，喊聲消逝在太湖波浪裡後，惟有太湖水的拍岸聲一聲一聲響起，直到伴我們入眠。

忘不了三山島，忘不了太湖落日，更忘不了太湖水。

探秘「嚇煞人香」

太湖東山我曾去過多次，不過大多行色匆匆，如驚鴻一瞥，雖留下過美好的印象，但對東山的瞭解只能說泛泛而已。

去年，東山的詩人、作家陳永強邀我去一遊東山，因忙，也未能成行。今春，他托朋友帶給我一聽東山茶葉，品著又香又醇的新茶，彷彿品著文友絲絲縷縷的情誼。

秋天的時候，我決定去一趟東山，一則以文會友，二則實地看一看東山，看一看下東山的茶樹。我知道，永強兄送我的茶葉乃「碧螺春」，此茶為全國十大名茶之一，據說已有千年以上歷史，相傳俗稱「嚇煞人香」，此乃當地土話，名雖不雅，倒也一語點破其特色。據《洞庭東山志》記載：清康熙三十八年（西元一六九九年），康熙皇帝南巡至蘇州，蘇州巡撫宋犖將此茶進獻給朝廷，康熙以「嚇煞人香」之名不雅，題名為「碧螺春」。此典故，蘇州文人大都知曉。在《太湖備考》、《野史大觀》等書籍也有大同小異的記載。但我有一點未搞清楚，為啥同是茶葉，蘇州其他地方的茶葉遠不及碧螺春的味道，為什麼就少了那種嚇殺人的香呢？

我記得《晏子春秋・雜下之十》有云：「橘生淮南則為橘，生於淮北則為枳，葉徒相似，其實味不同，所以然者何？水土異也。」這段分析入理的古人之語給我留下極深的印象，深藏腦海，難以忘卻。

去東山的路上，我在想，這水土關係是一定的，但異在何處呢？以我當時對東山的瞭解，我想無非是東山的地理條件得天獨厚吧。因為東山是一座太湖裡的半島，三面環水，雖為島嶼丘陵，但海拔卻不高，最高處的莫厘峰也未超過海拔三百米，其山勢自東北走向西南，山兩側為山谷地，山前深，稱為塢，山後淺，稱為灣，最宜種花果。由於這裡的地處北溫帶，氣候溫和，雨水充沛，光照較多，極為適合果樹林木的生長，或許是因了這些地理條件、氣候條件，東山的茶葉才能嚇煞人香吧。這是這個答案我自己都覺得不夠令人信服。因為類似於東山的地方在全國畢竟還不少，但為什麼其他地方就產不出如此高質量之茶呢？

好在永強兄是東山的老土地了，他一定知道，不過，我還是想實地考察，自尋答案。永強兄因要親自掌勺，用東山的佳餚招待我們，他請了東山的另一位作家盛興龍陪我們上莫厘峰。

走過東山老街，仄進一條山間小徑，我發現上山之路竟是一條人字形地磚路，我因寫過一些園林的文章，知道這種人字形的花街鋪地乃典型的明代遺物，而這裡不是園林，是山野——這透露出一種強烈的歷史資訊：不僅古老，且大有來頭。再一路走去，竟發現明清時代的石條、石刻、石碑隨處可見，如果在其他地方，恐怕早被覓寶者覓走了。我想起來了，東山光狀元就出過施槃、王世琛，再有位王鏊官至大學士，被後人稱之為「文章天下第一」，難怪難怪。不過，這些名人早年的輝煌已沉寂在了史書裡，他們的墓地幾乎都變成了桔園等林地了。

我一路走一路看，發現東山果樹之多，蘇南少見，我數了數，有柑桔、枇杷、楊梅、梅子、桃子、杏子、李子、栗子、柿子、銀杏等，據盛興龍介紹，還有葡萄、櫻桃、棗子、石榴等多種呢。加之近年又引進了北方的蘋果、生梨，南方的香蕉、鳳梨，品種就更多了。如此看來，東山簡直就是一個大果園。我曾見過銀杏掛果，桔子滿樹，楊梅綻紫時的盛景，那真的美得讓人陶醉，一幅天然的金秋之景國畫圖。我由此想像，若是早春天氣，桃花紅，梨花白，一準色彩繽紛，香氣襲人。

盛興龍告訴我，春天時，這山塢山灣裡，滿塢滿灣的香氣——我突然明白了，東山的碧螺春為什麼有如此嚇煞人香。因為我注意到不少茶樹與各種果樹是夾種的、套種的，那茶樹不像大部分地區是整片山整個峰漫山遍野形成茶樹林。東山的茶樹往往一株一叢，幾株相聚，或挨李樹，或近梅樹，或靠桃樹，或傍桔樹，這種互為依存的結果，這些茶樹必長年吸收各種果樹的花蕊芬芳，要知道吸收原本就是茶葉的天性。這樣的自然條件，其他地方到哪兒去找去覓。無需解釋了，答案一定在這裡。東山的果樹品種多，數量大，一年四季，花香不斷，浸淫在這樣的環境中，茶葉吸收了如此眾多的天然之香，能不嚇煞人香！聯想到貴州茅臺，同樣的原料，同樣的水質，同樣的設備，同樣的技術，同樣的老師傅，就是釀製不出地道的茅臺酒，和原因呢？探根尋源，無非是一方水土養一方特產，茅臺酒的酒分子早滲透到了茅臺鎮的一草一木，一磚一瓦，乃至每一寸土地，每一片雲彩之中，這非一朝一夕，十年八年能形成的，原理是一樣的，所以茅臺酒只能出在茅臺鎮，碧螺春也只能出在太湖東山。

我們相約明年春天再聚東山，我想去看看早春的東山，看果樹花開，吐芳吐豔，看茶樹綻綠，嫩尖可人，看採茶姑娘那嫻熟的動作，與大自然融為一體，這將是多麼誘人啊。而喝不喝明前雨前碧螺春，倒在其次了。

東山採楊梅

太湖東山盛產枇杷、桔子、楊梅，這我早聽說過。因兒時我家老宅也有枇杷樹與桔子樹，故我唯對楊梅樹陌生。當文友說：六月下旬安排我們去東山採楊梅，我立即被吊足了胃口。

楊梅是我國江南特有的一種水果，因其收穫期短，鮮果不易保存，也就很難長途運輸，因此，江南以外要想品嚐到新鮮楊梅就很難很難了。其實，它比荔子更稀罕呢，只不過荔枝與楊貴妃牽上了關係，也就身價倍增了。我甚至認為應該把「無人知是荔枝來」改為「無人知是楊梅來」，那才有意思呢。

閒話少敘，那天我們直奔東山，在紫金庵附近一戶姓席的果農家落腳，主人一見我們下車，立即捧出一筐剛摘的楊梅讓我們嚐嚐鮮。一嚐果然味道好極了，鮮潔、香甜、清新、可口。此時，我們的心早已上了山，也不願休息，要求立即上山，當一回果農，採一回楊梅。

那天是今夏以來最熱的一天，溫度高達三十五度，即便是上午，一走山路也熱刺刺的。我們自然抱怨天太熱，太陽太毒。但那果農卻對這江南梅雨季節難得露臉的太陽恨不得燒香磕頭了。

原來楊梅一熟，就得採下。若碰到雨天，質量就有損，口感就差了許多，如果收穫期連著幾天下雨，成熟的楊梅不掉地上，也會黴爛於枝頭。所以，通常楊梅只能收穫百分之六十。他們依然需要靠天吃飯。若天幫忙，收穫期天天大晴天，果農們夢中也要笑出來了。若天公不作美，梅雨連連，那真是欲哭無淚了。

楊梅樹在山上，山雖不高，但沒臺階沒路的，不好走。碰到下了雨，那又陡又滑的路手腳並用都可能要滑跌，更不要說背了、挑了重負的楊梅下山，果農的艱辛可見一斑。

上了山才知道，更麻煩的事還在後頭呢。那楊梅樹一般要十多年以後才結果，樹高十幾米，人又非猴子，那細枝上又爬不上，如何採摘呢？我們見到果農都要扛一架高高的木梯上山，到了樹下，用繩子把梯子攀住固定，若能靠樹幹的，一邊拉繩即可，有如斜拉索橋似的；有的樹枝柔，梯子靠不上，只能梯子懸空豎立，兩面用繩子拉住，人上梯子多少有點搖搖晃晃，真的有點危險性的。那些果農把一個竹簍子綁在腰間，採滿一簍就下來，一簍大概有十斤到十多斤，在採楊梅之前，果農會採一把山上特有的厥類植物的葉子鋪在簍底，採滿一簍後，也用厥類植物的綠葉鋪在上面，據說是保鮮。

那位帶我們上山的果農告訴我們，她家承包了七八十棵楊梅，每棵楊梅能收兩百斤左右。為了給我們準備楊梅，他們全家已一早上山採了兩三百斤了。

進入山裡，但見滿山遍野都是果樹，有枇杷樹、桔子樹、銀杏樹、梅子樹，偶爾還有棗樹等，那低矮的則是茶樹。那楊梅樹屬常綠喬木，樹冠球形，往往主幹離地面一米左右就開始分叉分枝，那枝頭上結滿了一個又一個紫紅色的果實。果農指了指她承包的範圍，讓我們自己去採摘，自己品嚐。她還一再聲明，這楊梅不打農藥的，摘下後不用洗，直接可吃。那樹上的楊梅又大又紫，誘人著呢。我們一個到樹下，看準最好的採，採了就往嘴裡送。拿著照相機的，把那採摘時的快樂，與品嚐時的饞嘴相全拍了下來。我小時候是野孩子、孩兒王，上樹上屋是家常便飯的事，一時童心勃發，上了樹，被同來的拍了好幾張。

楊梅熟了，自已會掉上來，但見棵棵樹下，都有一地的楊梅，看了讓人心痛。若天晴，果農還可揀撿之，用作製楊梅乾，若下雨，就只能爛掉了。

下山後，同去幾個人討論總結，有人說：高枝的比低枝的好；陽坡的比陰坡的好；山上的比山下的好；晴天的比雨天的好；二茬的比頭茬的好。

但據我瞭解，楊梅性喜溫濕，耐蔭不耐日照，因此陽坡的未必比陰坡的好。還有一點應該是酸性土壤比鹼性土壤好。

今年時令楊梅剛上市時，買二十五元一斤，等大量上市後，買六到八元一斤，若下雨，四到五元一斤也能買到。楊梅不能久放，是限止楊梅生產的一個重要原因，如果解決了保鮮問題，那外地也能吃到江南的楊梅了。

莫厘峰接泉水

東山的文友相邀去那邊一遊，我與幾位文朋詩友結伴而行。上車時，我發現寫詩的小姚竟帶了一大包雪碧瓶、可樂瓶，一似收舊貨的。

他見我笑他，不無得意地告訴我：東山莫厘峰的泉水呱呱叫，乃正宗泉水。

我因跑過的名山大川多，天下第一泉、第二泉，哪處名泉沒見過，所以我不以為然，並不覺得不帶空瓶有什麼遺憾。

莫厘峰是東山的最高峰，海拔兩百九十二點四米，別看東山不高不險不峻，泉水倒不少。較有名的就有海眼泉、柳毅泉、靈源泉、青白泉、悟道泉、碧雪泉、廉泉、壽寧泉、石澌泉、松雨泉、自芳泉、消渴泉、天井泉、化龍泉、白龍泉、紫泉等十多處，多數還有名人題詠，題碑刻石呢。

詩人姚看來是有備而來，他直奔莫厘峰的雨花禪院。到了禪院，他不賞景，不拜佛，提了瓶瓶罐罐轉到了禪院的後院。好奇心驅之，我跟了過去，我想看看到底是何名泉，誘惑得詩人姚不顧山色如畫，詩情畫意，像個信佛之人樣接仙水去了。

這雨泉花禪院依山面谷後建，禪院後即山石，原來有一山石罅中流出一線泉水。我說一線泉水實在不是故意縮小，故意貶之，而確確實實是一線泉水，還沒筷子粗呢。灌滿一瓶雪碧瓶要有一會呢。我對詩人姚說：「你真是好胃口。」詩人姚說：「這泉水可是東山名泉，平時接泉水濁要排隊的，今天碰巧了不用排隊。」

我沒那閒心思，自去逛山看景，進廟禮佛了。一圈下來，再去找詩人姚，好傢伙，果真排起了隊。我與那些當地的接泉者攀談了起來，從他們嘴裡知道：這萃香泉終年不絕，而且水質清份量重。有人說萃香泉的水一勺要勝二勺湖水份量呢。我猜想一定是含有多種礦物質，才使水的比重加重了。如此說來，此泉水極有可能是優質礦泉水，只是量實在太小，沒有開發價值，不過正因為物以稀為貴，此泉也就格外為人珍視了。我曾聽人說，名茶泉泡，這些接泉者莫非都是茶客？一問，果然如此。他們告知：飲了萃香泉泡的碧螺春，再飲一般井水泡的就索然無味，故而寧願每天上山來取泉烹茶，跑這些山路，權當晨練。是呀，爬山屬健身，喝萃香泉碧螺春屬享受，何樂而不為呢。有位老者還告訴我，逢到清明前後，碧螺春新茶剛上市階段，這兒接泉者川流不息，好熱鬧的，被他們一說，我也心癢癢的，懊悔沒帶一隻空瓶來，至少裝一瓶，回去試試泡碧螺春到底味道如何。詩人姚見我如此，執意要送我一瓶，但我沒收。我沒收原因有三，一是人家大老遠帶了瓶來，辛辛苦苦接了半天才接了幾瓶，我輕輕鬆鬆分他一份不好意思；第二我怕喝了萃香泉的碧螺春後，因味道好極了，吃習慣了嘴巴咋辦，用電視廣告語謂之乃「寵壞了我的嘴」，總不見得三天兩頭到東山去接泉水吧。第三，東山總有機會再來，要接泉水自己來，自己的勞動果實喝之味更純更甘。下次吧，反正萃香泉終年不絕，總能等到這一天的。

三山島之美

太湖三山島歸來已近一個月，但我仍沉浸在莫名的興奮之中。如果有人要我用一句話來概括三山島景色或感受，我想告訴他的是：三山島乃江南一帶唯一未開發污染的世外桃源式的景區。

細想之，三山島之美，美在水，美在石，美在樹，美在鳥，美在古，美在花，美在草，美在人，美在住，美在食，美在傳說——我並不是故意要湊成這十二美圖，實在是三山島確乎讓我感受到了其他地方難以見到聽到體會到的美。

美在水

常言道「太湖美，美在水」，三山島是太湖中的一個小島，古稱小蓬萊，能不美嗎？三山島周圍的太湖水是清的，是碧的，碧水擁青山，俯瞰如碧玉盤中一青螺。近了，聽太湖之水拍打礁石之聲，時而柔柔的，偶爾狂野的，感受太湖之魂，離不開一個水字。太湖之水，入夢也是甜的香的，在島上喝水，清清的，涼涼的，甜絲絲的，純天然的，喝吧喝吧，可洗滌五臟六肺呢。

美在石

三山島由北山、行山、小姑山三山相連而成。最著名的為板壁峰。此峰高不過百尺，一峰獨立，狀如板壁，孤峰無伴，傲視全島，說峰巒太小，說盆景太大，作背景攝影，不大不小，故素有「吳中太湖第一峰」之譽，入詩入畫，一個字：美！

臨水的十二生肖石也意趣盎然，或似入水之牛，或似蹲伏之虎，或似跳躍之兔，或似搔首之猴，或似憨態之豬，或似馴服之狗，乍看不像，越看越像，七分形態，三分神似，且擠擠挨挨，全在水邊，是生肖聚會，是集體展示，別是一景，不可不看。若膽大而又手腳靈便，跳上去，觀景、攝影兩相宜，保證不虛一跳。

島之另一端，還有半入水中的牛背石，懸崖之上的貓眼石，近年又發現如謎如幻的獅身人面石，以及馬腳印、香爐石，這大自然的鬼斧神工，令人歎為觀止，激發人的諸多靈感。

美在樹

樹是大自然的天使，沒個數十年，上百年的乃至數百年，那樹的風姿、神韻就難以展現出來。讓人興奮的是三山島上大樹多、老樹多、古樹多，僅百年以上的老棗樹就有近七百棵。不是我偏愛棗樹，而是老棗樹的造型實在太奇特了，或曲或折，盡情表演，張牙舞爪狀的有之，老態龍鍾狀的有之，隨心所欲的有之，不屈不撓的有之，無拘無束狀的有之，直的，斜的，倒的，伏的，啥神態啥姿勢的都有，真是不看不相信，看了還想看。若是詩人，必生靈感，若是畫家，必動畫筆，若是攝影家，不耗去他十卷八卷軟片，拉他走諒他也不會不肯走。

島上，數十年數百年的楊梅樹，椿樹、櫸樹、樸樹，以及叫不上名的喬木、灌木比比皆是，構成了一個樹的世界，綠的海洋。而最多的則是桔樹，成片成片的，那新栽新種的，那枯木逢春的，無不秀蕾綻花，點綴山景，香溢滿島，疑是電影《桔子紅了》就在這兒拍的。桔樹桔樹，家家有吉，滿島是吉，好口彩，好景致，還有好收入。

美在鳥

鳥是大自然的精靈。可如今在城市，除了麻雀，還能見到其他鳥的蹤影嗎？到三山島，我吃驚地發現：這不是到了鳥島吧？這兒的鳥品種繁多，有喜鵲、灰喜鵲，有白頭翁、畫眉，有翠鳥、黃鶯，有班鳩、烏鴉，甚至還有貓頭鷹與蒼鷹，等等等等。這兒的鳥不懼人，人鳥和平共處，特別是早晨，那多聲部的鳥鳴使你彷彿置身在一個百鳥朝鳳的世界。站在陽臺上，但見樹枝上，到處是鳥，像鳥在集會，在演出，你唱我鳴，一比高低。那鳥像是你家庭的成員，似可與之交流，它們的鳴叫，是在傾訴，是在敘述，是在祝福，是在歡迎。這種童話世界般的情景對大多數人來說已久違了，因此，那種新鮮感，好奇感，那種親切感油然而生。我會再去三山島，僅僅為了再看一眼那些自由自在的小生靈也是值得的。

美在古

我說這話也許有人不信，我所說的古，有兩層含義，因為在三山島上既發現了舊石器時代的遺跡，又發現了大量古脊椎動物的化石。據我有限的考古知識知道，在江浙地帶是以河姆渡文化、馬家濱文化的新石器時代文化為主的。現在卻意外地發現了舊石器時代的遺址，這是極為難得的。三山島八十年代中期的考古發現，向世人透露了這樣一個資訊：在一萬多年前，這裡生息著我們的祖先。由此而論，太湖流域也是華夏民族的發源地啊，它的歷史甚至比黃河流域更古老。站在這樣一塊土地上，能不思接千載，浮想聯翩嗎！

這種古老的美，又有幾個小島可與之媲美呢。

三山島美在古的另一個解釋是這兒自唐以來就廟宇遍佈，香火鼎盛，有「水中佛國」之稱。是的，在歷史的興衰巨變中，那些磬聲鐘聲已消隱在綠樹叢中了，消隱在野草野花之下了，歷史的一頁是掀過了，卻並沒有消亡，我在一個村級的太湖文化研究會，有幸見到了唐代的石佛、宋代的經幢、元代的石礎、明代的磚雕，那古樸的造型，精美的線條，那突顯的藝術功力，那依附的文化資訊，使遊人彷彿穿過時間隧道，走近了數百年上千年前的三山島，領略她那種古老的美的神韻。

美在靜

三山島是寧靜的。她沒有城市的喧囂，沒有城市的浮躁。古語謂之「靜若處子」，三山島就是一個養在深閨人不識的靦腆的處女。她的靜，靜在山，靜在水，靜在樹，靜在草，靜在鳥，靜在心態。唐詩謂「鳥鳴林愈靜」，兒時讀之，總覺大謬，有鳥鳴叫難道還算靜嗎？及至讀了著名的環保著作，《寂靜的春天》，方悟到沒有鳥類鳴叫的世界乃死寂，與靜無緣。只有到了三山島，聽百鳥悠揚委碗地暢舒歌喉，才能真正體會到靜的真諦，靜的境界，那悅耳的鳥鳴不正好給靜做了詮釋，做了陪襯嗎？

以我說自然界的靜已是很可貴了，更可貴的是心態的靜。三山島上的人日出而作，日落而息，與世無爭，平靜地過著神仙般的生活，那種田園牧歌式的寧靜，讓人羨慕不已，至少在城市已消失很久很久了。

美在花

三山島人愛花成癮，幾乎家家有花，人人養花，你隨便走進哪個農家，那或大或小的院落裡，必有幾盆，乃至幾十盆，上百盆花卉與盆景。最多的是山杜鵑，或嫣紅，或姹紫，或粉白，或雙色，爛漫一片，營造春色。

三山島之野生水仙也是一絕，據有人考證，今之名傳遐邇的漳洲水仙，其老祖宗乃三山島之野生水仙，原來此處乃真正的「凌波仙子」的故鄉，妙哉妙哉。再說了，有「洛浦神女」之美譽的水仙理應原生於蓬萊仙島似的三山島呀。

三山島是個果子之島，因此梅花、桔花、棗花、桃花、杏花、楊梅花讓人賞不盡，看不夠，到了深秋，太湖邊上蘆花飛白，在夕陽的映照下，更是美得令人心醉的一景。

美在草

可能我小時候養過兔養過羊，與草親近過，與草有著特別的感情，但隨著城市的擴建，久居城市的我已疏遠了野草。這次在三山島又一次見到了許許多多知名的不知名的野草，一種回歸自然的心情在心裡湧動著湧動著。

湖灘水渚邊的水草地，土坡山石上的藤蔓，小徑兩側的野草，或青翠，或墨綠，或叢生，或蔓長，那頑強的生命力是最讓人驚歎、最讓人佩服。我們像大孩子似的尋找著：這是大薊草，這是何首烏，這是車前子草，這是野水芹，這是馬蘭頭，這是薄公英……，大家辨著認著識著。我說我讀到一位德國科學家的論文，他說：草的精華在牛羊等家禽胃中消化了，人吃牛肉羊肉，是間接吃草，與其間接吃草，不如直接吃草——大家笑成一團，其實這也是一家之言，不少野草確實是可以食用的。而且不少野草還是中草藥呢。我們還發現了在太倉已很少見的金錢草、魚腥草等，這可都是中藥材，如果哪位中醫到三山島來轉一圈，他一定會讓這滿山的野草，不，滿山的中草藥樂壞的，這可是江南的藥草之庫啊。

美在人

我說的美在人，並非是指俊男靚女，而是指人心美。三山島上的居民給人留下最深的印象是純樸、誠信、節儉、勤勞。

我們下榻的天然居旅館，主人是一位新婚不久的小夥子。第一眼印象就不錯，那天有人說膠捲沒了，他自告奮勇騎了自行車就去代購。那天我們說想看貓眼石，不知在那兒，他二話不說就當了義務的導遊，領我們抄小路前往，我們還把他的自行車騎了出來，他只寬厚地笑笑。回來的路上，要爬坡，那天剛下過雨，路滑，我們這些城裡人，空身走，已須手腳並用了，自行車立馬成了個累贅，他依然樂哈哈地扛了自行車斷後。一個圈子回來，他也有點氣喘吁吁了，可他依然笑笑，一句怨言沒有。照理說，開旅店的屬生意人，生意人一切講「利」字，但三山島的島民尚未被銅臭薰染，難得啊難得。

美在傳說

記得有一支歌旋律很美：「有一個美麗的傳說……」而三山島豈止是一個美麗的傳說。我有一個偏執的觀點，一個地方，特別是一個旅遊地，倘若沒有古老的傳說，那再美的景色也遜色三分。

三山島本是太湖中的一個小島，誰知它島外有島，而說島又似乎太小了點，別小看了水中那屁股大丁點土地，彈丸之地，卻有著一個淒美的故事呢。相傳此處是吳王愛女勝玉別館，曾建有姑亭。

更有趣味的是還有人相傳此處乃西施的水葬臺，真耶假耶，已不重要了，重要的是有此香魂在，可令遊人憑弔也。這豈不美哉！

美在住

古語云：「金窩銀窩，不如自家的草窩。」而到三山島，則有回家的感覺。這兒沒有星級以上的賓館，也沒有豪華的高施，更沒有酒吧，桑拿與小姐，有的是熱情，是真誠，是善解人意，是體貼周到的服務。也許比起級大賓館來，這兒的農家旅店簡陋了點，但體會一下農家生活，過一天島民生活不也挺有意思嗎。再說這兒的農家旅舍無不掩映在綠樹叢中，與大自然融為一體，這與鋼筋水泥的摩天大樓完全是兩種意趣，不可同日而語。有陽臺的農家旅舍，站在陽臺上眺望太湖，晨看旭日冉冉，夕看晚霞如錦，觀炊煙嫋嫋，觀鳥雀歸林，簡直是神仙的享受，而這種享受只需每晚五十元，還包吃三頓，走遍江南山鄉，到哪兒去找第二個如此廉價物美的下榻處。

美在食

民以食為天。旅遊在外，玩自然是第一位的，但吃不好住不好到底也是惱人的事，三山島的吃是包在五十元住宿裡面的，若想吃得好些，增加十元，就可有魚有肉有茶有酒了，至少是小康水平。

當然，在農家小住小吃，就算你腰包鼓鼓，要想吃「滿漢全席」、「佛跳牆」之類也是不可能的。不過這兒的農家菜還是足夠你換換口味的。首先是新鮮沒污染，菜是自家地裡種的，那青菜，那草頭、那茄子，那辣椒，都是現摘現洗現燒，那筍還帶著泥土的芬香，那磨菇還帶著露水的滋潤，那太湖「三白」（白魚、白蝦、銀魚），進廚房時還鮮跳活跳的，那雞是草雞，那鴨是水鴨，那羊是散養之羊，那豬是食天然飼料的，說是綠色食品，沒有溢美，沒有過譽，任是老饕，也盡可大快朵頤。莫嫌小島農家景，村姑泡出的茶水，也透出一股清香，東山之茶，得天地之靈氣，俗稱「嚇煞人香」，也即正宗碧螺春產地。啤酒呢是太湖水啤酒，在太湖三山島，嚐「太湖三白」，嚐東山碧螺春，嚐太湖啤酒，人生一大享受啊。

總而言之，言而總之，三山島之美，美在表，美在骨，美在歷史，美在現實，只要有發現美的眼睛，一草一木，一峰一石，一屋一磚，到處會生出美，讓你如入寶庫，欣欣然，流連忘返。

三山島歸來，我最想說的是四個字：「不虛此行！」

天池山之勝在於藏

提起蘇州的名勝古蹟名山名水，即便外地人，不少人也能如數家珍地報出西園、留園、拙政園，西山、東山、靈岩山等一長串來，甚至還脫口吟出「姑蘇城外寒山寺，夜半鐘聲到客船」的詩句。如果我說姑蘇城外天池山，恐怕就鮮為人知了。

難道「上有天堂，下有蘇杭」的旅遊勝地蘇州還有「養在深閨人不識」的世外桃源不成，這說來話長了。

其實，天池山早在一千六百多年前的東晉時代就開發了，當時的高僧支道林相中了這兒山青水秀，認為是福天洞地，在山中結廬二十餘年遂使天池山之名傳矣。元代時，天池山香火已很盛了。清代的康熙、乾隆也都先後登過天池山的蓮花峰，可見天池山並非無名之山，只是到太平天國時被破壞殆盡，從此一蹶不振，天池山漸漸荒敗下去，漸漸在人們的記憶中消失了。

可能由於蘇州大名頭的景點太多，加之進天池山的路又未築好，遊人也就舍難就便，蜂湧而至虎丘、木瀆、天平山了，天池山成了個被遺忘的風景區。

常言道，有一利必有一弊，反之，有一弊也往往有一利。天池山被冷落了一百多年，這是天池山的不幸，但未必不是天池山的幸事，因為遊人罕至，天池山幾乎無廢氣廢水廢物這三大污染，水是純清的，那山泉堪稱正宗礦泉水，泡一杯新茶，那味又純又醇，與城裡的自來水純淨水不可相提並論。天池山的空氣是清新的，負離子成份遠遠高於繁華的都市，呼吸著那清崐新的空氣，精神為之一振，「偷得浮生半日閒」，在此小坐小憩，實在是優哉遊哉。這兒絕無噪音，除了淙淙的泉流聲，就是夏蟬的鳴叫聲，與山鳥的啼唱聲。南朝時王籍《入若耶溪詩》有「蟬噪林逾靜，鳥鳴山更幽」，就是這種寫照，就是這種意境。古人還有「靜能養心，儉能養廉」的說法，如果能在天池山這幽靜的山水間住上一段時間，實在是養心養廉兩相宜。

有道是石使山雄，雲使山動，泉使山靜，樹使山秀，竹使山幽，寺使山靈，小小的天池山把這幾樣佔全了。更妙的是，這雄這動這靜這秀這幽這靈全藏在天池山群峰環抱之中，如果不入山中，山下望山，山外觀山，則一無所見，一無所得。某些現代女性的審美似乎越來越偏向露，露出熱情奔放，露出青春氣息，也露出淺薄。如果按照中國人傳統的審美情趣，則講究一個藏字，山水尤其宜藏而不宜露，而天池山之勝正在於藏。車至山門，感受的是「猶抱琵琶半遮面」的意境，那景色欲露又藏，欲藏又露，撩撥著遊人的遊興。拾階而上，溪水相伴，花木相隨，過石人石馬，至山中之池，方覺漸入佳境。比之新疆的天池，長白山的天池，這兒也許不值得炫耀，但水清水碧，一池如鏡，是吳儂軟語中的小橋流水式的天池，自有其獨到的韻味。加上池中的靈龜石，山坡上的靈蛇石、金蟾石，以及巨無霸似的四四方突兀於山頂的官印石，附會若許神話傳說，山也就生動起來，底蘊也厚實起來，遊人的興趣也就高漲了起來。

天池山的最高峰是蓮花峰，那蓮花峰其實是峰頂的一塊如蓮花狀的巨石，就像飛來石一樣，你不能不感歎大自然的造化，感歎神工鬼斧下的魅力。世間最美的花是將開未開，含苞待放之時，就像面對一位風情萬種的妙齡少女。天池山的蓮花石正是如此，若是有嵐有霧的清晨或黃昏，雲霧中的石蓮花若隱若現，更是美不勝收。

我最感奇妙的是蓮花峰半腰有一光滑的斜坡巨石，此巨石的中間有一浴盆大小的凹坑，流下的山泉正好積於坑內，此坑被命名為缽盂泉。站在缽盂泉邊，我真想說一聲：「大自然神奇的創造力，我算服了。」

據介紹，天池山的鎮山之寶是建於元代的寂鑑寺，距今有六百多年歷史。它的價值在於這座石殿乃江蘇省仿木石結構建築之孤品。此寺依山而建，全為石料，卻仿用了木榫相接的技術，反映了元代匠人高超的建築技藝。

寂鑑寺，顧名思義是寂寞的鏡子，大概天池如鏡，僧人有感於天池太寂寥而起了此名吧。但我相信，寂鑑寺不會再寂寞下去了，有這樣的好山好景還怕遊人不至，香客不來嗎？

寫到這裡，不能不提及現任天池山風景管理所所長閔大寶，一九七九年時，他受命上山，五千元起家，經過二十年的風風雨雨終於把一個荒敗的歷史名山恢復了起來，還了它本來面目，漸漸被人讚譽為「江南小黃山」。

古語云「酒香不怕巷子深」自然有幾分道理，但天池山自毀敗後已寂寥了一百多年，像隱士般隱了一百多年，是該到了露臉的時候了。可能宣傳上還遠遠不夠，天池山之名與它的景一樣依然藏著，殊為可惜。我覺得，天池山是不會使遊客失望的，尤其是文化層次較高的遊客。

緣識蟠螭山

我們一行是去蘇州光福尋訪明末清初大詩人吳梅村墓的。我曾說過，最好是梅雨季節，在淅淅瀝瀝的雨幕中，沐雨而行，濕腳而尋，那才外景與內心相吻合。老天似乎有三分理解，雖無細雨相惠，卻也隱了烈日，漫上雲來，風驅暑熱，以助尋訪。

車子在路盡頭停下，所謂路盡頭，已到太湖邊、山腳下，順階而下，湖水淼淼，沿磴而上，林木青青。說來不怕笑話，步入山中，尚不知此山何名，此山何景。

山不高，路也不險，夾道有樹，有竹，有果，果欲紅欲紫，伸手可摘，想來是個人跡稀稀之地。山巔一寺，隱於樹林竹海中，雖然寂寞，倒也清靜，像這等超塵絕俗的方外之地，應該算是清修學道之福地吧。

到了寺前，方知此山乃蟠螭山，此寺乃永慧寺，山名頗古樸，寺名透禪意。寺門門楣處有「石壁精舍」四字，尋石壁訪石壁，不期此處即是吳梅村歸葬處的石壁，真是有意尋之無覓處，無意相逢天助也。我們雖為誤撞，實為有緣。

此山究竟蟠螭兮？石壁兮？

原來一山兩名，各有出典。

先說蟠螭之名——此山雖無峻峰挺拔，倒也如龍之盤曲，其勢不凡，故名之為蟠螭山。再說石壁之名——此廟因地制宜，在山巔僅有的三畝多山石上建寺，寺後有翠屏百仞，正好成了寺廟之天然圍牆。而這成了寺廟一部分的石壁，又吸引了文人騷客題詞題詩，鐫石刻壁。石壁之石刻更留住了不少香客遊人的腳步，久而久之，石壁之名甚至蓋過了蟠螭之名，也算佳話一段。

據僧人介紹，此寺的歷史可追溯至梁朝年間。遙想一千五百多年前那叫慧海的僧人不知是否因石壁而相中此，面壁參禪，聽濤頌經，枕石而眠，依樹而居，餓食野果，渴飲山泉，遂聚靈氣，遂聚人氣。

只是幾度朝更朝迭，寺廟也或興或衰，直到明嘉靖年間憨山大師雲遊到此，結茅講經，方重旺香火。

據僧人講此寺有三寶，即石壁石刻、石壁石楠與金鑲玉竹。連雲港雲臺山有野生的原生態一大片，現已移植，算不得多稀罕了；那石楠倒有幾分奇特之處，那根深扎山壁之中，攀壁而上，樹身與石壁已難分難解，樹根與樹幹更難分難辨，唯見幾曲而上，狀如青虯。僧人介紹說此石楠元代時即有，如果此說不虛的話，當有七百年樹齡了，生於寺廟，長於寺廟，歷盡滄桑，閱盡興衰，該得道成精了吧。僧人俗稱此樹為「睡龍」，其實，稱其為「蟠龍」或「螭龍」更有意思，山名與樹名合一，不更名實相符嗎!?

作為寺廟，就其規模，就其人氣，永慧禪寺稱其為小廟，大概不算褻瀆吧，但因有了石壁石刻，小廟的身價就此大不一樣，這人文景觀確乎是無形資產啊。

我仔細看了石刻，以晚清與民國的為主，一般遊客能略知一二的唯章炳麟等少數幾個，像李根源恐怕知道的已不多了，但他倒是朱德元帥的老師，晚年隱居蘇州郊區，是吳中文物保護的功臣。

除開這三寶，廟門裡側的兩棵雌雄銀杏比肩而立，其中一株綴滿了銀杏果，結果如此之多之密，不知是否得了天地之靈氣，或者是否因了山與水雙重滋潤的緣故。僧人說這兩棵銀杏有五百年樹齡，卻依然鬱鬱蒼蒼，碧翠一派。銀杏樹又稱公孫樹，此樹，寺廟獨多，皆為僧人與信徒所種，由此可見信仰之力量。我曾寫過一篇雜文，現在的領導能種夾竹桃，能有耐心等來年看花的已算沉得住氣了；不少「冒號」只想種月季花，最好當年栽種當年見花，還要月月見花方能滿意。比之種銀杏的僧人，說聲信仰危機，大概不為過吧。

下山途中，我們發現了著名畫僧虛谷上人的墓，與太倉畫家閔文彬的老師江寒汀的墓，算是意外收穫。虛谷的墓石上爬滿了扶芳藤，江寒汀的墓上芳草淒淒，同行的吳塵、吳駿為書畫家，祭拜極為虔誠。我與繼山兄也久慕虛谷之名，於是也作揖以拜，略表後學之敬意。

這兒依山面水，長眠於此，有晨鐘暮鼓相伴，有梅香鳥鳴相伴，還有什麼不滿足呢。

放下欲望之念，懷揣散淡之心，來這兒走走、看看，與僧人聊聊天，說說古，喝一杯清茶，吃一頓素餐，望一望太湖，聽一聽鳥鳴，那感覺一定優哉遊哉，必能帶個好心情回去。想穿了，人世間還有什麼比天天有個好心情更令人健康、長壽呢。

有緣寒山寺

寒山寺名聲大矣。大得我不敢輕易走近。

太倉、蘇州近在咫尺，蘇州之名勝古蹟幾乎遊遍，獨有寒山寺每每與我擦肩而過。我想我與寒山寺的緣份大概還未到吧。

何日一遊寒山寺成了我多年的夙願。

緣份終於到了——《江海僑聲》編輯部假楓橋賓館召開組稿會，正好蘇州宗教局的筆桿子郁永龍先生也來參加組稿會，郁先生是當方土地，於是去寒山寺變得輕車熟路。

寒山寺的出名，大概一大半功勞當歸唐代詩人張繼的《楓橋夜泊》：「月落烏啼霜滿天，江楓漁火對愁眠，姑蘇城外寒山寺，夜半鐘聲到客船。」這首詩我從小就會背誦，記得小時候還把「月落烏啼」誤認為是「月落烏啼」呢。

我曾遊過不少名山，聽說過「天下名山僧佔多」，我也進過不少寺廟，我發現文人與寺廟的關係向來微妙，文字與寺廟的結緣也比比皆是。遠的不說，蘇州邊上的常熟市，有個興福寺，原名破山寺，唐代詩人常建的一首《題破山寺後禪院》也頗有名，特別是「曲徑通幽處，禪房花木深「一聯，可說是膾炙人口。只是常建詩名不如張繼，詩也不如張繼的《楓橋夜泊》通俗易懂，朗朗上口，故同是為寺廟題詩，影響大不一樣。我甚至認為：張繼的《楓橋夜泊》堪稱詩歌與寺廟結緣中的第一詩。

一首詩活了一座寺廟，一首詩火了一座寺廟，這在古今中外都是不多見的。

我想在大部分遊客眼裡，寒山寺最重要的恐怕不是大雄寶殿，不是十八羅漢，不是藏經樓，也不是碑刻，他們是衝著寒山寺的鐘聲來的，那遠去的歷史，因了悠揚的鐘聲，彷彿通過時間隧道，使遊人看到了詩人張繼泊船楓橋下，碾轉難眠，愁懷滿腹，忽聞寺中的夜半鐘聲聲傳來的那情那景。

是的，是寒山寺的鐘聲誘惑了一薦又一薦的遊人。是的，我也是來聆聽寒山寺的鐘聲的，或者說我更想親手撞一撞寒山寺的古鐘。聽說每年的除夕夜，有上百上千的各地遊客紛紛趕來這裡撞響辭舊迎新的鐘聲，而其中有不少是專程從一衣帶水的日本趕來的海外遊客呢。

於是，我們一進寺門，逕直去了鐘樓，所謂先睹為快，先撞為快。

因鐘樓不大，為保護古文物，是限止遊客人數去登樓撞鐘的。

我注意到鐘樓的門口有一對聯曰「鐘聲明慧眼」「月色照禪心」，我想起有首流行歌曲中有「請給我一雙慧眼」的歌詞，看來佛家與塵世都希冀有一雙慧眼。

為了明一明我這尋找中的慧眼，這寒山寺的鐘聲我是非撞不可了。

曾從報上報導知道，除夕鐘聲是一百零八響，每人撞一下，撞者消災祈福，大吉大利。這平時呢，每人可撞三下。我運足力氣，用懸在空中的撞木，重重地撞了三下，鐘聲是不是明瞭我的慧眼，要日後才知，不過我心裡確乎有一種我終於親手撞響了寒山寺鐘聲的愉悅，似乎像了卻了一樁心願，舒坦遍溢全身。

出得寺門，我想起《楓橋夜泊》，有座楓橋才對。寺門外果然有座石拱橋，一看乃江村橋，再一問，穿過前面的小巷即楓橋。在我看來，到寒山寺不看楓橋，就等於到了南京夫子廟而未去秦淮河，就等到了杭州的西湖未去斷橋，都是十二分遺憾的事。

我顧不上瞥一眼那古色古香的小街，急欲走近楓橋，走進楓橋詩意，去感受、體會一下唐人的詩意。

不期眼前竟是鐵嶺關。鐵嶺關是明代抗倭時的城防建築，高高的城牆佈滿了爬山虎，愈發顯出了一種歷史的滄桑感。

出鐵嶺關外就是楓橋，如虹的石拱橋處有「楓橋夜泊處」字樣，那一灣碧水中，泊著數只仿古遊船，想來是供遊人拍照的，只是不知是否有遊人夜宿此船，泊於橋下，夜半聽鍾，做回唐人？

鐵嶺關屬於金戈鐵馬，大江東去式的，楓橋夜泊屬於小橋流水，詩情畫意式的，卻有機地結合了起來。站在鐵嶺關口俯看楓橋，俯看楓橋夜泊處，我不由得想起鐵嶺關的半句門聯：「詩裡楓橋獨有名」，是的，楓橋因詩而名，因詩而存。記得以前曾在書刊上，見到爭論文章，一說「江楓漁火對愁眠」為在朦朦朧朧的夜色中，江邊的楓楊樹隱隱約約，望之似見非見，所以稱之為「江楓」；一說「江」乃江村橋，「楓」乃楓橋。我想這兩種詮釋都言之有理，持之有故。又都難以證實。而詩終究是詩，又何必一定要考證得分毫不差呢？遊人來此，無非是領略感受一下張繼筆下的詩意美，不是來考古的。

離開寒山寺時，已近黃昏，卻遠未到月落時分。寒山寺雖古樹崢嶸，但烏鵲啼鳴恐怕早已不聞。夜半鐘聲是否依然有，因一時疏忽忘了問，只能存疑，這是不無遺憾的。

我曾經也是寫詩的，依我看，這篇《楓橋夜泊》，最富神韻的是「夜半鐘聲到客船」這一句。如果有機會，我真起在除夕夜來聆聽一下鐘聲，寫一寫夜半聽鐘的感受。

寒山寺方丈書齋見聞

姑蘇城外寒山寺因詩人墨客之吟頌，因善男信女之朝拜，名播海內外，吸引了無數遊人、香客前往遊覽、進香。

寒山寺的鐘聲堪稱寺廟一絕，不能不撞，不能不聽。撞罷鍾，蘇州宗教局的郁永龍先生領我們進了方丈書齋，這兒對外不開放，只接待貴賓與海外客人。

寒山寺的方丈法號性空，是中國佛教協會理事、江蘇佛教協會副會長，今年已七十六歲高齡，在佛教界可算是德高望重。儘管性空方丈年事已高，卻精神得很，正在懸腕作書。原來性空方丈還是書法家呢，且是正宗的中國書法家協會會員。

我環顧了一下這間方丈書齋，可說書香滿屋，墨香撲鼻。但見上懸「五峰古方丈」匾，乃俞樾所書，牆壁掛滿了書畫作品，有「達摩渡江圖」、有「墨竹圖」、有「荷塘清趣圖」；書法作品有「萬古清風」、「日日是好日」、「思無邪」、「法喜充滿」、「共結來緣」、最多的是「忍」與「佛」這兩個字，其中像「靜中方知妙」，既有佛家的禪機，也宜塵世中人品悟。

正這時，有幾位日本遊客來訪，其中一位對性空方丈的書法大加讚賞，提出欲覓一墨寶。翻譯告知八百元一幅。那位日本遊客當即雙手呈上名片，乃仲村威先生，性空方丈略一思索，即提筆寫下了「大野村色濃」五個字，並附一行小字「仲村威先生聽鍾紀念」，落款是「丙子之秋，寒山寺性空」。

性空方丈書寫時，日本遊客的照相機「嚓嚓嚓嚓」響個不停，仲村威先生還特地站在性空方丈身邊照了一張呢，似乎想沾沾佛家的仙氣。

顯然仲村威先生對性空方丈的墨寶很滿意，他摸出一疊錢，數也沒數就扔進了隨喜的箱子。據說，寒山寺在日本和知名度相當高，仲村威先生把這幅書法帶回日本掛在家中，除了書法的欣賞價值，恐怕還有其他的價值。

送走了仲村威等幾位日本遊客後，性空方丈就與我們交談了起來。性空方丈知我們都是各地文化人，就談興甚濃地與我們說開了。性空方丈說佛教文化屬於群眾文化，有這麼強的生命力，是值得研究的。我想起了黑格爾的著名哲學命題：「凡存在的就是合理的」。佛教何以生生不息，恐怕不能僅用唯心主義或唯物主義來簡單劃分。

性空方丈曾三次應邀去日本，兩次應邀去韓國，在與各國佛教界高僧的交流切磋中，他深感我國佛教的老化。一是佛教隊伍的老化，二是佛教研究的老化。

寒山寺如今是旅遊名勝，香火旺盛。性空方丈也早過了古稀之年，但他卻透過香客的煙霧，敏銳地感覺到了我國宗教致命的老化問題，有著一種落後感、危機感。他還引用江總書記的話「民族宗教無小事。」

性空方丈的愛國之心，敬業精神，令人油然而生敬意。

寒山寺的鐘聲遠去了，寒山寺性空方丈的一席話長久長久地撞擊著我的心扉。

寒山思索

如果誰在街上抽樣調查，或者網上發帖詢問：寒山在何處？寒山為何山？我猜測十有八九被問者會茫然不知所答，即便有人答之，估計多數人與正確答案相去甚遠。

原因何在？

實在是今日之寒山，早已湮沒在歷史的記憶之中，淹沒在灌木雜草之中了。然而，在晚明與清代，寒山卻是一座名山，一座文化人嚮往的名山，連乾隆皇帝也對寒山情有獨鍾，六下江南，六次駕臨，留下御詩碑，留下千古佳話。

那麼寒山在何地，何以名之為寒山呢？

其實，寒山在山清水秀的天堂之地蘇州，確切地說乃蘇州西部花山的一脈山嶺。吳儂軟語之鄉，稱之為軟山溫水，怎麼弄出個寒山來，給人荒涼、寂寞、苦寒之感。有人以為寒山與寒山寺有關，或與寒山、拾得和尚有關，其實，寒山是因水取名，或者說先有寒泉，再有寒山。通俗地講，此山非寒冷之山，乃有寒泉之山也。

寒山之所以引起我興趣，不僅僅是寒山的景色、寒山的文化，還因了寒山的主人趙宧光。

不瞭解的人都會誤讀為趙宦光，實在是宧與宦僅一筆之差，不易辨識，而兩個字意思則風馬牛不相及，「宧」在古代稱屋子的東北角；「宦」是指宦官。

趙宧光何許人？

趙宧光江蘇太倉人也！

一查太倉地方誌，名頭大著呢——原來他是宋王室之後裔。據史志記載：趙宧光乃宋太宗趙炅第八子元儼的後代。金兵入侵時，宋王室乘船南逃，在長江入海口的今太倉璜涇鎮登岸，由於有王妃在逃難途中又驚又怕病倒了，只得派一將軍帶部分衛士保護王妃及她的孩子，而滯留於太倉，後王妃病逝，就地葬於太倉，宋王室一脈也就留在了太倉。

或許趙宧光父親因了王室血脈，因了宋氏王朝的興衰，對世事看得更透，他生前偏好寄情於山水之間、藝術之間，彌留之際留下葬我於「謝家青山」的遺言。此遺言有如偈語，然而竟被他小兒子趙宧光參透，理解為「謝別祖宅家小，葬於青山之中」。最後，趙宧光幾經尋覓，在蘇州西部的花山余脈，相中了一座山青水秀的小山，並認定此乃其父到過，並心有所屬的歸葬之地。

如今的太倉，雖屬蘇州轄區，但畢竟相距一百多里，在四百多年前的明代萬曆年間，沒有公路，沒有汽車，跑一趟，得乘小船、坐轎子，柱杖徒步，沒個三天五天，休想來回。在世俗人眼裡，葬父於蘇州西部荒山之中，多少有反認他鄉為故鄉之嫌，不孝之說也就自然而然。

趙宧光經五年堅持五年努力，以誠感人，終於說服家人，進山葬父，終於感動山民，賣山於他。他這一去，竟三十年不出山，最終以寒山為家，與寒山為伴，自號寒山子，終其一生於寒山。

可以想像，四百多年前的寒山，定然古木森森，鳥獸多多，野竹遍坡，雜草叢生，雖則野趣無限，終究荒僻冷落，然這兒卻是一方自由之土，一方精神淨土，可以尋覓靈感，激發靈性，可以靜心參禪，安心讀書，更可以無拘無束地藝術創作，自由自地在充分發揮。於是乎，趙宧光在妻子陸卿子的夫唱妻隨下，勘踏了寒山的每一峰每一嶺，每一泉每一石，每一溝每一壑，每一木每一樹，春景冬景，朝霞晚霞，爛熟於胸，感慨於心，對景當歌，面景賦詩，或畫或吟，有雋永之作，有精緻之題，即在其石其峰，鐫之刻之。有小篆、有隸書、有楷書、有行草，隨心所欲，不拘一格。更難得的是，趙宧光得天地之靈氣，集古今之大成，自創了草篆一路，融篆書與隸書為一爐，即古樸滄桑，又靈動多姿。趙宧光積一生的心血，留下了《說文長箋》、《六書長箋》等書論專著，在晚明的文化史上，自成一峰。趙宧光婦夫不急功近利，不好高騖遠，不急不燥，不溫不火，樂在其中，樂此不疲，經三十年，整整三十年啊，把原本寂寂無名的一座荒山、野山，命名為寒山，開發為名山，留下了一處又一處摩崖石刻，留下了一個又一個歷史典故。

於是，趙宧光成就了寒山，寒山烙印了趙宧光，寒山與趙宧光再也分不開了。山以名人傳，名人因山存，此話確乎不假。

有人認為趙宧光是隱士，其實更確切地說趙宧光堪稱高士。歷史上不少所謂的隱士其實是假隱士、偽隱士，隱為表像，隱為作秀，或沽名釣譽而已，或意在引起社會、朝庭注意，以便終南捷徑，達到更快地出將入相的目的，比之趙宧光的真隱、大隱，趙宧光的人品、文格也就更光彩照人，讓人敬仰了。難怪在晚明時國朝畫苑領袖王時敏等不少大腕級的文化名流都甘心情願在山路上顛簸一天半天的，進山去以文會友，切磋交流；誠心拜師者則更多，成一時美談。

趙宧光是太倉人，趙宧光的成就無疑是太倉人的驕傲，但趙宧光進了寒山後，他就不僅僅是太倉人，也不僅僅是蘇州人了，他成了江南文化的符號，成了一代大家，於是有了今天說不完的話題。

蘇州高新區的作家徐卓人可以稱為趙宧光的超級粉絲，她為瞭解讀寒山，解讀趙宧光，與她那一撥志同道合的朋友竟多次冒險進山，探訪趙宧光遺跡。與古籍對照，借文獻索驥，拍照、記錄、拍照，終於寫出了《趙宧光傳》這部有價值的傳記體小說。

正是這本《趙宧光傳》的關係，太倉電視臺專題部的記者與太倉的幾位文化人也來到了寒山，欲走進寒山，走近趙宧光，以慰思賢之心，以表仰慕之情。

奇怪的是進山時天氣還是好好的，進山不久，就淅淅瀝瀝下起雨來了，且越下越大，無休無止，這原本是極煞風景的事，但經徐卓人一解釋，眾人竟無不釋然。原來，徐卓人等幾乎每次進寒山，或大或小都有雨，她解釋為天人感應，解釋為趙宧光感動了，感動得掉淚。如今家鄉的人來探望他了，他豈不更感動，於是雨水也就更大了。既然如此，那就沐雨而行吧，再說山裡避也無處避，索性雨中尋訪，也別有情趣。

令我們欣喜萬分的是我們在一處山岩上，發現了字跡斑駁漫漶的一塊石刻，依稀可辨出：「太倉趙氏家山？祠，萬曆已未」等字樣，可惜有一字實在認識不出，只得存疑。另外，我們還發現了「寒山」兩字石刻，最讓我們感慨地是在法螺寺後見到了乾隆皇帝的御詩碑，此碑高達近四米，比目前所知道的現存杭州謂之最高的御詩碑還要高，只是雨下得太大，眼睛早被雨水模糊了，沒能讀清碑上的文字與詩句。

因為我們一個個全濕透了，山風一起，寒意襲人，穿得單薄的有點受不了，加之還有多位女同志，雖有熱情，最終還是決定留待下次再來。

說起來，這次進山，沒有來得及去拍趙宧光墓與他父親含元公的墓等，但收穫還是不小，除了感悟、瞭解、認識趙宧光作為積極隱逸文化的第一人，我國生態文化的倡導者、保護者外，還有諸多意外收穫。

收穫之一是我們見識了寒山的山石貌，我恍然明白明末清初大畫家王時敏筆下的山水藍本源出於此。早先，有人詬病「四王畫」程序化，說他們不寫生，不看真山真水，只在書齋裡閉門造車，所畫山石假而又假，當我們親眼目睹了寒山山石貌後，方知世間真有如此山如此石，王時敏當年來過寒山，必觀察過，寫生過，他胸中有了真山真水，有了活山活水，才有了他筆下與他眾不同的山石皴法、山水畫風。

收穫之二是在山石上看到了古代石刻文字，如在一塊狀如巨型石龜的山石上，見到了「賜石龜保谷姓風水不許採鑿」，估計這是清代刻的，雖為保風水，但客觀上卻是保護了山嶺的自然風貌，保護了寒山的生態環境。

收穫之三，發現寒山上有不少野玫瑰花、野薔薇花、金銀花，這些既是山花野花，又是天然中藥材啊。還有千年地衣，遇水而綠，遇水而長，野生狀態，自然狀態，此乃植物中之化石，彌足珍貴。

收穫之四，一路采風，瞭解到此山有烏飯樹，此樹之葉子打的汁，拌在飯裡，飯呈黑色，口感卻清香爽口，據說能怯病健身，係寒山特產之一。

收穫之五，發現了寒山的人文價值、自然價值，真正理解了什麼叫「天人合一」，什麼叫人與自然的和諧。或者說對寒山的開發價值、旅遊價值有了更深層次的認知。。

收穫之六，知道了蘇州的有識之士，包括某些有識見的領導，已注意到了寒山與趙宧光的價值，正在關注寒山，研究趙宧光，趙宧光的人文價值正在被重新認識。

然而也不無遺憾。遺憾有六：

遺憾之一，在寒山時，發現有多位村姑在挖掘黃竹之筍，買給當地飯店或遊客。此乃破壞生態之行為，應該勸阻，至少應有組織有計劃地採挖。

遺憾之二，聽說近年時有不法分子開了車到寒山挖掘山石，以作園林或私宅的小品之石。長此以往，寒山韻味將因山石之減少而減少，應立馬制止。

遺憾之三，寒山的歸屬問題至今尚未解決，一山有幾個「婆婆」管著，反不利有效保護、開發。

遺憾之四，私建法螺寺，該寺整體佈局不夠科學合理，破壞了寒山的原生態整體美。更有寺廟的生活垃圾，造成污染。

遺憾之五，整體開發尚未列入有關部門的規劃中，如此名山，養在深閨人不識，可惜了大好資源。

遺憾之六，寒山，或者說趙宧光，宣傳很不夠，連蘇州的文化人，也很少有人聽說寒山與趙宧光，更不要說瞭解、宣傳了。

現借此文呼籲有關方面及早把寒山的開發列入規劃，整體設計，推出寒山，推出趙宧光。寒山完全可以成為蘇州的又一張文化名片。

蘇州諸山之最穹窿山

古人對蘇州山水的定評為「軟山溫水」。實在是因為江南沒有崇山峻嶺。蘇州的所謂山通常只有一兩百米高，其中名聲最大的是靈岩山、天平山，其次是東山、西山、天池山、上方山、花山等，說實在，很少有人知道蘇州還有座穹窿山，更少有人知道其實穹窿山是蘇州諸山中的第一山——穹窿山高三百四十二米。這個高度與莽莽蒼蒼的十萬大山相比，簡直算不了山，但在蘇州，在江南，有如此幽深的山塢，有如此茂密的次天然森林，有如此綠如海洋的竹林，無論如何也是值得驕傲了。更值得一書的是穹窿山有著深厚的歷史積澱與文化底蘊，在它的一峰一巒，一谷一澗之中都能尋覓到人文景觀的遺跡。

我最早知道穹窿山是研究鄭和下西洋的資料時，有一則史料記載：建文帝朱允炆逃出南京後，一度隱居在蘇州穹窿山。還有一則史料則與我家鄉太倉的一個文化名人有關，據太倉地方誌記載：明代時太倉的古琴大家徐上瀛晚年即隱居於蘇州穹窿山。

由於我瞭解的穹窿山都與隱居有關，穹窿山在我心目中就成了一座神秘之山，對我產生了相當的誘惑力。我一直想去探訪一下穹窿山，以了卻我的心願。

始建於兩千年前的上真觀

金秋十月，我終於有機會去了一趟穹窿山。

作為吳山之冠，穹窿山確乎有點氣勢了，站在峰頂，四望皆峰皆巒，排青疊翠，滿眼黛色。山中古樹崢嶸，修竹成片，灌木叢生，雜草叢生，有山味有野趣。站在山巔，可俯視田疇，可欣賞山景，可遙望太湖，真所謂湖光山色，盡收眼底。

山之巔建有上真觀，據碑石介紹建自漢平帝初年，推算下來，已有兩千零二年時間了。因為相傳穹窿山是道家煉丹之地，後來也就成了道家的道教勝地。有位八十高齡的老道丈告訴我們：此處最興旺時，大小道觀號稱五千零四十八間，真難以想像當年之盛景。上真觀供奉的是三茅真君，是道教茅山派的祖師。這兒的道觀在歷史的變遷中幾興幾衰，至文革時已幾乎被摧毀殆盡，目前的建築，都是近年恢復的，但建築雖新，老樹猶存。有一棵樹齡為兩百四十年的白玉蘭，乃乾隆下江南時親栽，此樹老態桑滄，造型古樸，可惜未能好好保護，屈居石階之旁之下，未能充分展示這古白玉蘭的雄姿與價值。另外還有幾棵槐樹也歷盡風霜，極有韻味，特別是一棵百年樸樹，其根裸露於地，似三足鼎之狀，且中空似巨龍之爪，遺憾的是有一箇陋的石門在側，既不利其生長，又不便攝影，從旅遊角度觀之，似欠考慮。

在左手側的一山峰上，有望湖亭，是眺望太湖的絕佳處。亭中有御碑，所刻乃乾隆下江南時之詩，即一七八四年所書。詩曰：「震澤天連水，洞庭西複東。雙眸望無盡，諸慮對宜空。三萬六千頃，春風秋月中。五車稟精氣，誰詔陸龜蒙？」

乾隆真是個玩家，幾下江南，名山名景幾乎讓他跑遍了，跑到哪，詩題到哪。可惜真正能傳世的詩作不多，這可能是他提御筆時沒有料想到的。

宋代韓世忠部將所建的寧邦寺

穹窿山除了上真觀外，還有寧邦寺。寧邦寺目前的規模不大，不過寺內寺外有幾株古樹不可不看。寺門前一左一右有雌雄兩株古銀杏，一株六百二十年，一株九百八十年，那株近千年的古銀杏樹幹粗壯須數人合抱，且枝繁葉茂，真正的參天大樹。寺內還有一棵金桂，兩百多年樹齡，另一棵兩叉枝的古黃楊樹，掛牌六百年樹齡，但寺內一位管理人員告之：其實至少有千年以上。這使我想起了我家鄉太倉南園的一棵古黃揚，比這棵樹幹要粗得多，園林專家鑒定為華東地區古黃楊之最，為六百多年樹齡，我不知該相信誰好。

過寧邦寺再往前走，有百丈泉，為吳中名泉，據說此泉終年不枯，只可惜未能好好保護，其泉積滿的枯枝殘葉，已難以飲用了。

穿過曲曲折折的山路，可見一處斷牆殘桓處，一派荒廢景象，唯數處石刻透露出這兒昔年的熱鬧。我注意到有于右任民國十七年題寫的「韓蘄王玩月臺」，相傳韓世忠隱居於此，而寧邦古寺相傳也是韓世忠部將隱此學禪所建。其他石刻有「石隱」、「蓮臺」、「彼岸」等，有一塊題為「菩提石」的，另有一行字為「石如法師坐禪處」，乃國民黨元老李根源所書。

應該說，寧邦古寺四周的植物是穹窿山保護得最好的，這裡有白櫟、麻櫟、櫸樹、柏樹等，不少都有兩三百年以上的樹齡。

這兒共有三十七個種群植物，兩百多種植物，比較名貴的有紫楠、苦楮、椴木、青檀、牛鼻栓樹等，中藥材有黨參、靈芝、南沙參等。還有不少叫不出名的樹種，構成了一個植物的海洋。據當地人介紹：山上不但有眾多鳥類，還有狐、獾、刺蝟等小動物，還有一種較為罕見的獐，可惜我們無緣見到。

品牌景點：孫武隱居處

穹窿山沉寂六七十年後，再度引起世人注目，引起遊客興趣，不是那些古樹大樹，而是因了一位大軍事家孫武。

孫武乃春秋時的著名軍事家，所著《孫子兵法》，為中國古代傑出的兵書。據說如今海外不少儒商都把《孫子兵法》奉為商戰必讀聖書。

據孫武研究會的考證，孫武當年也是隱居於穹窿山的，經研究會的一撥有識之士的呼籲、奔走，終於在茅蓬塢建成了孫武苑，把孫武作為穹窿山的品牌打了出去，並且還真打響了。

到孫武苑，有幾處可拍照留念的，如「兵法聖地」石碑、「孫武子隱居處」石碑等，還有就是兵聖堂前的孫武青銅塑像，以及《孫子兵法十三篇》碑廊，用中、英、日等三國文字書寫、刻碑，均為名家手筆，值得一看。

不過真正引起我注意的是那沿路的單字石刻，我觀察到的就有「計」、「智」、「算」、「將」，以及「以奇勝」等，這些石刻都選擇山路邊天然山石刻之，看似隨意，其實匠心獨運，是一個有創意的點子，給我留下的印象極深。

漢朱買臣讀書臺遺跡

寫穹窿山不寫朱買臣肯定是不行的。

關於朱買臣，史書記載乃西漢吳縣（今江蘇蘇州人），漢武帝時為會稽太守，與橫海將軍韓說等擊破東越首領的叛亂。但這些後人知之不多，倒是戲曲中的「馬前潑水」一折，把朱買臣的名頭打得響響的，以致不少人都聽說過朱買臣這名字，這大概就是戲曲與口口相傳的力量了。

在孫武苑的必經山路上，有一塊呈長方形的巨石，石之橫身刻有「朱買臣讀書臺」幾個大家，如果爬到石頭上，還能見到「漢會稽太守朱公讀書之處，正德己巳都穆題」，為明代的遺跡，一路過去，此處不少石磴山路與石橋，若細辨之，其中不少條石雕鑿精細，顯然是歷史建築的孑遺，只是不知是哪些古建築上拆下的，或許與紀念朱買臣的建築不無關係吧。

平心而論，穹窿山比之黃山，比之峨眉山，比之泰山，華山是比不上的，但作為一座江南之山，無論怎麼說都算得上是一座名山。離上海、蘇州等大城市近，山又不高，路又好走，爬之不累，有景可觀，有史可考，自然景觀與人文景觀相得益彰，委實是個休閒遊覽的好去處。更誘人的是對穹窿山知之者還少，遊人不多，顯得格外清靜，若攜三兩好友篤篤悠悠地一路尋訪一路遊，那種情趣與游黃山、泰山必然不同，也就味在其中。

我給穹窿山概括為：幽、秀、清、古。

靈山大佛，神州之最

近年，無錫的靈山大佛名氣響矣，據說大佛淨高八十八米，乃神州之最。更兼德高望重的中國佛教協會會長趙朴初老先生又提出了「五方五佛」的理論，把靈山大佛與山西大同的雲岡大佛、河南洛陽的龍門大佛、四川樂山的樂山大佛、香港大嶼山的天壇大佛並稱為神州五方五佛，這更使大佛身價百倍，吸引了海內外無數善男信女前去朝拜，以致使靈山大佛成了華東地區新的旅遊熱點。

靈山大佛位於無錫馬山秦履峰南側的小靈山地區，而這小靈山又是唐宋時名剎祥符禪寺的舊址。據史書記載：大唐貞觀年間馬跡山邑人，右將軍抗惲舍山建剎，唐玄奘以其地形酷似天竺聖地靈鷲峰，遂賜名小靈山，寺名小靈山寺，此後，道風遠播，名聞遐邇，四方緇素，近悅遠來。宋代，更名為祥符禪寺，成為江南名寺。朝興朝衰，祥符禪寺在歷史的滄桑中毀於戰亂與文革之亂，直至一九九四年四月，全國政協副主席趙朴初居士來無錫實地踏勘了祥符寺遺址，以此為契機，江蘇省政府批准，中國佛教協會同意保存古蹟，重修古寺，並在小靈山上建造八十八米高的靈山大佛。

靈山大佛由一九九四年十月奠基，一九九七年十一月十五日開光。歷時三年。如今，八十八米高的靈山大佛佛相莊嚴地靜立於太湖之中的神仙島馬山的祥雲瑞霧中。靈山大佛為銅鑄釋迦牟尼佛立像，佛體由一千五百六十塊青銅壁板拼裝焊接而成，重達七百餘頓，大佛立於蓮花座上，雙眉半彎，微帶笑意，慈顏善目，廣視眾生，其右手揚起，掌心向上，為「施無畏印」，代表除卻痛苦，其左手掌心向下，這「與願印」，代表給予快樂。據介紹，靈山大佛比聞名中外的樂山大佛要高出十七米之多，比美國紐約的自由女神像要高出近兩倍，因此，人未到小靈山，早已能遠遠望見大佛。來到大佛腳下，更自然而然感到大佛的莊嚴肅穆，至高至大，不少遊人來此都喜歡與大佛合影，以沾靈氣，以結佛緣。遊人最愛照的一張是站立於山腳臺階上，讓靈山大佛的左手在照片上正好放在遊人腦後，彷彿大佛在輕輕撫摸，柔柔祝福。但有的遊人不管怎麼站，大佛的左手就是與遊人的腦袋差那麼一截，難道是沒緣？其實，只要走近點，調整角度，這奇特的照片「咔嚓」一聲就完成了。

有興趣的遊客還可乘觀光電梯直上大佛的高臺，當你真正在大佛腳下，抬頭遠望，大有高不可攀之感，令人生出頂禮膜拜的念頭。最有意思的是到了這兒可以抱抱佛腳，俗話說「平時不燒香，急來抱佛腳」，看來這兒才是真正的抱佛腳處呢。大佛的一腳趾頭就夠遊人抱了。只是，來這裡的遊人多數是虔誠的佛門子弟，故都抱著結緣抱佛腳的心理來此，即便抱一抱佛腳，也只是拍照留念。站要大佛平臺，放眼四望，三萬六千頃太湖展現眼前，令人遙想起三千多年前周太王之子泰伯、仲雍兄弟由中原奔吳，來到無錫梅里，築城而號「勾吳」，開創了無錫的歷史。如今，無錫的經濟在全國名列前茅，有「小上海」之稱，此處真是名符其實的風水寶地啊。到了馬山，除了瞻仰靈山大佛外，還有幾樣瑞祥之物不能不看。一是半山處的古銀杏，相傳為小靈山剎修建時所植，已有千年高齡，此樹得天地之靈氣，故風雨千載，依然鬱鬱蒼蒼，數遭遇雷擊而神形不壞，老幹遒枝上長滿厥類植物，入秋，金燦燦黃葉滿眼，更兼滿掛白果，惹人喜愛，此樹主幹中空，相傳有巨蟒匿於其中，寺典有每歲中秋青蟒巡寺之說，更添遊人興致。

另外，半山腰還有一棵叫不出名的樹，此樹不知何年何人植之，不知因何緣居佛地，但見樹分三技，從根而分，幾乎一般高下，酷似三香，故謂之「三炷香」，在樹下拍照，靈山大佛正好隱於樹叉之中，乃一上佳景頭也。

當然，除此以外，靈山大佛腳下的「四個第一」，也是不能不看到的，這就是天下第一掌、江南第一鍾、萬年寶鼎與靈山大照壁。

天下第一掌在放生池前，此掌與大佛右手是一模一樣的複製品，高十一點七米，重十三噸，掌中有一巨大法輪，不少遊人愛在此處手摸法輪拍照留念，以致把那法輪摸得鋥光淨亮。

江南第一鍾亦即靈山大鍾，在祥符寺大雄寶殿外的鐘樓內，鐘樓外立有「江南第一鍾」的石碑，此鍾重達十二點八噸，高三點五米，下口最大直徑二點五米，如撞擊之，餘音能綿延三分鐘之久，正可謂餘音嫋嫋。據說此鐘聲乃吉祥之音，祝福之音。

萬年寶鼎在大佛腳下，是大佛的十分之一高度八點八米，重達十二噸，寶鼎三層頂蓋，雄偉氣派，造型之精良，世所罕見，實乃青銅寶鼎中的上品，謂其九州第一鼎，大概也非過譽吧。

靈山大照壁也是遊人流連忘返之處，此壁全長三十九點八米，有七米之高，係花崗石拼塊貼面而成，正面為「靈山勝會」，上有深浮雕佛像，神像上千尊，背面為「唐僧賜禪小靈山」主題浮雕，無論是上山時觀之，還是下山時觀之，都壯觀非凡。有人稱其為「華夏第一壁」，看來立論有據。

總面言之，靈山大佛的建成是我國自唐、宋以來最值得記載的一件佛界大事，靈山勝境的落成，無論從哪個角度講，都是值得記上一筆的勝事，有識之士認為靈山勝境仍佛、法、僧三寶彙集，天、地、人三才畢備，以大佛為中心，形成了一個新的佛國聖地，更重要的是由於趙朴初會長提出了神州五方五佛的理論觀後，不但提升了靈山大佛的崇高地位，也對盲目造佛提出了有力的制約，這種規範，對正常、合理建寺造佛是極為有利有益的。

趙朴初曾為靈山大佛題詩曰「太湖三萬六千頃，八功德水饒靈山，如來百福莊嚴相，無量光明照世間。」

妙哉善哉！

看恐龍，去常州

我第一次看到恐龍的骨架是在上海自然博物館裡，儘管二十多年過去了，至今記憶猶新，可惜只一條，看得不過癮。後來聽說，要想更多地瞭解恐龍，得去四川自貢，因為那兒是恐龍的故鄉之一。只是四川自貢畢竟遠了點，只好留點遺憾了。

沒想到近兩年傳出江蘇的常州開闢了一個中華恐龍園，且讚譽迭出，不少報刊也做了報導，把它譽為「華東旅遊線上一道亮麗的風景線」。但我一直持懷疑態度，因為常州又非恐龍故鄉，恐怕又是俗不可耐的人造景觀而已，所以儘管名氣不小，依然未能吸引我前往。

最近，獲了一個徵文獎，頒獎放在常州，並順便遊覽中華恐龍園，就這樣去了這座名聲在外的中華恐龍園。

這座恐龍園佔地面積四百五十畝，投資了兩點多億。二〇〇〇年九月二十日開園營業，一晃已三年多了。三年來，已接待了三百多萬遊客，其中包括接待了李嵐清、吳官正、錢其琛、費孝通、王兆國、楊汝岱、萬國權、經叔平、曾培炎等黨和國家領導人，以及海內外各界貴賓。

我在參觀遊覽中華恐龍園時，首先冒出這樣一個疑問：這恐龍園怎麼不放上海，不放北京，偏偏選中常州呢。這中間有何玄機？經瞭解，原來常州歷史上別稱「龍城」，雖說此龍非那龍，總是有點緣的吧。更重要的此專案還是常州市領導通過努力爭取來的。因一九九六年第四屆世界地質大會在北京召開，國家地質礦產部收到了相當數量的各國贈送的化石、礦石標本，極為珍貴。要妥善保護這些珍品，建博物館自然途徑之一。常州市領導捷足先登，以其誠心與實力，攬下了這個項目，成為贏家。

常州既是個有著兩千五百多年歷史的古城，又是個蘇錫常國家星火開發區中的重要城市之一，其財力當然不是西部地區與東北地區等可以相比的，但光靠金錢還不行，還得有新的理念，新的技術，新的特色，方能立於不敗之地。因為前幾年全國各地投鉅資建了不少主題公園、主題遊樂園，除極少數外，都不很成功或完全失敗，前車之鑒啊。

常州中華恐龍園的成功之處：首先在於它的地理位置，它處於無錫與南京兩大旅遊城市中間，而本身旅遊點相對薄弱，恐龍園的建立，正好可彌補這個弱勢，還可以因此與滬寧線上的各大旅遊點連成一線。其次，它的文化品位與高科技含量，使之脫穎而出，整個園借助高科技的聲光電、影視特效與多媒體網路等，把原本死的博物陳列，變成了可動、會變，有聲有色，並可讓觀眾參與進去，換句話說，已達到了把娛樂、休閒、博覽、科普、環保等融為一體，遊客可自由選擇，滿足了多層次遊客之需要，真正做到了老少皆宜。

中華恐龍園的大門頗有特色，用黃石堆砌，有若許自然狀態的味道，被命名為「飛來石」大門，進得門，即為一大草坪，有大小十四隻恐龍，或奔躍狀，或嘶叫狀、或頑皮狀、或昂首向前、或回眸顧盼、或獨來獨往、或三五成群，大有大的霸氣，小有小的英姿，是攝影留念的好所在。

在人工湖前，是主體建築中華恐龍館，外型構造很有特色，以三條蛇頸龍形成三足鼎立狀，龍首高達七十一米，展示館的穹頂也高達三十六米。

在展示館裡可以看到我國最早發現的一條恐龍——雲南許氏祿豐恐龍化石：世界上最大的鴨嘴龍，被稱為巨型山東龍化石的：最早的蜥角類恐龍是巨碩雲南龍：還可看到恐龍家族中的小弟弟鸚鵡嘴龍，比之長達二十二米的馬門溪龍，它只能算是侏儒。最有價值也是近年最引起世界關注的是中華恐龍鳥化石，是一九九六年八月在遼寧發現的。從化石上看，似龍非龍，似鳥非鳥，介於獸腳型恐龍與鳥類中間。龍鳥的嘴裡有牙齒，身上有很短的纖維狀原始羽毛，科學家認為這是從恐龍到鳥的過渡型生物，換言之鳥是從恐龍演化過來的。

作為外行，不少遊客問：這些化石是真的假的？其實恐龍化石主要不是真與假，而是化石佔整條完整恐龍的幾分之幾。因為恐龍化石在地下已億萬年了，很難挖掘到完整不缺的，總要用人工的補全，才能展出。而展館裡有一條三角龍化石，是在美國發掘出來的，據說是目前世界上唯一較為完整的一條恐龍化石。

在橫空出世影視特效廳裡還可感受到恐龍的打鬥，亦即弱肉強食的情景，讓人有身臨其境之感，那逼真的音響效果與造型效果，使置身其中的人彷彿進入了時間隧道。

穿越侏羅紀也是很多遊人喜歡的項目之一，極為驚險刺激，但我更感興趣的是那些化石，那些知識性的東西，諸如恐龍如何滅絕、恐龍蛋，以及恐龍從蛋中破殼而生過程等等。

當然，園內可參觀的還有不少，諸如恐龍山探險、恐龍島冒險、特技表演等等。盡興玩，一天也來不及。

總之，遊人可各取所需，孩子們以玩為主，寓教為樂，大人們可以瞭解知識為主，這確乎是個讓人增知長識的遊園。

令我神往的竹園

那天參觀常州中華恐龍園，一車人一窩蜂全湧進了恐龍展廳，只有我獨自一個人流連在了園中園——竹園。

這裡竹子的品種可真不少，我識得的有鳳尾竹、斑竹、慈孝竹、龜竹、方竹、紫竹、金竹、哺雞竹、羅漢竹、翠竹，不認識的有鋪地竹、金明竹、觀音箬竹、菲白竹、狹葉青苦竹、鵝毛竹、槍刀竹、茶杆竹等，還見到了一種極為名貴的竹「金鑲玉竹」，這竹中間青的，如翠玉，兩邊鑲有金黃色的邊，就如鑲的金邊，故稱為金鑲玉竹，此竹目前唯連雲港的凰窩山國家森林公園有成片生長，此竹還上過國家名片——郵票呢，估計這兒是從連雲港移植的。

軒中還有竹亭，為集賢亭，亭上的竹對聯為「一亭俯流水，萬竹影清風」，還有一亭的對聯為「未出土時便有節，及凌雲處尚虛心」，真是寫盡竹之本質。

在亭中我發現有幾片竹上刻有字，細讀「食者竹筍，庇者竹瓦，戴者竹篾，焚者竹薪，衣者竹皮，書者竹紙，履者竹鞋，真可謂不可一日無此君也。」我想起來了，此乃蘇東坡句也。妙哉妙哉，妙不可言。

此園佔地面積雖不大，但清雅脫俗，倒是個可攜一兩知已，在此偷得浮生半日閒的好去處。

狼山歸感

一車人去南通狼山。路上，有人問世：「狼山狼山為何稱狼山？」這一問，幾乎把一車人都問住。答案各異，全是猜謎語一般瞎猜而已。有人說「大概是山上有狼。」有人說「是不是狼山其狀如狼？」還有人說「可能晚上山中會發出狼嗥般的聲音。」據我知道，南通有句地方性的歇後語謂之「大聖菩薩借狼山——有借沒還」。這與狼山之名的由來不無關係。當然，這僅是民間故事，當不得信史。相傳此山有一老狼，修煉成精後，危害地方，百姓卻又奈何不得它。後大聖和尚聞知後，獨自上山向老狼化緣，商借袈裟似一塊土地。老狼見是出家人，動了慈悲心，心想一袈裟大小土地，借與它又何妨，就答應了。沒料到大聖和尚抖出袈裟，那袈裟隨風而大，把一座山都覆蓋了。老狼料到大聖和尚決非凡人，忙獻山求饒。

大聖和尚見老狼迷途知返，遂沒收其山，留了其名，於是此山名為狼山。

如此看來，狼山曾有過狼，倒並非瞎猜，不過，那大概是很久很久以前的事了。

狼山僅一百零六米高，如果在川藏、雲貴一帶，崇山峻嶺連綿，小小狼山恐怕連個坡都算不上，但在一馬平川的江海平原上，因平地崛起，有奇峰突秀之感，還因為其座落在江邊上，登山眺江，江上望山，相映成輝，自成一景。成名勝，成景點，地理使然也。

狼山風景區介紹材料上說：山上的廣教寺門口，有石刻門聯很形象地概括了狼山的神韻。聯云「長嘯一聲山鳴谷應，舉頭四顧海闊天空」。也許遊人寂寂時會有如此感覺，但當你站在寺門口，面對密密匝匝的遊人，面對一個挨一個的生意攤，彷彿置身於集市，也就遊興索然。

早幾年曾見報道，說狼山法乳堂內有著名畫家范曾的十八高僧彩色瓷磚圖像，很值得一看。我特地去細看了一下，有安世高、菩提達摩、敬安、玄奘、鑒真、道安、鳩摩羅什、法顯、慧遠、智顗、吉藏、道宣、法藏、慧能、善無畏、一行、懷海、弘一等高僧圖像，果然是線條飛揚，墨色淋漓，各人各態，栩栩如生。

狼山是中國佛教「八大名山」之一。香客濟濟，也是一景。如果要問狼山香客香火有甚特色的話，一是隨喜大都扔硬幣；二是集中燒香。用硬幣隨喜，即便投一枚於箱中，都有聲音發出，若一大把丟進去，硬幣與硬幣碰撞作響，怎能與放紙幣進去，無聲無音相比。扔硬幣，既敬了菩薩，又得到了一份捨予的滿足，俗得可愛也可笑。由此，還衍生出一批專經硬幣兜售給省市自治區人香客的小商小販。一包一元錢的硬幣需你用兩元或三元錢去換，生意還不錯呢。

我還注意到，寺廟裡有不少竹籮筐，竟全是用來裝硬幣的。有一處專放硬幣的，我數了數，竟有十多個籮筐。那一筐筐的硬幣，若抬到銀行去儲蓄的話，銀行職工非加班加點不可。

集中燒香也頗有意思。因風景區嚴禁明火，為寺廟安全，專門在山之一側造了只焚香爐，凡香客帶去的香，一律得交香爐前的工人集中焚燒，你一把香，他們隨手扔進爐膛，你十把香，他們也隨手扔進爐膛，不問你張三，不問你李四。因香客多，因爐火旺，一個個汗水滿面，忙得不亦樂乎。

這兒香火熊熊，煙氣彌漫，如此旺的香火，也不知菩薩是否消受得了。

據說狼山曾改為琅山，但琅山之名不傳。如今，生態破壞，狼，越來越少，留個狼山之名也好，可以聊以自慰。不知是否大聖和尚先知先覺，預先留個「狼山」之名給後人？

狼山有座駱賓王墓

去南通遊狼山，是衝著范仲淹的《狼山觀海詩》去的，是衝著佛教「八大名山」之一去的，是衝著著名畫家范曾的十八高僧彩色瓷磚畫像去的。不期剛踏進狼山旅遊度假區大門，首先映入眼簾的不是亭臺樓閣，不是花草古樹，也不是怪石奇峰，而是一座花崗石的三門牌坊。正中一座牌坊鐫刻著「唐駱賓王墓」字樣。我疑是看花了眼，再一看，一字不錯，我疑喜參半。

駱賓王是青史有載的人物，他乃初唐四傑之一，曾追隨徐敬業在廣陵起兵，征討武則天。著名的《討武曌檄》就是出自他的手筆。其中，「入門見嫉，蛾眉不肯讓人；掩抽工饞，狐媚偏能惑主」「一抔之土未乾，六尺之孤安在？」「請看今日之域中，竟是誰家之天下！」這些詩句脫胎於六朝駢文的藻飾，膾炙人口，千古傳誦。

記得我在杭州遊靈隱寺時，聽說過駱賓王曾在寺內隱姓埋名多年，還有不少與之相關的傳說呢。我們平時談到駱賓王，往往馬上聯想到武則天，而武氏王朝在今西安，於是我們自覺不自覺把西安作為參照系了，這一來，駱賓王墓在南通似乎有些想不到。其實，徐敬業當初是揚州刺史，起兵在廣陵，亦即今揚州一帶，後兵敗亡命，自然不會自投羅網躲到關中一帶去的。如果駱賓王在靈隱寺埋名為僧不虛的話，最後客死南通，或葬於南通，也是可能的。這樣一想，一切疑慮也就釋然了。

據記載，駱賓王的墓碑最早是明正統九年在南通城東北的黃泥口發掘出來的。大約到了清乾隆年間，其墓才移葬於狼山南麓。屈指算來，狼山與駱賓王墓之間的關係，也已有二百多年歷史了。石牌坊上有一對聯，上聯云「碑掘黃泥五山片壤棲」；下聯為「筆傳青史一檄千秋著」。上聯對其身後事作了說明，下聯對其生前事作了概括，言簡而意賅。

我在碑前駐足沉吟，我在墓前憑弔思古。我徘徊於此多時，卻幾乎未見其他遊人稍停匆匆的腳步。遊人們上狼山，滿足於登高眺望，攝影留念；香客們上狼山，滿足於燒香拜菩薩，求神保佑。駱賓王這名字或許大多數人聽都沒有聽說過，駱賓王或許離他們的現實生活太遠了些。或者，人們更願意把眼光，把注意力投向成功者，君不見，一代女皇的長篇，就有五六位作家在同時競寫，則天武後的影視，有多少公司在爭拍。

然而，駱賓王實在也非等閒之輩。他的詩文與王勃、楊炯、盧照鄰齊名，被詩聖杜甫譽之為「王楊盧駱當時體」，其雄文勁采，被後人稱之為「龍文虎骨」。

駱賓王墓前的樹無語，草無語，駱賓王身後似乎太寂寞了些。

以駱賓王的才華傲骨，以駱賓王為後人留下的文化遺產，應該值得人們去憑弔一番，特別是文化人，如果遊狼山，不去駱賓王墓前停留片刻，向這位一千二百多年前，以自已的筆叱吒風雲的一代才子憑弔致意，是十分遺憾的事。至少，我這樣認為。

看六朝石刻去丹陽

在旅遊圈內有這樣一種說法，看漢代文化去徐州，看秦代、唐代文化去西安，看元明文化去北京，看近代文化去上海。其實，還應該加一句：看六朝文化去丹陽。

可能有人會提出疑義：丹陽在何處？去丹陽能看到什麼？怎麼從未見這樣的宣傳。

其實，讀者有這樣的疑問也是正常的，因為丹陽之古老淹沒在歷史的滄桑之中了，沉寂在歲月的變遷之中了。地處長江下游的丹陽，南有上海，北有南京，近處有蘇州、無錫，貼身有鎮江，遊客都往這些大中城市跑了，一個縣級市丹陽自然被忽視了。

但如果翻開塵封的歷史，丹陽名頭大著呢。丹陽古蹟多著呢。世人都知道北京有十三陵，但又有幾個人知道丹陽有十二陵呢。而且北京的十三陵清一色是清代帝王陵墓，最久的也只三百多年歷史，而丹陽的陵墓，是南北朝時齊梁的帝皇的，已有一千四百至一千五百年歷史。

好吧，我們來重溫一下歷史吧，丹陽的存在，可以追溯到春秋時，也就是說在兩千多年前丹陽稱雲陽邑，屬吳國。秦統一中國後，秦太史發現：雲陽之間有天子之氣。剛當上始皇帝的嬴政豈容另一位真龍天子來與他共分一杯羹，於是徒驪山囚徒到丹陽挖山掘路，以斷龍脈，且改雲陽為曲阿，以防龍之騰飛。然後，丹陽真是塊風水寶地，大概應了地傑人靈的說法吧，到了南北朝時代，生於斯長於斯的丹陽蕭氏家族，竟崛起於雲陽，建立了齊梁兩個朝代，先後出了十二位天子，說丹陽有帝王之氣一點不為過。

從歷史上看，帝王最後的歸葬地在家鄉的並不多，而整個家族的十二個帝皇陵墓全部葬於家鄉，這在中國五千年文明史上，也是絕無僅有的，這種獨特的文化現象是值得史學家們研究、探討的。

據丹陽老法師、省六朝史研究會副會長楊再年先生介紹：丹陽目前有十一處二十六件南朝陵墓的石刻，是全國重點文物保持單位。

據瞭解，六朝石刻，除了南京、江寧、句容零星有幾件，而齊梁帝陵石刻則僅見於丹陽。因為丹陽不是旅遊區，目前到丹陽的旅客還不多。但搞歷史的，特別是搞六朝史研究的，都對丹陽嚮往已久，因為丹陽的六朝石刻獨一無二，難怪丹麥駐華大使夫人專程到丹陽考察，後來還在英國出版了考察的專著。

丹陽的六朝石刻都在農田裡，十二座陵墓分佈在二十多公里的區域內，因時間關係，我們不可能一座座看遍，但還是走馬觀花般看了梁武帝蕭衍的修陵，梁簡文帝肖綱的莊陵，梁文章肖順的建陵，齊明帝肖鸞的興安陵等幾座陵墓。

梁武帝堪稱一位有才情才氣的皇帝，不知是否與他的文治武功有關係，他修陵前的石刻天祿威武、兇猛、雄壯、粗獷，給人一種氣勢懾人的陽剛感覺。但石雕某些細部又不僅僅是粗獷兩字可以概括的，譬如天祿的前爪下竟攥有一小獸，一大一小，形成反差，更體現了一種力度，也把天祿的威勢表現得淋漓盡致。

如果不是專家指點，一般遊人可能會忽略一些局部的細節問題，例如梁代的天祿是五爪的，齊代的天祿是四爪的。早期的天祿是體毛，足呈爪子形，乃食肉類動物，而後期的天祿演化為身披鱗甲、蹄足類，成了食草類動物。

這些天祿石刻都是整塊石頭雕成的，每件重達二十至三十噸，僅靠四足撐地，支點穩則穩矣，但受力很重。能工巧匠們匠心獨運地利用了天祿的尾巴垂地，成為又一支撐點，分散了四足的承受力，且又把尾巴向內盤了幾圈，在審美上也賞心悅目。

梁簡文帝陵前的天祿已成殘件，僅剩前半部，但若正面視之，依然栩栩如生，其兇悍之狀令人歎為觀之。你看，那石刻嘴張大大的，髯鬚長長的，鼻孔朝前，五爪翹起，被稱之為「張牙舞爪狀」。

最有意思的是，這裡的麒麟，天祿都雙翼，可以騰飛。且還分雌雄呢。如梁武帝肖衍陵前的那只天祿，如果你俯身觀察，還能見到雄性生殖器呢。藝術家的認真也可見一斑。

欣賞了梁武帝陵前的石刻，再看梁文帝蕭順建陵前的麒麟、天祿石刻，頓覺又是一種風格，正所謂不比不知道，兩相一比較，可以發現建陵之石刻用現代術語乃瘦身型，有一種精壯飄逸之感，具有典型的東方藝術魅力，那線條顯得更加流暢，形體更加秀美。那種精氣神，使人產生一種衝動，給人一種鼓舞。當然，是拙樸好，是精巧好，因審美不一，評價亦不一，但有變化就是一種追求，就是一種美，就更有價值，面對石刻，除了驚歎，除了讚美，你還能說什麼呢。

丹陽的石刻在專家眼裡，價值連城，或者乾脆被視之無價之寶，但在社會上影響還不大，知名度還不高，我以為這是暫時的，隨著丹陽經濟建設的起飛，隨著六朝石刻旅遊區的開發，這自成風格，代表一個朝代的稀世石刻必會名揚天下。

或許有讀者會說：丹陽這石刻南京不也有，有什麼稀罕。錯！南京的石刻粗看與丹陽石刻如孿生兄弟，但細看，卻有些許不同。南京的石刻無角無須，稱之為辟邪，仍諸侯墓前的鎮墓獸。丹陽的石刻，獨角為麒麟，雙角生須者為天祿，而麒麟、天祿才有資格鎮守帝王陵墓，規格、級別上是不一樣的。

據研究六朝石刻的專家講：麒麟、天祿這種神獸，乃一種獨創，因為它頭似虎，耳似豹，角似羚，肢似獅，翅似風，尾似龜，簡直就是六不像，乃藝術家想像力的結晶。但筆者最近看到一篇報導：說最新的考古發現證實，類似麒麟這樣的動物曾有過。但我想：不管自然界有沒有過這種獸類，它的藝術價值完全可以與西方的任何一件雕刻作品相媲美。

遺德在民話季子

丹陽之行，是奔六朝石刻而去的。

看罷齊梁石刻，熱情的丹陽市文聯領導又安排我們去看了季子廟，這可算是個意外收穫。

關於季子，多少瞭解一些，如讓國避鄉、聽樂辨興衰、季箚掛劍、以德傳世等等，都是粗線條的，至於季子落戶何處、墓葬何處等等，並未去細究細察。

到了丹陽延陵鎮的季子廟，識讀了孔子的十字碑，記憶才算明晰起來，那關於季子的點點滴滴才算串了起來，連成整體。

在中國古代，子是一種尊稱，如孔子、孟子。季子名季箚，乃吳王壽夢第四子，因其賢，其父想把王位傳之於他，其三個兄長也一致贊同。但季箚認為長兄繼位，古之慣例，他為弟的當國君不合禮節，故三讓王位，最後拋棄家室，避之當時尚無建置的吳楚邊界之地，即今丹陽延陵一帶，躬耕自力，成為吳姓的第一始祖。

當然，季子的美德不僅僅是三讓王位，「季箚掛劍」乃史書有載，千古流傳。

唐大詩人李白在安史之亂後，經延陵謁季子廟後在《陳情贈友人》詩中有「延陵有寶劍，價重千黃金。觀風曆上國，暗許故人深。歸來掛墳松，萬古知真心……」詠的就是季子的德行。這可從司馬遷的《史記》中得到佐證。據太史公記載：

> 季劄之初使，北過徐君。徐君好季劄劍。口弗敢言。季劄心知之，為使上國未獻。還至徐，徐君已死，於是乃解其寶劍繫於徐君塚樹而去。從者曰：徐君已死，尚誰予乎？季子曰：不然，始吾心已許之，豈以死倍吾心哉。

這就是德，就是誠信。難怪孔老夫子也對季子之德佩服之至，相傳他親書了「嗚乎有吳延陵君子之墓」碑，世稱十字碑。

季子廟在歷史的風風雨雨中，幾度興廢，光重修的碑記就有唐代的、宋代的、明代的、清代的，而清代的又有順治、康熙、乾隆、道光四塊重修碑。季子廟之所以能曆兩千餘年而依然香火不斷，唯一德字能釋之。

如今重修的季子廟儘管已不復歷史上鼎盛時期的規模，但因有了孔子十字碑這樣國寶級的文物，又使這座地處偏僻的季子廟不同凡響。我特地細看了那塊十字碑，那十個篆字極為古樸，且蒼勁有力。據史料記載，現在的這塊十字碑是唐代大曆十四年（西元七七九年）潤州（今鎮江）刺史肖定摹唐玄宗開元年間殷仲容拓片重新上石的。換句話說，這塊碑即便不是孔子書寫的，也是有一千兩百多年歷史的唐碑。關於此碑到底是否孔子所書其實已不重要，重要的是季子德風，遺留民間，成後世楷模，千載傳頌。就我讀到的讚美、吟誦季子、季子廟的詩文，就有南北朝宋武帝劉裕、張見正；宋代的趙普，還有大詩人蘇東坡；唐代的李白、李頎、蕭定、皇甫冉、李季華；宋代的楊傑；元代的薩都剌、張雨；明代的沈德潛、陳公位、楊維禎、王士正、吳國仁；清代的就很多很多了。

近年我們提出的以德治國，其實季箚在兩千多年前就首倡了，版權在他這兒呢。

寫到這裡，我又想起了延陵故里淳樸的民風。記得那天參觀時，我問季子廟管委會的周紅生先生有無文字資料？他說回去找找看，因我們開車在即，他匆忙中未找到，但他答應找到後寄我。我以為這是推託之辭，沒想到才過了幾天，我就收到了周先生惠贈的資料。他在信上講：「季子講守信，講誠信，三讓懿德，兩傳嘉風。孔子題賢碑，吳地留勝跡。嘉賢萬世流芳，讓德千秋傳頌。今為弘揚季子美德，寄上兩本小冊子參考……」

在季子德行薰陶下的延陵人，不僅信義為重，還腹有詩文，讓我感動，讓我驚歎，故書之於文後，以不沒季子鄉民誠信德行。

天下奇觀識沸井

在江南，幾乎家家有井。我兒時的老屋就有水井兩口，一口青石井欄，一口花崗石井圈。因此，對井可說是熟之又熟，我還曾見過四眼井、八眼井、唐井、宋井都見識過，故而又怎麼會把井當回事呢。

但這回去江蘇丹陽看了季子廟邊上的沸井，使我大吃一驚，大開眼界——沒想到還有如此奇妙的另類之井——沸井。

古人有心如古井的說法，無非是形容幾近靜態的那種狀況。由此可見，井之水雖會汲之而盈，但通常無波無瀾，肉眼一時半刻很難察覺水之變化。這應該是井的常態。而沸井，望文生義即知，此井非那井，既為沸井，那井必如煮沸之水，否則何為沸井呢。

出季子廟，沿湖邊小徑走去，竟見有六口井不規則擺列著，再細瞧井水，不但井水上下翻動，氣泡連連，而且三清三濁。更確切地說，這六口井中，有三口井水是渾的，且渾濁程度不一，最濁的一口，其水色如桔黃色。井水會沸，水色如泥，此乃平生所僅見。

據井畔碑文介紹：相傳九里是塊龍地，沸泉為龍之氣，千載不休，頗為壯觀。夜晚萬籟俱寂時，可聞泉之騰鳴之聲，如仙樂入耳。據史書記載：曾有沸井百處，後存六處，每處相距尺許，三清三濁。傳說遠在百里之外的善男信女，慕名前來取此聖水，沐浴以求祛病避邪，滋潤肌膚、醒腦明目，甚為靈驗。

宋代詩人歐陽至在《九里沸井》中詠道：「延陵一帶湛溪流，九里靈泉沸不休。天為嘉賢表清節，長教活水出源頭。」歐陽至把沸井之奇特與當地古之大賢人季子巧妙地聯繫了起來，所謂地傑人靈吧。

明代的吳國仁則在《沸井》一詩中寫道：「季子祠前荒草隅，沸井清濁迥然殊。從來遊覽知多少，人似先賢滌德無？」從這首詩可知，明代時，沸井已荒敗，但依然有尋訪古蹟之遊人，吳國仁作為吳氏後人，不管是長住此處，還是專程來憑弔先祖季劄，他觀沸井想到的是一種自省，一種靈魂的拷問：我和許許多多的遊人來此游了，有沒有學學先賢以沸井之水洗滌自己道德的污垢呢？

讀這詩，讓我們後輩小子深省啊。

清代詩人岳德詠《沸井》詩云：「四井流傳不知年，誰知清濁載遺編。無人敢議延陵德，爭向河橋說沸泉。」讀詩釋詩，看來在清代時，沸井僅剩四井，故清代詩文中留下了「兩清兩濁」之說法。如此看來，如今的「三清三濁」，是清以後發掘恢復的。

丹陽出過兩朝帝王，有十二座陵墓，說其是千古龍飛地，並非溢美之辭。但把沸井說成是龍吐氣，當然是穿鑿附會之說。估計此井通泉眼，即地下有湧泉，此和山東濟南豹突泉之泉湧應該源出一理。但清濁不同，可能與泉湧出自不同地層有關，不過六口井相距如此之近，水色迥然不同，確乎不好解釋。難怪中央電視臺要以天下奇景來拍攝之了。

碑文上說的：沸井之水，有祛病、醒腦、明目，美容、養顏之功效，這我相信，這或清或濁之井水其清濁十有八九與所含礦物質有關，但此井水能喝嗎？我們一行人都有疑問的。

季子廟的管理人員周紅生知道後，二話沒說回家取了吊桶、杯子，讓我們自汲自飲。我嚐了一口，那舌頭有此微辣，有喝汽水味道。只是不知這井水裡是否有人體缺少的稀有礦物質，如果能化驗證實，那這六口沸井，不但是奇景奇觀，還將有科學研究價值呢。

鮮為人知的寶華山

諺曰「天下名山僧佔多」，峨眉山、泰山、華生、九華山、普陀山、天臺山、盧山、終南山、青城山等名山，無不為佛教、道教勝地，如今則無不成為旅遊勝地。

有否例外呢？有，那就是被尊為「律宗第一名山」的寶華山。也許因筆者屬教外之人，對佛之種種孤陋寡聞，以前既然未去過寶華山，甚至也聽說過寶華山的大名。不知讀者諸君是否知道寶華山在何省何市，有何廟宇，為何有「律宗第一名山」之美譽？我敢打賭，知者一定寥寥。我這樣寫，並非是要貶低寶華山，而是寶華山的廟宇隆昌寺的特性所決定的——原來寶華山隆昌寺不是一座廣開山門，讓善男信女燒香跪拜之所，而是一座傳戒道場，其規模為全國之最，據說全國百分之七十以上的僧尼要來此受戒。打個不恰當的比喻，在佛教界它猶如最負盛名的北大、清華，其高級僧侶則相當於佛學院的教授、博士生導師，各地出家之人在此取得沙彌、比丘尼等稱號，就像持有北大、清華的文憑。影響所及，連日本、印度以及東南亞國家都有人來此禮佛、受戒。

寶華山位於江蘇句容境內，海拔雖不高，僅四百三十七點二米，但峰巒處處，據說四周有三十六座山峰，從空中俯視，恰是三十六瓣蓮花簇擁著蓮房，而這蓮房所在之峰，正是寶華山的隆昌寺。相傳該寺始建於梁天監元年（西元五〇二年），換句話說到明年二〇〇二年正好是一千五百年歷史了。文明去時，整個寺廟正在大修，估計明年建寺一千五百年時將有重大活動。

佛與蓮有緣，隆昌寺的選址確實煞費苦心，只是盤山路七轉八拐，難為了上下山的僧人，一路上不見行人，唯見綠竹成海，綠樹成蔭，蟲鳴其中，鳥鳴其中。山路很窄，不適合人來車往，怪不得遊人寂寂。

去隆昌寺的路上，陪同前往的《金山》主編金波告訴我們，隆昌寺有個特點，即便車近寺廟，仍不見寺廟，唯車到寺前，方突兀而現。果不其然，直到車拐彎，才見到了山坳中的一寺門。奇怪的是寺門很是窄小，還不如以前的大戶人家，但門正中高懸一塊「護國聖化隆昌寺」木匾，很是醒目，還是明萬曆三十三年明神宗敕賜的。

既然隆昌寺被稱之為天下第一戒壇，那最值得一看的當然是戒壇了。戒壇是石砌的，分兩層，如果戒壇上坐滿的話，坐幾十位僧人是沒有問題的，可見戒壇之大，不過想像中，能夠有資格坐上戒壇的，當非有身份的大和尚莫屬，那些來此受戒的恐怕唯有規規矩矩坐在天井裡，或天井的回廊裡了。

我們一行在清康熙年間建造的隆昌寺大雄寶殿見到了一塊「如如不動」的匾額，我只知道，「如」在古漢語在可作「順遂」、「往」、「去」、「及」、「或」等解釋，佛教語在有「如是我聞」的說法，但「如如不動」什麼意思呢？我們幾個解釋了半天，尚不得其意，我就向那端坐不動的老和尚請教，那老和尚看了我一眼，問我：「施主來這兒是幹什麼的？」我不假思索地說：「來參觀的。」老和尚面露慍色說：「這兒對外不開放的，你是來參觀的，我就不必解釋了。」我默默地想，老和尚此言差矣，為什麼要放棄一個宣傳律宗的機會呢。說實在，凡來此寺的，皆為有緣人，即便來參觀的，又有什麼必要拒之門外，冷面相對呢。

回家後，我查找了資料，《爾雅．釋天》：「二月為如」。郝懿行義疏：「如者，隨從之義，萬物相隨而出，如如來也。」現為佛家語，見《金剛經》第三十二節：「不取於相，如如不動。」意謂說法者法當如法性而說，勿生心動念也。白居易《讀禪經》詩：「攝動是禪禪不動，不禪不動即如如。」原來如此。

寶華山之景色，有人總結為：「林麓之美，峰巒之秀，洞壑之深，煙霞之勝」，如此絕佳旅遊資源，不充分利用，不對外開放，吸引香客、遊客，實在可惜。或許隨著進山路況的改善，這個鮮為外界人知之的佛門勝地，有朝一日會成為新的旅遊觀光熱點。

寂寞的中華曙猿館

近日報載，江蘇溧陽天目湖的「天目湖砂鍋魚頭」已打進大上海，天目湖的知名度因此也看漲。天目湖，顧名思義似乎應該是其湖之狀如上天的眼睛，其實不然，它因屬天目山餘脈範疇，故稱天目山，又有「江南明珠」的美譽，不過以我的審美眼力，只能說是景色平平。不過地處湖畔的湖裡山公園有一特別去處——中華曙猿館倒是不能不看，如果錯過了這兒，等於錯過了天目湖最精彩、最獨特、最有價值的地方。

我這樣說，決非是個人偏愛，或者為寫這篇文章而故意誇大其辭，而實在是因其特殊性、歷史性而成為這條旅遊線路中的最佳遊覽點。

也許，在遊人頭腦裡，周口店是值得一看的，因為那是北京山頂洞人的發掘現場，是我們老祖宗的生息之地，是回答我們人類從何而來的有力證據，這可是進入課本的歷史知識。自然，這都不錯，但又有多少人知道，江蘇溧陽天目湖中華曙猿館展示的是完全可與周口店發掘相媲美的考古發現。一九七五年，科學家考察了溧陽境內上黃水母山的出土化石，驚奇地發現這裡保存有大量的古代動物化石。一九九二年經中美兩國科學家的聯合考察、發掘，竟有了震動世界的重大驚喜——發現了包括人類在內的一切靈長類的共同祖先中華曙猿。這個石破天驚的發現糾正了過去世界考古學界認定的早期高級靈長類起源於北非的論點，它向世人宣告：高級靈長類的祖先起源於亞洲，起源於中國，而江蘇溧陽上黃就是起源地之一。如果誰要尋根，這兒可不是一姓一族的根，而是整個人類的根，可見其意義的重大，這是完全不亞於周山店的驚人發現。

中華曙猿館就是科學地、系統地集中展示這個考古發現的權威場所。在這裡我們可以借助化石實物，以及高科技的影像資料，比較直觀地瞭解有著一雙特大眼睛，頭似野貓，身如巨鼠，尾似小猴，又非貓非鼠非猴的一種形象怪異的動物。誰又能想像，這其貌不揚，難以恭維的曙猿竟是生活在四千五百萬年前靈長類老祖宗。

這兒依山靠湖，遊人寂寂，其真正的價值還未被認識，我只能說「太遺憾了。其實，來此增知長識真好，沒有城市的喧囂，沒有商業的庸俗，有的只是科學，有的只是歷史，也許這裡不是媒體炒作的熱點，不是商家願意包裝投資的賺錢所在，但這裡是個不該忽略的地方。人少固然冷落，但幽靜的氛圍適合慢慢地看，慢慢地想。跨出中華曙猿館，你會覺得天地悠悠，時空無限，宇宙、人類，古往今來有多少謎啊，這裡就是其中之一。

神秘的「禁區」飯店

江蘇省作家協會通知我參加「文學驛站」讀書研討班。我們下榻處為南京的伊村飯店。下了火車上計程車，誰知的姐反問我：「伊村飯店在哪兒？」

我傻了眼，我只知道伊村飯店實際上是江蘇公安警衛培訓基地，其他就一無所知了。的姐不知伊村飯店在何處，是這飯店知名度小呢，還是因為這飯店神秘？

原來伊村飯店的前身是「六一」工地，之所以用代號，因為其中隱藏著一個鮮為人知的秘密——這兒曾是毛澤東專列停靠處，民間有一種說法：此乃毛澤東在南京的秘密行宮。

此外原是南京太平門外，紫金山北麓的餘脈，山丘起伏，雜樹叢生，鳥獸出沒，人蹤稀少。

一九六九年三月珍寶島事件爆發後，形勢陡然緊張起來，考慮到毛澤東外出乘專列的安全問題，許世友命令工兵部隊於一九六九年六月一日開始動工興建了這個毛澤東專列停靠處，特地從南京火車站修築了一條直通伊村的專用鐵路線。並且在山中挖鑿了深深的山洞，以便毛澤東的專列可以直接駛進山洞。據說為了搶進度，還有戰士在施工中犧牲呢。因這兒原本屬荒郊野外，加之溝坡環抱，樹高草深，故極為隱蔽，就算偵察衛星也不易發現，更不要說飛機轟炸了。

當年，這裡是軍事禁區，周圍戒備森嚴，平頭百姓不要說進去，連靠近都難。

這兒如今堪稱南京的一個原始生態園林，佔地五百三十畝。園內的一號房，就是當年專供毛澤東下榻而興建的。這是一幢坐北朝南的平房，灰磚灰瓦，外觀不甚起眼，但內部裝潢在當時來說是相當高檔的，不知是否出於九五之尊的考慮，平房一排九間。中間客廳有個後門，通向後面山坡的一扇鐵門，萬一有緊急情況，可以直接進入山洞，考慮不可謂不周。

一號房出來，朝前二十多步，就是鐵軌，因為是專用線，故鐵軌兩側均有平臺，且甚為寬闊，既可車來車往，又可列隊迎送。鐵軌向東數十米即是山洞。大鐵門有十多米高，如今緊緊關閉著，也關閉著一個鮮為外界所知的歷史秘密。

也許這山洞已一二十年沒打開過了，我無法進入山洞，也就無從知道山洞有多長多深，但從那兩扇高高的鐵門可以推測，這山洞必是又高大又寬敞，要不然，毛澤東怎麼會舍一號房不住，幾次在山洞的專列上休息，在山洞裡召見南京軍區等有關方面負責人談話呢。據說一九七一年九月十一日下午，毛澤東就是在這兒秘密召見了許世友，密談一個小時，而且用餐也在專列上，在這山洞裡。談話結束後，毛澤東連夜發車北上回北京。

我想四五十歲以上的人，一定對「九一三」林彪事件，毛澤東南巡講話等重大歷史事件有所記憶。一經聯想，怎不感慨萬千。

這兒自一九七一年正式啟用後，先後接待過毛澤東、鄧小平、葉劍英、彭真、金日成等國家領導人與外賓。據透露，今年春天胡錦濤到江蘇視察時，其專列也是停靠在伊村的。

一九九八年時，經省委省政府批准，這兒成了江蘇省公安警衛培訓基地，開始對外開放，但似乎只限於一些重要的會議，因此外界仍很少知道南京郊區有個伊村飯店，知道這裡的歷史，這裡的秘密。

從地理位置看，這兒離市區遠了些，出入不很方便，然而這裡環境之清幽，綠化之茂盛，在大都市是少見的。在這裡可以享受寧靜，體會神秘。

盛夏走進伊村飯店，猶如走進避暑山莊。這兒山勢起伏，山脈環抱，滿山是樹，滿坡是綠。原生態的大樹比比皆是，僅我叫得出名的就有榆樹、櫸樹、樸樹、柘樹、槭樹、椿樹、楝樹、楊樹、構樹、烏桕樹、槐樹、柞樹、楓楊樹、檜、柏等，人工栽種的有雪松、水杉、紫薇、櫻花、紅楓、棕櫚、桂花、廣玉蘭、枇杷、垂絲海棠、五針松、竹子等等。叫不上名的樹種與花草就更多了。俗話說：林子大了，什麼鳥都有。我敢打賭，國內任何一家賓館、飯店，都不可能見到這麼多鳥兒自由自在地生活在自然狀態下，且人與鳥和諧相處，不知該為鳥兒慶倖，還是該為入住者慶倖。

清晨，必是在鳥兒的鳴叫聲中醒來，喜鵲、灰喜鵲、鵪鴣、黃眉、黃鸝、白頭翁，以及一隻只不知名兒的鳥互相比嗓鬥歌，讓人聽得心曠神怡。

晚來起風時，樹濤一陣又一陣。夜色漫上來後，一個人在偌大的園子裡，即便膽大的，也不大敢獨行，儘管這裡安全絕對會有保證。

當然，清晨或黃昏時，這裡最適宜散步，一個人走走比一群人逛更有味，細雨紛紛的日子比豔陽高照的日子更有情趣。

不知從何時起，那專列停靠的山洞大門關上了，也許自老人家見馬克思後，這兒曾有的森嚴一去不復返了。眼前，鐵軌已鏽跡斑斑，這是輝煌後的寧靜，還是大紅大紫後的落寞？沒有人回答我，我梳理著歷史，叩問著自己。

黃昏，殘陽的餘輝也漸漸隱去了，鐵軌周圍了無人跡，唯我默默佇立。長長的鐵軌線上，已雜草叢生，甚至長出了椿樹、楝樹、槐樹、青桐等小樹，雖高不過米，想來也有幾年了吧，我輕輕對自己說：這就是變化，這就是歷史。

那一號房，或者叫九間房的屋頂上也搖曳著野草，有枯黃的，有青綠的。大門的油漆早褪去了昔日的光澤，黯然失色。門窗也給人破舊蕭條之感。落鎖的大門，關閉的窗戶，貼著封條的後門，一切的一切都傳達著這樣一個資訊：即便有過榮耀，也是昨日的輝煌，俱往矣。

透過佈滿塵灰的窗玻璃，窺視昏暗的室內，依稀可見裡面那種又大又寬的老式沙發原封不動地擺放著，白色的沙發套上積滿了久未撣去的灰塵，彷彿歷史在這裡凝固了。

不知為什麼這兒寧可空關著，資源浪費，卻不對外開放。其實，對外開放又如何？難道偉人住過的房子，就成了永遠的禁區嗎？更何況這九間房自建造竣工後，毛澤東一天也沒住過，只是空擔了一個虛名而已。倒不如對外開放，讓遊人分享一個秘密。過一過下榻偉人行宮之癮，飯店也能借此做個活廣告，並盤活資產。看來，要拍這個板，還得思想解放點，多少得擔點肩胛。

伊村的夜晚很靜，靜得讓人懷疑這是否地處省會城市。睡在床上，蟬鳴園愈靜，真不敢想像自己身處「禁區」。時代真是變化了，如果倒退二十年三十年，你再有錢，再有名，再牛，想到這伊村來走一走，瞧一瞧，住上一晚吃上一頓，那簡直是天方夜譚。

這一夜，雨下得好大，倚在床上聽雨聽風，聽雨打綠葉，沙沙一片；聽風吹樹木，樹濤陣陣。這裡沒有城市的喧囂，也沒有世俗的嘈雜，似乎與外界有著若許的距離，但鳳凰衛視又使你與整個世界溝通了，在這兒休養，在這兒創作，實在是個好地方。

胡思亂想中，我沉沉睡去。在風雨聲中醒來的我，抑不住一種衝動，爬起來寫下了這些雜七雜八的文字。

秦淮河小吃

內蒙古的詩人冰峰應邀來上海參加香港藍海文詩歌國際研討會，很想趁此到蘇錫常一帶轉轉，畢竟從大草原來一趟江南也很不容易。作為文友，作為東道主，我就陪他轉轉，權當采風。

最後一站是南京。南京是「六朝古都」、「江南金粉地」，對邊陲來的詩人自然極有吸引力。詩人深深感歎游在江南，吃在江南，說回去後，將寫寫江南風景的詩、江南小吃的文。為了增加他對江南小吃的感性認識，我特地陪他去了夫子廟，我告訴他秦淮河的小吃有幾十種，冰峰被我說得饞蟲快爬出喉嚨了。

入夜的夫子廟燈火通明，流金溢彩，真真算得繁華地，邊走邊看，不知不覺來到了秦淮河邊。我印象中這一帶晚晴樓小吃頗有特色，誰知竟是客滿。原來這天西曆二十二，農曆初八，又是星期六，全逢雙，被民間認為大吉大利之黃道吉日，於是婚宴接婚宴。隔壁的「秦淮人家」也是客滿，只有走廊中有散席加座，罷了罷了，加座就加座吧。好在秦淮河來嚐小吃，上秦淮人家，也算是名至實歸，當得「正宗」二字。

冰峰對涮羊肉、烤全羊等可如數家珍，對五花八門的江南小吃有些甚至連名稱也未聽說過。我就服務員端來一道小吃就用筆記一下名稱，向詩人解釋一下。我雖然曾品嚐過，但我這個人不善烹飪，有些點心的俗名我還能叫出，那種刻意包裝的典雅之名我也無法一一叫上名來，為了讓詩人留下一個美好的印象，完整的記憶，我索性向服務員要了一份小吃的清單。計有：秦淮狀元豆、雙味蟹殼黃、火腿小腳粽、菊葉元寶餃、青精燒賣、聚財煎餃、什錦素菜包、桂花糖藕片、五香茶葉蛋、開洋乾絲、如意回滷乾、什錦豆腐腦、香芽銀絲麵、酒釀栗米羹、瓊雲上席、紅油鴨血湯、綠豆百合湯、鴿肉紅棗湯等十八種。我是江南人，這些小吃自然合我口味。吃慣牛羊肉的冰峰是否也喜歡這江南小吃呢？我注意到他那一份比我吃得乾淨多呢，幾乎沒有剩的。我問他味道如何？他說用前幾年的流行語謂之乃「味道好極了」，用時下流行語乃「爽」、「酷斃了」、「帥呆了」我們相視而笑。

對遠道而來的詩人冰峰來說，江南小吃與草原風味小吃完全是兩種風格兩種味道，差距甚遠，也許他早已習慣了草原的食物口味。但不可否認，江南小吃對他來說終究是那種無法拒絕的誘惑，也許冰峰見慣、吃慣的是全羊、手扒羊肉。所謂大口喝酒，大口吃肉，那種草原的豪爽滲透到了他的血液中，因此他特別驚歎江南小吃的小巧精緻，佩服那些江南廚師心靈手巧，能變換出這麼多的花式花樣，且色、香、味、型俱全，既便不吃，欣賞欣賞也很過癮。品嚐完後，冰峰深有感觸地說：「怪不得叫小吃。小吃小吃，吃得都是小點心，這才真叫小吃。」看我們江南的小吃，能使草原詩人的胃口大開，讚語迭出。我比品嚐到美味可口的江南小吃更來勁，更覺得有味。

煙花三月下揚州

揚州歸來，我在日記裡寫道：「平生幾多快慰事，煙花三月下揚州……」

自從一千兩百多年前的唐代大詩人李白寫下了膾炙人口的《黃鶴樓送孟浩然之廣陵》這首詩後，「煙花三月下揚州」的詩句就不脛而走，成了眾多文人墨客心往神馳的美事，誘惑了歷朝歷代多少人煙花三月下揚州啊。

我有一文友因公差到了揚州，時值寒冬，又孤家寡人，結果揚州是去了，文章也寫了，卻寫了篇《寂寞瘦西湖》。這使我想起歷史上曾有詩人去揚州後，寫下過「當時奢侈今何在？只見草蕭疏」的詩句，看來，遊覽也要選時間，寫文章更要憑心情。

我這次下揚州天時、地利、人和，三者兼具，故而輕鬆、愉快。

揚州我屬重遊，不算熟門熟路，卻有依稀之印象。或者說更多的是古詩古文，以及正史野史給我重彩濃墨勾勒過揚州的風貌。

那麼揚州在我記憶中又是如何的色彩呢？

我無須閉上眼，隨口就能背出「天下三分明月夜，二分無賴是揚州」；「腰纏十萬貫，騎鶴下揚州」；「廣陵三月花正開」；「十年春色憶維楊」；「淮海雄三楚，維揚冠九州」……揚州曾有的繁華似乎無須用更多的語言，更多的詩文來描述了。不過，揚州隋堤的煙柳、揚州的迷樓、揚州的美女、揚州的鹽商、揚州八怪等等，畢竟都已是歷史陳跡，成了揚州厚實的文化積澱。那麼今日到揚州能看能遊的又是什麼呢？

我想十有八九的遊人是衝著瘦西湖，衝著大明寺，衝著揚州的維揚菜與揚州小吃而去的，這自然也是人之常情。

我則是偷得浮生半日閒，去揚州踏春的，去揚州訪古的，去揚州會友的，去揚州散心的，是去尋覓心情，激發靈感的。

我與我友人車至瘦西湖又望門而未入，亦因遊人太多，已無雅趣，不遊也罷。

我們去了遊人較少的何園與個園。揚州的園林是可與蘇州古典園林相媲美的，蘇州園林以小橋流水，步移景換而著稱，揚州園林則別出心裁，「花窗幽景，半壁亭臺，貽牆作山，環閣鑿池」，在園林藝術方面獨樹一幟。

三月的揚州，春風已渡江南岸，正是楊柳綻綠，桃花吐紅的時候，暖暖的春陽，柔柔的春風，卸去了冬裝的人們，往往心情與春天一樣朝氣、放鬆。有了這樣一種心情，看景景佳，看人人美，花花草草，一樹一木，亭臺樓閣，晨霧朝露，白雲晚霞，沒有一樣不是入詩入畫的，好心情真是無價之寶呀。

古人詩曰：「春風得意馬蹄疾，一日看盡長安花。」細推敲，看花看啥已在其次了，重要的是一種心情，一種感覺。那麼我對揚州的感覺又是如何的呢？我覺得揚州是古典的，是文氣的；揚州是繁華的，是休閒的；揚州本質是一座消費城市，是一座旅遊城市。揚州的古老，揚州歷史，揚州的文化積澱，是她區別於其他城市的個性，這是她的文脈，是她足以驕傲的資本。

僅僅一瞥，揚州已使我很難忘懷了。揚州，我還會再來！不知這算不算一種緣分!?

參觀朱自清故居

提起朱自清的名字，稍有點文化的大概沒有不知道的，而且自然而然會想起他的《背影》、《荷塘月色》等散文名篇。

我記得朱自清在一篇文章中曾宣稱：「我是揚州人！」奇怪的是，我數次到揚州，打聽朱自清故舊，竟沒人說得清，最近去江都的邵伯，在大運河畔見到了朱自清少年的騎過的鎮水鐵牛，這更激發了我尋訪朱自清故居的決心。

經揚州的朋友打聽，朱自清故居正式開放還不久，怪不得以前沒人知曉。

朱自清故居還真不好找呢，幸好有瓊花觀作參照系，可知大概方位。在瓊花觀斜對面的一個居民區，我總算見到了一塊不起眼的牌子，上寫「朱自清故居」，轉了幾個彎後，才找到一條安樂巷的老巷子，最後在二十七號找到了朱自清故居。

沒想到「朱自清故居」五個字，還是江澤民於一九九二年十月題的呢。

據資料介紹，朱自清自一九〇九年遷到揚州後，先後在天寧門街、彌陀巷、南皮市街、瓊花觀街等多處住過，這安樂巷是他父母租借的，住的年頭稍長些，而且老屋保存得較好，所以辟為了朱自清故居。這幢老屋共有四百多平方米，估計是晚清的建築。

目前，舊居內辟有「清芬正氣傳當世——朱自清生平事蹟展」。這話出自江澤民的詩句「背影名文四海聞，少年波老更情親。清芬正氣傳當世，選釋詩篇激後昆。」江澤民與朱自清既是同鄉，兩家又是世交，所以江澤民對朱自清一向敬重而推崇。在一九九八年十一月六日曾寫下過另一首詩「晨鳴共北門，談笑少年情，背影秦淮緣，荷塘月色明，高風凝鐵骨，正氣養德行，清識傳香遠，文章百代名。」二〇〇一年四月二十九日江澤民在清華大學建校九十周年時發表的講話中又一次提到了朱自清，他說：朱自清先生寫出了《荷塘月色》、《背影》等清新淡雅的著名文章，他鐵骨錚錚一身正氣，寧可餓死，也不領美國的救濟糧。毛澤東同志說：我們應當寫聞一多頌，朱自清頌，他們表現了我們民族的英雄氣概。

朱自清故居是一九九二年辟為紀念館的，但真正公開對外開放是最近的事，所以其知名度還遠不如瘦西湖、平山堂、大明寺等。但我見到了像我一樣虔誠的遊客雇了三輪車一路尋訪而來，還有多位年輕的父母帶著他們的孩子在參觀。聽得出，他們對家鄉出了這樣一位大作家是驕傲的，欣慰的，我想孩子們也許還讀不懂《背影》，讀不懂《荷塘月色》，但這樣的參觀，這樣的講解，必會在孩子幼小的心靈中產生影響，說不定文學的種子從此播下呢。

在朱自清故居內我拍了好幾張照片，在朱自清故居門口我又拍了照片，留下了珍貴的紀念，留下了我對朱自清前輩的敬重與仰慕。

瓊花觀裡半日閒

隋煬皇帝下江南，開鑿運河看瓊花，這是多少年來市井中傳得最繪聲繪色，家喻戶曉的一種說法，只是我歷來不相信這種說法，隋煬皇帝再昏庸，也不至於為了瞧一眼瓊花而勞民傷財開條運河吧。他真想看，不會叫手下把瓊花移栽到京城嗎！宋代的花石綱不就是如此辦的嗎？就算移栽很難成活，但隋煬帝獨個兒飽飽眼福，還是不難滿足的。因為在秦代就有了朝廷的驛站，從揚州到長安，八百里加急用不了幾天，最多累垮幾個差役，跑死幾匹馬而已。

不過這種民間版本的傳說，口口相傳後，無意中把瓊花炒到了神樹仙花的地步，似乎瓊花乃人世間至美至香的第一花。

印象中古人詩中提到瓊花原栽於揚州後土寺，後土可釋為土地，也就是土地廟。我幾次到揚州，友人帶我去個園、何園、汪氏小苑等，就是沒有人提及後土寺，也不知何故。去瓊花觀實屬偶然，因為那天我執意要去尋訪朱自清故居，問著找著，無意間竟見到了瓊花觀的門樓，既然有緣撞見，豈能再失之交臂，我欣然而入，沒想到一進去就留連了半天時間。

那沿街的石牌坊門樓上書「蕃釐觀」，原來這三個字乃宋徽宗趙佶所賜。由此可見後土寺是原名，瓊花觀是俗稱，但俗往往有俗的力量，不信你試試，若問揚州人：蕃釐觀在何處？估計十有八九會不知所指。

算起來，這瓊花觀的歷史有一千四百年了，能在原址修復保存下來，也可算是奇蹟了，作為揚州一個著名的歷史景點，實在可算是一種文化現象，且不僅僅是揚州的文化現象。這中間文化人的能量不可低估，若沒有歷朝歷代那些大名頭的文人騷客爭相吟湧，一株瓊花豈能有如此生命力，一直到了一千四百多年，還長在文化人長在小百姓的心中。

在一而再，再而三的頌之贊之中，歐陽修可說功不可沒，因為他不但寫下了「瓊花芍藥世無倫，偶不題詩便怨人，曾向無雙亭下醉，自知不負廣陵春」的詩句，他還築了「無雙亭」，於是，這株被冠以瓊花的木本植物便成了「維揚一株花，四海無同類」的國色天香了。

應該說，進瓊花觀我是慕名而去的，然而，使我有點失望的是瓊花觀裡並無百年千年的古瓊花可欣賞，那修築的瓊花臺雖古樸，可惜那株瓊花實在太青春太朝氣了，經得風風雨雨還實在太少太少，不足以擔當起向中外遊人展示千年丰采的重任。說句心裡話，名動中外，名傳遐邇的瓊花觀，空有其名，卻無古瓊花樹，終究是掃興的事，這不能不說是個遺憾。

我聽說揚州市已在一九八五年時就把瓊花定為市花，有人認為這在全國肯定是獨一無二的，不可能有其他縣市來爭來奪的，且慢，據我知道，二〇〇七年時，江蘇昆山市也把瓊花定為了市花，究其原因，蓋因昆山的亭林公園裡有一棵兩百年古瓊花樹，可說是枝繁葉茂。每逢四月底五月初，瓊花怒放時，滿樹雪白，遠觀之，如一座小小的雪山。近賞之，但見花疊花，花壓花，成群的蜜蜂嗡嗡，別是一景，只是瓊花的味兒實在不咋樣，使人難以近前，故我對瓊花一直敬而遠之。我不知為什麼那些文人會如此讚美瓊花，難道是他們的嗅覺與我有異，或者純粹是人云亦云？我不得而知。不過話要說回來，瓊花的花型還是挺惹人喜愛的，一團團，一簇簇，與白雪球相似，這花的植物學名叫聚八仙，也有叫醉八仙的。據說古時曾稱此花為「玉蕊」，或叫「山礬」、「瑒花」的。而瓊花之名始於北宋初著名官吏、詩人王禹偁。他寫了一首《后土廟瓊花詩》：「誰移琪樹下仙鄉，二月輕冰八月霜。若使壽陽公主在，自當羞見落梅妝。」並在詩序裡有這樣一段表述：「揚州後土廟有花一株，潔白可愛，且其樹大而花繁，不知為何木也，俗謂之瓊花。因賦詩以狀其異。」此後，文人騷客題詠瓊花漸多，瓊花之名傳矣。

有一種說法，在宋之前，也即王禹偁題詠前，瓊花本泛指那些最為漂亮的花朵。「瓊花」也有寫作「瓊華」的，瓊，王字旁，本意乃美玉。玉在我國的地位向來極高，瓊華者，意謂像美玉一樣讓人賞心悅目的花卉。但王禹偁的詩與詩序一傳，也就約定俗成，瓊花演化為專一的花名，遂成大名。

在瓊花觀裡觀瓊花儘管有若許失望，不過還是能給一些來懷古憑弔的遊客某種心裡慰藉的。瓊花觀如今是個休閒佳處，若能偷得浮生半日閒，來此小坐小憩，靜一靜心，養一養神，梳理一下情緒，調整一下思路，是會有收益的，這裡值得一來。

我，是個走到哪寫到哪的遊客，參觀也就比一般遊人要仔細，還會注意某些大部分遊客不太感興趣的東西，以及某種細節。譬如我見那座高高的大殿，屬典型的明式建築，估計這兒已非當年建築，因寫篇遊記需要，能問清楚自然最好，只是沒有講解員，沒有文字資料，只好去問售票員，售票員一口咬定是宋代的，我說宋代不應該是這種建築風格，不可能是宋代的，他還與我爭呢。邊上有位遊客對我說：你說的是一般規律，也許宋代揚州已有這類風格的建築呢，總歸以工作人員說的為准吧，我無話可說。不料走著看著，意外發現有一塊屏風樣的文字碑，上面清清楚楚寫著：移建的明代建築。我當時很想把那售票員拉過來看一看，但終於作罷。也許售票員只是想告訴我瓊花觀的古老吧。

在瓊花觀裡，除了瓊花臺、無雙亭外，還有玉鉤井，相傳因道教人士稱：下有玉鉤洞天，故名玉鉤井。那青石井欄上有著深深淺淺的繩痕，可惜我仔細看後，那是做假做出來的，換句話說仿得還不到位。清代時的井繩有用鐵鏈子的，所以會在井欄圈上拉出井繩痕，日積月累，千日之功自然形成的，與硬鑿硬磨出來的畢竟不太一樣。

瓊花觀裡最讓留連的是歷代詩人的詩碑，詩自然有高下之分，有的讀後讓人擊節讚歎，有的讀後有「崔顥題詩在上頭」的感慨，當然也有的讓人覺得空泛讚美，不過爾爾。

在我細讀詩碑時，不時傳來高吭的京劇，那西皮流水唱得鏗鏘有力，一板一眼，極有韻味，我在聚瓊軒邊見有一小亭，亭內有四五個票友，自拉自唱，自得其樂，為古老的瓊花觀頓添生氣。我站在那棵百年古銀杏下，品賞著那國劇唱腔，久久不想離去。那亭子的抱柱上有一副對聯引起了我注意：「玉容偏雅淡，國香自清腴」。大手筆，不知為何人所題，我甚至認為比詩碑中不少名人的詩句更有味，更耐品味。

瓊花觀之遊，有遺憾，但更多的是收穫。

個園之竹

揚州的個園，名聲不算太大，名聲也不算太小，其遊人也許遠不如瘦西湖多，但個園有個性，是文化人愛去的園林，是植物愛好者愛去的處在，更是愛竹之友的最佳休憩之地。

進入個園，自稱對植物知之頗多的我也大吃一驚，竟有如此之多的各種各樣的竹子，佛肚竹、龜甲竹、紫竹、方竹、湘妃竹、慈孝竹……千奇百怪，個性各異，不少是見所未見，聞所未聞，真正是大開眼界。面對這琳琅滿目，美不勝收的竹世界，我想起了古人的一句老話「寧無食無肉，不可居無竹」。是啊，竹之挺直，竹之虛心，竹之長青，竹之樸素，竹之雅趣，竹之脫俗，實在是植物中的布衣精英啊。

我沒有考證個園為什麼叫個園，但我想竹之半，豈不是個字，大概主人還嫌他移栽移種的竹子品種還不夠多，只是竹世界的半個園林吧。

徜徉在個園，小憩於竹影之下，煩惱遠去了，俗慮遠去了。假如是個細雨微蒙的天氣，假如是個遊人寂寂的早晨或傍晚，在個園靜坐，在個園冥思，那必是人生的一種享受。我喜歡個園，留連個園，不僅僅那些竹，那些竹筍，那些竹影，還有那種氛圍，那種情調，那種唯有在此才會生出的心緒。

要不是友人打手機催我，我真想在個園多坐一會，再多坐一會。

離開個園時，我突然想起了白居易的詩句「水能性澹為吾友，竹解心虛即我師」。是的，此時我的心境與個園，與竹心竹貌是相吻合的。

大鐵鑊鎮水說質疑

大概與揚州有緣吧，近日三上揚州。友人知道我對人文景觀有興趣，特地請了一位姓梁的導遊陪我尋古訪幽。

揚州八怪紀念館自然是我最感興趣的。在大廳前的通道上，一隻大鐵鑊置於正中醒目位置，有彈眼落睛之效果。

據梁導介紹，現植有睡蓮的鐵質容器名為大鐵鑊，乃鎮水之用，相傳為蕭梁時遺物。梁導見我對大鐵鑊頗有興趣，還特意補充說：此鑊之作用還有一說為盛水的消防器具。

這兩個假說似乎也持之有故，能自圓共說了，但我總覺得多少有些牽強。

鑊，俗稱鍋子。古人釋字「有足曰鼎，無足曰鑊」。中國有人成語叫「斧鉞湯鑊」，所謂「湯鑊」就是用大鍋把水燒開燒沸，再把犯人投入水中煮死，是為烹刑。烹刑分油煎與湯煮，作為正刑源於秦，《漢書・刑法志》就可「鑊烹之刑」的刑律。從這成語可知，這大型之鑊在古代其實是一種酷刑的刑具。古人曰：「煮於鑊曰亨，在鼎曰升」，換句話說，鑊為實用、民用，鼎為禮器、重器，兩者是有區別的，在古代被當作「明尊卑，別上下」的標誌，以此推斷，用鑊鎮水似乎理由上不過硬。

據我有限的知識，古代這種大鑊應該是青銅鑄造的。

當然，我並不是說揚州地區出土的大鐵鑊就是古代刑具。

據我知道，中國古代鎮水通常是鑄鐵牛的。這在徐州的黃河故道邊上就有，至今仍昂首而水。最著名的鎮水物為河北滄州的鐵獅子，名為「鎮海吼」。從鐵獅子的銘文看乃「大周廣順三年鑄」，這是後周太祖的年號，周世宗在位是西元九五一至九五三年，距今一千年稍多些。

筆者孤陋寡聞，用大鐵鑊鎮水的古代文獻還沒見過，因此懷疑這相傳是否可靠。

據揚州目前的旅遊資料稱，大鐵鑊為蕭梁時代遺物。蕭梁為南朝時期的梁朝，因為皇室姓蕭，所以習慣也稱蕭梁，從蕭衍西元五〇二年代齊稱帝到西元五五七年為陳所取代，共五十六年，算起來距今一千四百多年。

誠然，中國是世界上發明鑄鐵冶煉技術最早的國家，據地下發掘的鐵器實物證明，在春秋中期就出現了生鐵鐵塊，以及鐵鑄農器及兵器等。從筆者所見到的資料，我國古代最大的鐵鑄建築是西元六八八年時武則天下令造的鑄鐵結構廟宇，三層塔層建築，高達兩百九十四尺。另，山東有一座高達七十八尺的鐵塔是西元一一〇五年造的。然而，據《世界之最大觀》一書披露，中國古代最大的單體鐵鑄件還是滄州獅子。

儘管我國的鑄鐵技術早年在世界是絕對領先的，但一千五百年前的蕭梁時期能否大批量地鑄造出一個又一個如此龐然大物的大鐵鑊，實在是值得打上一個問號的。

要說大鐵鑊為宮室、王府的消防器材，此說比鎮水說要實際些，但細心的遊客會發現，大鐵鑊並非平底的，無法平放於地，須用石頭等作座架之。如果僅僅是盛水防火之用的，用平底的豈不更穩當嗎？由此可見，大鐵鑊為盛水防火之用難令人信服。

據筆者知道，類似揚州地區出土的大鐵鑊（有的地方叫大鐵釜）在元代時就有實物遺存了，明代朱國禎的《湧幢小品》裡有詳細記載。若按朱國禎的解說，大鐵鑊應該是元代造船廠的遺物。揚州是沿長江的城市，在元代時，忽必烈定都大都，為了解決糧食問題，開闢了以瀏家港為「天下第一碼頭」「古六國碼頭」，在今江蘇太倉境內，因此需要打造大批海船。在六七百年前的元代，還沒有塑膠纜繩等，而一般的麻繩等又極易被鹹性的海水所腐蝕，於是，有人發明了用竹篾編織纜繩的法子，為了使竹篾纜繩更經海水腐蝕，又有人發明了用油煮竹篾纜繩的方法。具體做法是把編好的竹篾纜繩盤置在大鐵鑊內，再灌入桐油，然後架木柴燒之，桐油沸後，就滲入到竹繩纜繩中，經油煮後的纜繩海水就很難腐蝕之了，這大大延長了竹篾纜繩的壽命。

據此推斷，我以為揚州地區出土的大鐵鑊很可能是古代造船廠的遺物。當然，我這是一家之說，並非定論。現提出來就教於揚州的方家，不知能否得到認可。如果通過爭論，能給大鐵鑊的真正用途有個，公認的說法，這對揚州的歷史，揚州的旅遊未嘗不是件好事。

揚州八怪紀念館感悟

歷史上揚州名聲大矣，揚州名勝美矣，揚州名人眾矣，揚州名特土產多矣，揚州文化底蘊厚矣。而今，因了眾所周知的原因，因了運河文化的弘揚，揚州的知名度再次飆升，成了一個中外遊人嚮往的古典之城、休閒之城、旅遊之城。

只是，去揚州的中外遊客，十有八九被旅行社被導遊引向了瘦西湖，引向了大明寺，引向了平山堂，引向了何園，引向了個園。誠然，這些名勝之地都很有文化底蘊都很值得一遊，但我更願意去揚州八怪紀念館、後土寺瓊花觀、廣陵王漢墓，以及朱自清故居等導遊不大樂意帶去的景點，這些景點通常少有人滿為患的擁擠與喧囂，因了遊人稀稀，反倒有了一份難得的寧靜，可慢慢參觀，靜靜品味，獨自憑弔，獨自感悟。

揚州八怪紀念館在揚州老城區的駝嶺巷內，鬧中取靜，雖不免有寂寞之感，可我又覺得這與揚州八怪生前的境遇是相吻合的，太熱鬧太嘈雜了反倒失去了那種探古訪幽的情趣，與他們當年的民間性、草根性、探索性、獨立性、叛逆性不相匹配，也會讓自尊的獨立文人的孤傲與清高大打折扣。是的，去這樣的地方，急匆匆來，急匆匆去，走馬觀花，到此一遊，似乎對先賢有點褻瀆。最宜攜三四好友，一二知己篤篤悠悠趁興而去，帶著學習的心態、欣賞的心態、虔誠的心態，做一次難忘而愉快的藝術之旅。

穿過一條長長的古巷，終於見到了那座早就想參觀的揚州八怪紀念館，一看那建築風格，這分明是一座寺廟嘛，原來這紀念館是利用西方寺舊址改建的。我突然想起，揚州八怪之一金農晚年就是寄居在西方寺中的，如此看來，以西方寺為揚州八怪紀念館所在倒是有典有故，合情合理的呢。這是個讓多少書畫家、崇拜者頂禮膜拜的聖地啊，因為這裡有讓人高山仰止的大家大師啊。

揚州八怪紀念館陳列大廳早年大概是大雄寶殿，樑枋間的纏枝花彩繪依著「修舊如舊」的原則，依然保持明代洪武年間重建時的舊貌，斑駁處滲出絲絲縷縷的歷史資訊、文化資訊，一磚一瓦，一窗一門，一礎一雕，無不令人發思古之幽情，恍惚間，但見青衣小帽的鄭板橋一步一踱走來，嘴裡頓挫抑揚地念道：「聰明難，糊塗尤難，由聰明而轉入糊塗更難。放一著，退一步，當下安心，非圖後來報也。」

想著走著，走著想著，鄭板橋一閃身隱入大廳中央的一群畫友道兄之中，不再言語，凝固成雕像，與周圍融成一片。我揉眼一數，呀，怎麼是十五位，而不是八位呢。讀者或許要奇怪了，揚州八怪怎麼變成了十五怪。且慢質問，聽我道來，其實所謂揚州八怪是虛指，只是泛指在清代康熙、雍正、乾隆年間活躍於揚州畫壇的那一幫蔑視傳統，敢於反叛，勇於創新，與正統宮廷畫派相對立的畫家而已。而我們通常所說的鄭板橋、金農、汪士慎、李方膺、李鱓、高翔、黃慎、羅聘等8位是揚州八怪中的代表性畫家，其實還應該包括高鳳翰、華喦、李葂、閔貞、邊壽民、陳撰、楊法等七人，因此塑十五位畫家是尊重歷史的舉措。

關於對鄭板橋的評價，美譽文章實在太多了，幾乎是一面倒的贊之褒之的文章。他的書畫也是被捧之又捧，一路躥紅，攀上天價。以我個人觀點，鄭板橋確實有許多值得讚美、宣傳的地方，但就目前他的影響而言，他那「難得糊塗」題詞的負面影響實在不能小覷。我敢打賭，在中國歷代書法家的題詞中，「難得糊塗」肯定是翻印得最多的一幅，可見其流傳之廣。我曾見不少身居要職的政府官員家裡掛著「難得糊塗」條幅，這些人中，有多少人因了難得糊塗而行賄受賄；因難得糊塗而放任家屬、子女為非作歹；因難得糊塗而養小蜜、包二奶，生活糜爛不堪；因難得糊塗，而傍大款，親黑道；因難得糊塗，而糊塗到收賣殺手，殺上司，殺副手，最後鋃鐺入獄，國法難容。

或許有人會批評我：這豈能怪罪於鄭板橋。我無意譴責鄭板橋，我只是在想，兩三百年前的鄭板橋大概做夢也想不到自己的一幅書法題詞會如此廣為流傳，如此多種解讀，乃至曲解。九泉下的他不知該高興，還是該喊冤？

維護鄭板橋的或許還會說鄭板橋當年如何清高，如何篾視權貴，如何關心百性，其實也不儘然，就說鄭板橋題的這「難得糊塗」這四個字吧，當年他是在山東文峰山觀鄭文公碑途中，借宿一老者家中時，為主人糊塗老人所題的，而他用的印是「康熙秀才雍正舉人乾隆進士」，他還有一枚閒章為「乾隆御封書畫史」，可見他還是很在乎那些功名的。當然也有人理解為此乃鄭板橋自嘲而已，把它與北宋詞人柳永自稱「奉旨填詞」相提並論，認為蘊含無限的酸楚與驕傲。不過我卻覺得那位糊塗老人倒是值得一書的人物，因為這位退隱鄉野的老人其實是「院試第一鄉試第二殿試第三」的探花郎呢。

好，且不說這些，就說揚州八怪紀念館牆上掛著的，媒體與評論家頗多美言的自定書畫潤格，以及他書寫的「凡吾畫蘭、畫竹、畫石，用以慰天下之勞人，非以供天下安享人也！」這可信嗎，這真實嗎？試想，一幅字畫要二兩至八兩銀子，普通百姓能承受得起嗎，會去購之掛著欣賞嗎？看來這些為天下百姓所畫之話也不過是說說而已，用現在的注解釋之，就是不無宣傳的成份、廣告的成份。我這樣寫可能捅了馬蜂窩，但我並非故意抬杠，確實是我參觀時的一點真實想法。

筆者曾在有關描寫鄭板橋的文章裡讀到過他被誣罷職回鄉時，百姓遮道相送，他走時僅帶兩個僮僕，牽三頭毛驢，馱四筐書籍，與那些刮地三尺，整箱整箱，滿車滿船滿載而歸的貪官形成鮮明對照，鄭板橋的清廉由此可見一斑。也有文章寫到他曾送畫給窮苦百姓，以作接濟，讓他們換錢度日，其實這與他自定高價潤格並不矛盾，所謂此一時彼一時也。

每個城市都有每個城市的名人，自隋煬皇帝下江南後，多少文人墨客流連揚州、盤桓揚州、長住揚州、終老揚州，若做個有心人，細細數之，真用得著「不勝枚舉」一詞。然而，與揚州貼得最緊的名人古代當數鄭板橋，近代當屬朱自清。如果請蓋洛普民意測驗，在普通老百姓心目中，可能鄭板橋與揚州市更密不可分，儘管鄭板橋並不是揚州人。但鄭板橋對揚州倒是頗有感情的，他填過一闋《滿江紅・思家》的詞：「我夢揚州，便想到揚州夢我。第一是隋堤綠柳，不堪煙鎖。潮打三更瓜步月，雨荒十裡紅橋火。更紅鮮冷淡不成圓，櫻桃顆。何日向，江村躲；何日上，江樓臥。有詩人某某，酒人個個。花徑不無新點綴，沙鷗頗有閒功課。將白頭供作折腰人，將毋左。」其感其情，溢於言表。揚州真該感謝鄭板橋！

鄭板橋作為揚州的歷史名片、文化名片、城市名片，不說揚州的頭塊牌子，也當在三甲之內。

好，不談鄭板橋了，談談金農吧。

實事求是的說，在揚州八怪中，名聲最大的是鄭板橋，而藝術造詣最高的應該是金農，他才是揚州八怪真正的核心人物、領軍人物。

金農的藝術成就我是極為欽佩的，他詩、書、畫、篆刻、琴曲、鑒賞、收藏，無一不精，其書畫成就遠在板橋之上。但此人時運不濟，到老未能得到重視，未能出仕，晚年更是寂寞潦倒。有人在評述金農時，說他淡泊名利，遠離官場等等，其實，從留存下來的金農書畫來看，金農實在是很想出仕的，只是生不逢時而已。空說無憑，有詩為證，金農七十三歲時他題在《枯枝圖》上的詩句有詩曰「近來老醜無人賞，恥向春風開好花」；七十五歲時，他又在所畫《千里馬圖》卷上題詩曰：「龍池三浴歲駸駸，空拖馳驅報主心。牽向朱門問高價，何人一顧值千金」。這不都是他心境的寫照嗎？他境遇的自況嗎？他自認為自己是有報主之心的，只是無人賞，沒有人願出高價，因此他歎息複歎息，牢騷複牢騷。他在《蕉石圖》詩裡有「秋來葉上無情雨，白了人頭是此生」，那種失落，那種無奈是多麼刻骨銘心啊。所以他的「獻書懶上公與卿」，也是此一時彼一時的心態，如果真的乾隆招他進宮，恐怕求之不得。因為中國文人的正路向來是仕途，所謂「學而優則仕」。金農金石謀生，無意仕途無非是仕途無望後的無奈之舉，並非他心願。不承認這點就不能算是唯物主義的態度，我們不必為古人諱，事實上，絕意仕途不見得就清高多少，關鍵還在於個人品行、操守。

在揚州八怪紀念館陳列大廳後，我參觀了金農畫室，印象最深的是他送給汪士慎的一副對聯「惡衣惡食詩更好，非佛非仙人出奇」，用當時正統的眼光觀之，屬另類聯語，也唯有像金農這樣嚐盡世態炎涼，對朝廷失望，對藝術自信，處於看破紅塵，又難舍紅塵的矛盾心情、孤傲之人，才能撰寫出如此對聯。我猜想，這既是對好友汪士慎的畫像與褒揚，也是他的自況與自勉。我反覆品味，從中悟道。聯想起「詩必窮而工」的古訓，一時感慨萬千。

金農還有一聯乃「寫經滿百卷，畫佛亦千尊」，可以想像晚年的金農作為「心出家庵粥飯僧」，作為「如來最小弟」，他的心已死了，與佛近了，與俗世社會遠了。金農的一生是淒苦的，不幸的，真正的懷才不遇。然而金農又是幸運的，因為逆境礪志，他留下的作品使他青史有名，不朽於史。如果他仕途得意的話，可能就沒有今天的赫赫名聲了，得與失，失與得，世間的一切有時實在難說得很。作為後學，我到底該為金農的際遇慶倖呢，還是該為金農悲哀呢？我兀自無語，默默站立了許久許久。

金農畫梅絕對是大家，墨梅是其擅長，瘦梅是其最愛。紅梅喜慶是喜慶了，終不免流俗，墨梅則清雅淡泊，而金農的瘦梅，往往逸筆草草，稚拙質樸，表現剛中有柔、寫盡冰肌傲骨，我還讀出孤傲不群，率性而為。餘評之上品妙品也。

金農的書法有人盛讚他的漆書，乃自辟蹊徑，自成一體，譽之為「以拙為妍，以重為巧」、「拙中見巧，拙而愈巧」等等。其實，行草是其書法的巔峰。有行家評之：金農之行草，楷書筆法、隸書筆勢、篆書筆意相融相合，別具一格。誠哉斯言。

鄭板橋有詩《贈金農》云：「亂髮團成字，深山鑿出詩；不須論骨髓，誰得學其皮！」鄭板橋何等心氣、何等清高之人，他能如此評價、推崇金農，足可見金農在板橋心目中的分量，透出一種惺惺相惜的情懷，讓我們後學也頓生敬意。

金農是多才多藝的，但金農的文人脾性又是與朝廷格格不入的。金農在世時，未能一展抱負，一顯身手，但所幸其沒有放棄對藝術的探索與追求，在藝術的天地裡，找到了他人生的座標，為後人留下了丰韻的藝術瑰寶，包括有形的與無形的文化遺產。

「靜以修身，儉以蓄德」，揚州八怪紀念館出來，這一聯我印象很深，深深地印在了我腦海裡。我默念此聯多遍，幾分留戀地走出了揚州八怪紀念館，我甚至想光這一聯，就不虛此行，就是一個大收穫啊。寫了揚州八怪，我不能不聯想到清代時與揚州八怪畫派相對立的婁東畫派。當時的婁東畫派後人又稱「四王畫」，即太倉的王時敏、王原祁、王鑒與常熟的王翬所創立的畫派。婁東畫派在清代乃宮廷畫派，佔畫壇主導地位。五四運動時，陳獨秀、康有為對揚州八怪的創新精神大加褒揚，於是，揚州八怪畫派因時因勢崛起，之後，輿論漸漸一面倒地貶「四王畫」，捧揚州八怪，一直影響了畫壇很長時間。但隨著改革開放，撥亂反正，畫壇開始了反思。特別是海外，提出了重新評價四王畫的觀點，並出現了不少研究四王畫的論文，還開過國際學術研討會，專門探討四王畫的歷史成就與得失，還出過幾本有關四王畫的專著呢。海內外專家學者達成共識：四王畫雖有程式化傾向，有局限，但仍不失為中國畫的正脈，其傳統的繼承，其筆墨功夫都難以抹殺，甚至還有人認為學中國畫不從四王畫入手，一上來就學揚州八怪那種標新立異的畫法，基礎未打好，很可能走到野狐禪那一路上去，所謂標新立異有餘，筆墨功夫不足，當然，這僅僅是一家之言。不過，我以為還是有一定見地的。這對重新認識、正確評價揚州八怪的歷史地位與貢獻，無疑提供了一個參照系。

揚州八怪對中國藝術，對中國文化的貢獻是毋庸置疑的，其歷史地位也早有共識。不管是學術探討，還是山寨議論，或貶或褒，或抑或揚，鄭板橋還是鄭板橋，金農還是金農，對揚州八怪，或者說對揚州其實都是促進見報率，增加知名度的好事。我只想說：不管你瞭解不瞭解揚州八怪，喜歡不喜歡揚州八怪，到了揚州，不去揚州八怪紀念館，將是件十分遺憾的事；對我來說，如果有機會，我還會去揚州八怪紀念館，不是去朝聖，不是去還願，而是去再一次接受薰陶，接受藝術的薰陶。

文氣詩意的鬥野亭

邵伯，小鎮也；邵伯，古鎮也。邵伯有過曾經的輝煌，邵伯正在發掘歷史的底蘊，以發揚光大它的文化傳承。

京杭運河線上的千年古鎮邵伯，曾為漕運、鹽運作出過貢獻，有「大碼頭」之譽。

說出來也許讀者難以相信，小小的邵伯，唐以來，名人名流光臨者不勝枚舉。如唐大書法家顏真卿，宋大文豪歐陽修、蘇東坡、蘇轍，大詞人秦觀、大書法家黃庭堅、著名詩人張耒、民族英雄文天祥，元代大詩人薩都剌，明代著名散文家李東陽，清代的康熙、乾隆皇帝、大學者談遷、王士禎、劇作家孔尚任、《聊齋》的作者蒲松齡等等，挂一漏萬，未寫進去的還有很多很多呢。

這一代一代的文化名流自然給邵伯留下了詩文，留下了墨寶，留下了佳話，留下了軼聞。其中最值得邵伯後人驕傲，最值得書上一筆的當數鬥野亭。

鬥野亭始建於北京熙寧二年，也西元一六〇九年，距今已有九百多年歷史了，遊人一定會奇怪，一座近千年歷史的古亭，為何取名為鬥野亭呢？其實這「鬥」，非戰鬥、角鬥、鬥爭、鬥法、鬥嘴、鬥毆、鬥氣、鬥智、鬥心眼之鬥，這「野」，也非野蠻、野心、野性、野獸、粗野、撒野之野，而是因為揚州地屬天文中鬥、牛星宿分野，故而名之。

歷史上，景因人著名，人因景留名的現象比比皆是。鬥野亭之所以在千百年間能毀了再建，湮了又修，幾經興衰，景依然，名依然。重要的不是當年的亭子是否建得豪華、氣派，也不是選址選得有多好，而是亭子的文化含量。只因了北宋名士孫覺、蘇軾、蘇轍、秦觀、黃庭堅、張耒、張舜民等七位名人有過《題鬥野亭》的唱和詩篇，這鬥野亭再小再土也身價百倍，這就是歷史底蘊、文化積澱呀。打個不一定恰當的譬喻，假如有一座小亭，貌不驚人，但巴金、冰心、郭沫若、茅盾、曹禺、老舍、沈從文等七位文化巨人相聚於那亭，一一吟詩作賦，那日後該亭必青史有載了。

蘇東坡等名流的《題鬥野亭》被後人稱之謂七賢詩。我仔細閱讀了孫覺的原詩，以及蘇東坡等人的和詩，大都是借景抒懷，以露真情，以表心意。如蘇東坡的「孤亭得小憩」；蘇轍的「野寺為我清」；秦觀的「積水寒更清」；黃庭堅的「籟簫吹木末」；張耒的「危亭下瞰野」等等，多少透露了這些文人的境遇與心態，於是張舜民在詩末用「寄言懷土士，慎勿慕官榮」作結。景與情相吻合了，詩言志，更吐感歎啊。

重溫重讀這些詩篇，依然堪可回味，得益非淺呐。

如今的鬥野亭是邵伯鎮政府於二〇〇一年秋斥鉅資重建的。已非宋代時鎮西梵行寺側，而是選址在京杭運河與古邗溝交彙處，從風水、景觀之角度而言，新址擇於此，確係慧眼獨具。留連於此，佇立於此，既可飽覽大運河風光，又可欣賞名家之墨寶。如欲攝影留念者，挺拔的白楊樹，流淌的運河水，亭臺樓閣，假山花草，無不入詩入畫，皆可取景，更有三百多年前的鎮水鐵牛，高臥於運河邊，乃絕佳背景也。如果喜好文學的，可能還會想起一代散文名家朱自清的回憶文章，他兒時曾在邵伯住過兩年，當年他常來此河邊騎在鐵牛上玩耍呢。

小鎮的書法家華續先在《再建鬥野寺感賦》中有「七賢詩勒石，翰墨羨書生」，道出了小鎮文化人的欣喜之情，其實，真像王鴻在《再建鬥野亭記》中寫的「應時代之需，順民心所心，擇地再建鬥野亭，既為江淮名邑重現歷史名勝，亦使千年古鎮增添文化氤氳；既供遊客觀瞻，裡人休閒，亦可告慰先賢，造福後人，實乃一盛舉也」。

概括得精當，好！

我建議：為續鬥野亭的文氣詩意，可邀請書畫家、攝影家、作家詩人來個鬥野亭筆會，詠之、繪之、書之、攝之，以壯知名度，因為鬥野亭乃目前邵伯之第一景啊。

別有情趣的邵伯湖

朋友聽說我到了揚州，盛情邀請我再去江都，並說陪我去品嚐邵伯龍蝦。我早聽說邵伯龍蝦一點不亞於盱眙龍蝦，但我不想做饕餮之徒，連忙說：「免了免了」。友人馬上說：「還有遊邵伯湖呢！」

因了邵伯湖的誘惑，我欣然前往。

邵伯風光如今已被列為揚州十大風景區之一，早年，對邵伯最大的印象，無非就是這塊蘇中大地上有過七戰七捷的壯舉。其實，壯懷激烈只是邵伯一個小小的側面，邵伯更多的是他源遠流長的歷史，以及文人的儒雅風流。如果從東晉太傅謝安在此築埭得名算起，就有一千六百多年歷史了。一個千年以上的小鎮，該是多麼地古老，在它滄桑的歲月中，該有多少豐蘊的歷史遺存啊，我對邵伯肅然起敬，別眼相看。

邵伯與我家鄉一樣，也屬水鄉澤國，但邵伯湖的氣勢闊大，與「小橋流水人家」的江南水鄉風情不可同日而語。邵伯湖以其水域廣大，水勢浩淼，水渚眾多，物產豐富而著名。

也許是交通的關係，也許是宣傳還未到位，總之，邵伯湖的旅遊還未真正熱起來。不過，那份恬靜，那份野情就頗難得了，這可是千金難買的啊。

或許我們到湖邊的時候有點尷尬，正是吃中飯時，所以諾大的湖面上沒有一隻遊艇，沒有一個遊人。靜啊，靜得只有風兒穿過蘆葉的聲音，靜得只有鳥兒喁喁私語的聲音，靜得只有魚兒躍出水面的聲音，靜得唯聞天籟之聲。

當汽艇像箭一樣射向湖心時，領略邵伯湖的神韻丰姿才算真正開始。

汽艇劈風斬浪，如脫韁之馬，一個「爽」字了得。站在船頭，風掠發梢，一派瀟灑，那船工，知是采風的作家，也就拿出看家本領，轉彎時，那艇似乎只一側貼著水面，像是要飛起來，膽小的自然要驚呼起來，膽大的直喊：「過癮！過癮！！」

此時的我，注意力已被那些小鳥吸引了，看呀看呀，那長滿水菱的淺灘上，突然出現了一隻仙鶴般大小的鳥兒，只是此鳥羽色白中帶灰，頭部與頸部有如金羽，可惜叫不出名，我懷疑是池鷺，但不敢確認。那些個小的翠鳥與葦鶯，或棲於蘆梢，或漫步菱葉，或嬉戲水中，或翔於低空，自由自在，無拘無束。

當汽艇駛向水上迷宮時，突然一奇特的景像出現了——水面上出現了一群又一群的水鳥，那水鳥我叫不上名，鴿子般大小，有的通體雪白，有的腹部灰黑，有的白羽中帶黑點，而特多的是頭部呈黑色，其嘴尖尖，其翅長長，那長長的翅膀一定有助於滑翔，所以這些水鳥多半在離水面尺把的低空滑行，一旦發現魚兒，一個猛紮下去，十拿九穩。只有累了，他們才會浮在水面，悠閒地小憩，我猜想這兒水淺，魚蝦比較集中，成了水鳥捕食的理想天堂，所以小鳥都不約而同地到此處表演它們的絕技來了。

汽艇的駛過，水鳥們見慣不驚，見慣不怪，該逗留的依然逗留，該覓食的依然覓食，頗有點天人合一的味道，我不禁為之叫好。

我還注意到，與此相對應的是空中有空中的主兒，那些個大的白鷺、蒼鷺往往飛翔在湖的上空，慢慢地飛著、轉著，瞅准了才會向湖面作一博擊，不博則已，一博則中。與其相伴的還有紫燕，紫燕翻飛，忽上忽下，像個快樂的精靈。各式鳥兒使邵伯湖野態無限，生機無限，也使我們遊興無限，樂趣無限。

當汽艇回程時，我突發奇想，要是駕一葉小舟，讓船娘唱著有地方風味的《紗囊子撩在外》、《拔根蘆柴花》、《茉莉花》、《小蘭花兒開》、《清江小妹子》、《一根絲線牽過河》等民歌，那一定韻味十足，或者放些《八段錦》、《青陽扇子》、《鸚鵡歌》、《二六》等邵伯獨創的民樂，那一定會讓遊人如醉如癡、留連忘返的。假如時近黃昏，夕陽西墜，晚霞燒紅了半邊天幕，染亮了一湖金波，船兒慢慢往回搖，遠處的船兒與近處的船兒互相唱和，那豈不成了典型的漁舟唱晚，豈不風情萬種。

邵伯湖是個好地方，堪稱天然氧吧，久居都市的來此換換環境，換換腦子，遠離紅塵，遠離喧囂，也就遠離煩惱，遠離俗慮。多好啊。邵伯湖可供旅遊開發的專案還很多很多，諸如觀鳥、賞魚、採菱、聽歌、嚐鮮、狩獵、垂釣、寫生、攝影、野營等等、等等。古人曰「三十六陂帆落盡，只留一片好湖光」。我謂之：棠湖風光別一景，放棹泛舟不虛行。

邵伯船閘一瞥

提起葛洲壩，大概用得上無人不知，無人不曉這八個字了，若問葛洲壩位於何處，我想能正確回答的必是絕大多數，如果有人問其規模僅次於葛洲壩的船閘叫什麼名稱，在哪個省份哪個縣市那條河或江上，恐怕基本上沒有人回答得出。

說老實話，要不是我這次到揚州，到邵伯，我真不知道邵伯船閘的規模與歷史呢。

邵伯船閘若比規模，自然不能與葛洲壩相比，可它悠久的歷史，又有誰可與之相比呢，邵伯船閘竟然源於東晉謝安築邵伯埭時，迄今有一千六百年歷史了，不管是宋代易埭為閘也好，還是明代閘、埭並用，有一點是沒人能否認的，一千多年來，邵伯船閘一直在發揮著作用。

現在的邵伯船閘為大型雙線船閘，為余杭運河自長江向北的第二個梯級過船樞紐。當然，現在的船閘已非古時的船閘了。站在如今的邵伯船閘上，可以望見不遠處廢棄的老船閘。據鎮裡的同志介紹，那報廢的船閘是民國時建的，還是利用「庚子賠款」造的呢，當時稱為新式船閘，蔣介石還題寫過閘名。據說在老的《申報》上還能查到老蔣題寫的閘名手跡。當時國民黨的多位政府要員如林森、陳果夫、孫科等前往視察過，可見邵伯船閘在當時的重要性，俱往矣。現在的邵伯船閘已步入世界先進船閘的行列，全部採用了電腦操作。

過船閘時，我特意問了一下，其閘室有兩百三十米長，站在船閘中央，望下去，確乎有些驚心動魄，因為上下閘的水位有落差，通常要三米左右，這相當於一幢樓的高度呢，我觀察過往的船隻，全是大噸位的鐵殼船，據說大的要達兩千噸級，而且幾乎所有的船都裝得滿滿的，那吃水線幾乎與船沿齊平了。因來去匆匆，我無法看遍從上水或從下水過往的船隻如何過閘的全過程，但我還是饒有興味地看了一會。那閘是兩道門的，先把上水的幾隻船放進來，再通過閘首兩側的輸水廊道調節水位，等閘內之水位排放得與閘外下水齊平後，再放行，反之，就要等船進來後，閘內水位升高，升到與上水相近時，才可開閘放船。

我看過一個資料，邵伯船閘的年通航量為四十五萬艘次，約七千萬噸。真要說句「乖乖隆地冬」了。

邵伯船閘的另一個特色是綠化好，走進邵伯船閘，疑是走進一個大的園林，滿眼是樹是花是綠色，真正是鳥語花香、綠蔭迎匝地。整個閘區內，綠化的覆蓋率甚至超過有些園林，一大半是綠化林帶，既有常綠的花木，也有果樹類花木，這兒靠邵伯湖，靠大運河，又遠離市區，本來鳥多，加之如此綠化，更成了鳥兒的天堂，在這兒工作，雖不免枯燥，可環境絕佳，使人心曠神怡。

邵伯船閘雖為匆匆一瞥，匆匆而過，卻留下了極為美好的印象。

走馬觀花去油田

我曾在微山湖畔的一個煤礦工作過二十年，雖非正兒八經的井下工，但在二十年時間裡，也下過幾十次井，對煤礦自謂是瞭解的。俗話說隔行如隔山，對油田我則是陌生的，關於油田全部的知識，都是從大慶鐵人王進喜的有關報導與電視、電影中得來的，我一直很想見識見識油田，可惜一直沒這個機會。

最近去了一趟江蘇江都的邵伯鎮。邵伯的作家徐光燦是江蘇油田的，他熱情相邀，一定要陪我去油田看一看，我正中下懷，於是驅車前往。

邵伯油田的正式名稱為江蘇油田，是從一九七五年五月開始會戰的，油田工人有從大慶油田來的，有從勝利油田來的，有從四川各大油田來的，使得邵伯湖兩岸聳起了一座又一座油井，使聽慣了欸乃槳聲的運河畔的百姓也親身感受了隆隆的機聲。

邵伯一帶屬蘇北的油米之鄉，湖泊眾多，河網交叉，田野青翠，樹木扶疏。那些習慣於在戈壁灘，大草原或崇山竣嶺中鑽井探油、採油的油田工人甚至覺得這油井打在花園裡，這種感受是那樣的強烈，以致他們十分珍惜這良好的自然條件。

水鄉澤國雖為魚米之鄉，地質條件卻極為複雜，地下的不利因素一直在考驗著那些走南闖北的石油工人。有鐵人精神的鼓舞，終於打出了第一口油井，終於建成了年產一百五十萬噸原油的江蘇油田，使江蘇甩卻了石油貧困省的帽子。

車子停在一處採油機旁，那桔黃色的採油的機手臂一上一下地動作著，當地老百姓稱之為「磕頭機」，這倒也形象通俗，這些已正常採油的機器實在看不出什麼名堂，因為採出的油直接通到油罐中去，全封的，甚至機器旁也沒操作的工人，大概只需要定時來觀察一下，記錄一下，碰到有故障，叫維修工人來撿修一下就可以了。

我們以採油機為背景，拍了合影，又拍了個人留念照。

我當然不滿足於看這種磕頭機，我對油田的印象是寬寬的打井平臺，高高的井架，一群充滿陽剛之氣的鑽探工人或採油工人在平臺上忙碌著，突然，油管噴出原油，於是一片歡呼聲。到了油田才知道，這樣的壯觀並不是天天有的。為了一看究竟，車子直往油田深處開去，開了一段路後，當地人告訴我們，要看到這樣的景觀得往裡走不少路呢。我們因時間有限，只好作罷，悻悻而歸。但不管怎麼說，我總算是去過油田了。多少對油田，對石油工人有了點感性認識。在我心目中，石油工人與煤礦工人一樣，是真正產業工人，我永遠對他們懷有深深的敬意。

感慨龍川

最近，有機會兩次去蘇北的一個縣城江都，不期留下了極為深刻的印象，令我感慨萬千。

記得那天車過一座大橋時，江都的文友告訴我：乃此龍川大橋，乃江澤民所題。我留意觀察了一下，果然是江澤民的手跡，雖未落款，但那字體還是辨得出來的。我想起來了，江澤民的祖父是江都人，後來他到揚州讀書，所以現在外界都說他揚州人。這也沒錯，因為江都本屬揚州。

在閒聊中知道，江澤民題「龍川大橋」，四字還有個小故事呢，原來龍川原本叫引江，八十年代，引江拓寬時，把江澤民祖父江石溪的墓挖了，當時江澤民還在上海任職，挖了就挖了，也沒有當回大事，後來江澤民當上了黨的總書記、國家主席、軍委主席，成了天字號一把手，這可不得了，有人心虛了，膽寒了，怕日後不好交代，咋辦呢？愁死人。後經高人指點，這江都歷史上曾叫龍川，於是一九九六年橋造好後，就請江澤民為大橋題名，題「龍川大橋」，既是龍川大橋，那麼這條引河不就是龍脈嗎？祖墳在龍脈上，這意味著什麼還用講嗎!?

補救的方案馬上出來了：一九九四年，江都縣政府特地在江都水利樞紐閘處挑了塊風水寶地，為江石溪重建墓地。從堪輿的角度講，這塊地得天獨厚，還真稱得上風水寶地，突向江面的那塊土地，在江水轉彎處，面水，江水長流不息，背後腹地闊大，且那地塊原本已營造的如花園一般，花木扶疏，普通老百姓與遊人進不去，極為清靜。

重建的墓園是亭式建築，亭內豎碑。這種墓葬式樣，如今已很難見到了。

可能因為造了龍川大橋，江都的縣領導又深謀遠慮地衍生出了建龍川廣場，龍川廣場被認為是蘇北地區最大的一個廣場，據說連拆遷在內，整整花了一個億，在九十年代中期的蘇北，這也算是個天文數字了。此廣場佔地面積十萬平方米，屬下沉式廣場，往外走就是步步高。中間有一巨大的不銹鋼的龍騰造型，高達二十一米，代表面向二十一世紀，周圍還有十二根六米高的青銅龍柱，每根柱上均有不同龍之造型，給人龍的廣場的感覺。

蘇北與蘇南的差距是明擺著的，江都的經濟實力也是明擺著的，投如此鉅資，建這樣一個廣場真可稱得上大手筆了，令人感慨啊，感慨萬千！更讓我感慨的是，在江都的大街上，有一塊巨大的宣傳牌子，畫面是江都的水利樞紐工程，最奧妙的是上有八個大字，「江淮之水，恩澤於民」，如此嵌字法，妙不可言。據說有次江澤民到江都時，車過此牌時，特意開的很慢很慢，讓江澤民看的一清二楚，想來總書記是龍心大慰，龍顏大悅。

子遺的老街、老房子

揚州是個古老的消費城市，歷史上曾極盛一時，留下了許多老街老宅，名勝古蹟，但近年不對了，也看樣學樣，開始了所謂老城區改造，大拆特拆老屋老宅，如果一兩年沒去，再度光臨揚州的話，會發現揚州變得有點不認識了。不過，在一片拆拆的熱潮中，揚州有一條老街給保存了下來，這條街老百姓俗稱東圈門。

導遊告訴我：這是江澤民小時候住過的一條街，江澤民住過的那老房子已修繕過了，是這條街上唯一沒有門牌號碼的房子。據說現今裡面不住人，空關著。這房子到底幾進，建於何朝何代就不得而知了，因為不對外開放，進不去，光外面看看，實在看不出什麼。

作為揚州的父母官，自然很想搞個江澤民舊居，來個彩色馬屁。但不知是江老爺子忌諱故居、舊居，還是覺得時機未到，反正他未點頭，下面也不敢造次。不過用修繕、空關，不也表示了一種姿態嗎？

想來老江是心領神會的。

我特意在江老爺子住過的舊宅門前拍了一張照，算是立此存照吧。

這故居前有門枕石，青石質，長方形的，這是典型的明代風絡。因為到了清代就改用圓形的了，稱之為抱鼓石，只是不知是原物呢，還是移來的。

我注意到這條街托了江老爺子的福，修繕後多數老屋前都有明式門枕石，我懷疑是其他老屋拆遷後移放於此的，以增加這條老街的歷史感。如果這猜測不錯的話，那主事者也算是用心良苦。

整條街用大的長方形的花崗石鋪地，又整齊又美觀，還古樸、潔淨。花崗石兩邊，則用青磚鋪地，全是人字形的，這人字形地磚又是典型的明代的式樣，人走在上面，謂之人上人。家家的屋簷都用了滴水等，總之，修舊如舊，恢復得相當不錯。

當走到老街盡頭時，一座甚至為氣派的城門樓聳立眼前。用城磚砌就，屬仿明清建築。據當地熟人告知，江老爺子來兒時住過的老街作衣錦還鄉之行時，突然感慨萬千地說：「我記得小時候這兒還有一座城門樓子呢？」

不管說者有意無意，聽者如聞聖旨，不久，就根據當地老人回憶，按原樣重建了這東門樓。只是不知這東門樓造好後，江老爺子來看過沒有。說不定龍顏大悅，要好好嘉獎一下有功人員呢。

總面言之，言而總之，這條街是托了江老爺子的福。

你想想，在中國封建社會中，一條街上出了個真龍天子，這是何等光耀鄉里的事啊。

我不知克林頓、葉利欽的家鄉是如何做的，我站在這條老街上，感慨萬千，是酸是辣是甜，我說不清。

走馬東臺

應邀到連雲港淮海工學院參加《西遊記》文化學術研討會，因與鹽城的會議時間上衝突，只好參加開幕式後，匆匆趕到鹽城師範學院，參加「臺港暨海外華文文學研究會二〇〇九年會」，在會上宣讀了《海內外微型小說雙向交流局面正在形成》的論文。

會議結束後，在文友《鹽城晚報》時事文體中心主任范進的陪同下，來到了東臺市。說實在，到東臺，我主要是衝著董永與七仙女的傳說來的。關於董永與七仙女的傳說，我兒時就聽說過，後來知道這傳說與東臺有關，雖未去考證，卻因此記住了東臺。

二〇〇五年時，江蘇衛視「１８６新聞眼」來我家鄉太倉拍攝「牛郎織女傳說降生地」的專題片，是我負責接待，並陪同拍攝的。電視臺的編導告訴我：這是外宣片，選定了江蘇最有影響的七個專題，其中有蘇州的「干將與莫邪的傳說」、鎮江「白娘子與法海的傳說」、昆山「沈萬山與聚寶盆的傳說」，連雲港「孫悟空與花果山的傳說」、宜興「周處與蛟龍的傳說」，還有就是東臺的「董永與七仙女的傳說」。這七個傳說相對應的城市，我唯一沒有去過的就是東臺，所以我一直有個心結，想有機會到東臺實地看一看，這次算是夙願實現。

因時間關係，我在東臺僅逗留一天，只能算走馬觀花，參觀了戈公振故居、董永與七仙女文化園、西溪古鎮、泰山寺、通聖橋、八字橋、安豐古鎮等，雖說浮光掠影，一瞥而已，但我比較關注旅遊，並已走遍了除西藏以外全國所有的省市，走得多了，看得多了，會有些比較，會有些想法。當時電視臺採訪，隨口說了幾句，有意猶未盡之感，回來後，梳理了一下觀感，有幾點看法，不一定成熟，不一定正確，權作一家之言吧。

我們現在常說歷史底蘊，文化積澱，具體指什麼呢？我以為無非是指歷史名人、名勝古蹟，與名特土產，近年又多了非物質文化遺產的說法，這應該涉及民俗民風，神話傳說等。

不必諱言，東臺的名人不算太多，正真大名頭的，放在全國層面上婦孺皆知的就更少了。像王艮、吳嘉紀、戈公振等普通老百姓通常知之甚少；名優土特產也不多，我印象較深的有魚湯麵與髮繡，但知名度還有限，至少不像南京的板鴨、無錫的肉骨頭、高郵的雙黃蛋、黃橋的燒餅、太倉的肉鬆，一說大家都知道。

那麼，東臺最大的優勢在哪兒呢？當然是董永與七仙女的傳說，這是東臺市最有價值的非物質文化遺產，是歷史的的遺存，是祖宗的饋贈，是一筆無法用金錢來衡量的無形資產，也是出多少錢都買不來的文化瑰寶。因為董永與七仙女的傳說不僅僅是屬於東臺的，也不僅僅是屬於江蘇的，它是屬於我們華夏民族的，屬於整個中國的，也是屬於世界的。這是一個國家級的文化品牌，自然是東臺第一張文化名片，第一張城市名片。而且是東臺可以做大做強，做精做優的一個品牌。

東臺地處江蘇的蘇中地區，在上海人眼裡就是蘇北。東臺在蘇北諸城市中無疑是有實力的，已進入了全國百強縣市，但與蘇南的縣市相比，畢竟還有距離。

恕我直言，蘇北的多數城市不具備地理優勢，或者說沒有交通優勢，如今的世界，流行「一小時經濟圈」的說法，即那些有實力的跨國公司的大老闆來投資大項目，其先決條件就是離國際機場最好不超過一小時路程，還要有港口，有集裝箱碼頭，以滿足原材料與成品的快速大進大出。東臺雖然靠海，但是大片的海灘地，但並不是建港口的好地方，雖然有鐵路，可不是主幹線，車皮量與車速都不理想，這些都在客觀上限制了東臺工業的發展，限制了東臺外向型經濟的發展。

我知道東臺如今已是國家級優秀旅遊城市，換句話說，發展旅遊應該是東臺未來經濟發展的重要支柱產業，而董永與七仙女的傳說二〇〇六年已被列為國家首批非物質文化遺產保護名錄，無疑是東臺旅遊業的龍頭品牌，可以借此帶動其他景點與產業。

我感覺到，東臺市委市政府已把旅遊放到了一個相當重要的位置，政府投鉅資興建了董永與七仙女文化園，這個園規劃佔地面積一百四十六畝，這在蘇中蘇北地區應該算大手筆了。我去參觀的時候，董永與七仙女的雙人漢白玉大型立像已豎了起來，石質一流，設計與雕工也一流，人物造型神形兼備，栩栩如生。據負責施工的介紹：此雕像是中國美術學院潘錫柔教授設計的，連底座稿八點八米，重六十多噸，而當時石料毛重一百二十多噸呢，十多個匠人連續一個多月才完成，總造價近百萬。也許有人認為錢花得多了，但從長遠的眼光看，值得！要知道，這個雕像，很可能成為未來東臺標誌性的雕塑，成為市標性質的藝術品。我不知這創意最初是誰提議誰策劃的，也不知整個建造是誰負責的，拍板當然是市委市政府主要領導，從歷史的角度，文化的角度，這是傳世的，從佛家的角度，是有功德的，從百姓的角度，這就是做實事。什麼叫為官一任，造福一方，這就是！

當然，也有小小的遺憾，以我的審美，董永與七仙女漢白玉雕像的底座用規規整整的長方形水泥墩澆製，沒能渾然一體，儘管用了印度紅的大理石貼面。如果改為自然狀態的石質底座就相得益彰了。像花崗石照樣也可鐫刻文字的，再嵌上石綠，視覺效果肯定比現在的古樸高雅。

我注意到，董永與七仙女文化園大門裡兩側移植的都是榆樹，且都是百年老榆樹，這我很欣賞。這說明負責營建的負責人是個有信念的人。我曾經寫過一篇隨筆，寫寺廟門前都種銀杏樹，銀杏俗稱公孫樹，這說明種樹人是在為子孫著想，而現在的某些領導從改種隔年開花的夾竹桃，再到熱衷於種月月有花的月季花，說穿了是信仰問題，是為政績種，還是為百姓種？是為自己種，還是為後代種？榆樹生長緩慢，木質堅硬，樹幹挺拔，樹冠美麗，蟲害較少，壽達數百年。因移植，樹冠都修剪掉了，但若干年後、數十年後，就是一道美麗的風景線。這園子，這大樹的養護都要不少的費用，像這老榆樹，可以讓熱心市民領養，領養者可以掛牌，一是倡導愛心，二是減少財政開支。

這園子了，除了董永與七仙女的漢白玉雕像外，那棵三百多年的老槐樹堪稱園寶了，在中國的文化裡、民俗裡，數百年的老槐樹往往修煉成精，帶有幾分仙氣了，自覺不自覺地就與神話傳說聯繫在了一起，這棵老槐樹可以大做文章。我在外地數個景點看到過老槐樹、老桃樹的枝條上掛上了一根又一根的紅布條，紅布條紮堆，遊人紮堆，滿樹紅色，滿眼祥雲，用以祈福、用以祝願，成為一種民俗活動，成為一個景點。不過老槐樹好像也是移植的，是否能成活得打個問號，有些百年老樹，往往移植的頭一兩年長得不錯，依然抽枝發芽，給人成活的錯覺，等第三年第四年，樹幹的營養耗乾，就漸漸枯去死去。這棵老槐樹得有樹木方面的行家專人負責養護，以確保成活。

目前，董永與七仙女文化園佔地面積不小，但水面極有限，從堪輿的角度講：有山則固，有水則活。東臺是個缺山的城市，人工造山大不易，但開挖湖面還是有可能的，而且可以系統工程，挖出的泥，堆成坡，所謂疊山理水。有了湖面，有了土坡，文化園的地形地貌就不再一馬平川，單一無變化了，也避免了進園後一覽無遺。古典園林講究屋要隔，水要曲，這裡不是古典園林，雖不必太傳統模式，但既取名文化園，就不宜敞通敞公園化。

董永與七仙女屬於愛情故事，董永與七仙女文化園可以定位為愛情園，一切設計可圍繞愛情主題展開，可以設置愛情石、愛情樹、愛情橋、愛情凳、愛情屋，可以策劃一系列即古典色彩、民俗色彩，又有現代元素、時尚元素的愛情活動，吸引青年人參與，吸引外地遊客進來。

董永與七仙女文化園選址於西溪古鎮的毗鄰，使其連成一片，初衷甚好，但連接處中間橫貫一條公路，公路兩側有多根電線杆，還有一座高壓線鐵塔，這就很煞風景。中國的園林美學有一個重要的理論，即講究借景。譬如借遠處的山峰，借園外高高的寶塔，借園牆外的大樹，反之，周圍的宅第、場所、建築也可借景園林的景致，相得益彰，互為增色。建議公路兩側的電線杆埋入地下，淨化景觀，美觀照相。

西溪古鎮印象較深的是唐塔與宋橋。我國最早的塔被認為是河北省南宮市的佛塔普彤塔，是東漢明帝永平十年（西元六十七年）建的，距今已有一千九百多年的歷史。但至今仍留存下來的古塔寥寥可數，東臺海春軒塔相傳是為唐朝尉遲敬德監造，算來已有一千三百多年歷史。屈指數數，江蘇境內的蘇州虎丘塔是宋代的，鎮江金山寺塔初建於齊、梁時期，可現存的是清光緒年間重造的，這樣看來海春軒塔應該是我們江蘇境內現存最早的磚塔，其價值可想而知，可以說，每塊塔磚上都遺存著諸多歷史資訊。這座唐塔離泰山寺僅一箭之遙，眼下，慧如方丈發宏願要在唐塔邊上建規模頗大的廣福寺，這一帶將形成佛教文化區域，而最厚實的文化底蘊在這唐塔，保護好唐塔，使之以唐塔為中心，形成景點，規劃極為重要。

再說宋橋，我很驚訝地發現東臺的通聖橋、八字橋竟是磚拱橋。我的家鄉太倉是江南水鄉，有五座元代石拱橋，乃全國文物保護單位，故我外出較為注意石拱橋，我國最早的石拱橋是趙州橋，建於隋朝，而唐代石拱橋、宋代石拱橋我都見過。據我對橋的瞭解，拱橋最常見的是石拱橋，個別的也有木拱橋、竹拱橋，著名的宋代張擇端的《清明上河圖》裡的拱橋就是木拱橋，磚拱橋我只見諸於文獻，從未見過實物，這次東臺之行算是開了眼界。

我看了資料：泰山寺始建於北宋嘉祐年間（西元一〇五六年），如果寺廟前河道上的通聖橋、八字橋也是建造於同一時代，那麼就有九百五十三年歷史了，即便是石拱橋，風風雨雨近千年，通常也要翻建返修，磚拱橋翻修的可能更大，但不知哪朝哪代翻修過。但不管怎麼說，磚拱橋是稀罕古蹟，更何況是宋代的。我不敢說通聖橋、八字橋是我國唯一的磚拱橋，至少屬鳳毛麟角。八字橋其實是兩座橋，兩橋相聯，狀如八字，溝通兩河三岸，所謂「一步兩頂橋」。這與著名古鎮周庄的雙橋有相似之處，而周庄的雙橋最多三四百年歷史，但周庄的雙橋因陳逸飛的油畫名聲在外，遊人如織。再看東臺的這兩座橋，橋身的「通濟橋」、「廣濟橋」字樣相傳為范仲淹手跡，就歷史底蘊而言，豈是周庄的雙橋可比的，可這兒像是被人遺忘的角落，又髒又亂，遊人絕跡，我連呼：「可惜可惜！」

我覺得，如果能投入一點資金與人力，把八字橋周圍環境清理一下，改變一下髒亂差的舊貌，這八字橋完全可以申報江蘇省文物保護單位，如果真是宋橋，報全國文物保護單位都有可能。

西溪古鎮已在開發了，但安豐古鎮還沒有開發的跡象，我去了安豐古鎮的鮑氏大樓，這建築已整修過了，遺憾的是沒有按整舊如舊的原則去做，那些房樑的朱漆太豔，給人感覺像假古董，有些石板、石條是新補的，沒有用舊料，其實用新料也沒有關係，只要稍稍做舊，效果就大不一樣，現在新舊太明顯，就不協調樂。鮑氏大樓如今是空關著的，殊為可惜。有經驗的行家都知道，房子越是沒人住越容易壞。建議鮑氏大樓闢為東臺民俗館，或鹽文化館，或王艮紀念館之類，以便物盡其用，增加人氣。

我到東臺前，查過東臺的歷史名人，知道王艮是東臺數一數二的名人，所以我堅持要去看一看有關王艮的遺跡。當車子開到心齋園，我的心一下涼了，因為此園雜草叢生，一派荒敗之景，顯然已冷落多時。再看園的後面，一幢幢高樓拔地而起，一個原本既有古典意蘊，又極有紀念價值的園子在房地產的包圍之下，顯得仄迫而猥瑣，望著塵土滿面的王艮雕像，我默然無語。據電視臺陪同的記者告知，去年來拍專題片時，還綠草鮮花很像樣的，不知為什麼如此疏於管理，讓東臺名片之一的歷史文化資源成了徒有虛名的古蹟。我聽說有關方面曾花重金請專家做過旅遊開發的規劃，對王艮心齋園的開發有過設想的，可惜規劃歸規劃，與開發脫節了。

走馬觀花粗粗看了一下東臺的部分名勝古蹟，總體印象是：在全省範圍來看，就縣級市而言，東臺的旅遊資源不弱，因為董永與七仙女的傳說，屬國家級的非物質文化遺產，算得旅遊的龍頭產品，還有古鎮資源、古塔古橋資源、宗教文化資源、灘塗濕地資源、海濱森林資源、海邊風車群景觀資源等，欠缺的是除董永與七仙女的傳說外，其他景區景點知名度還不是很高，景點也較分散，組織旅遊線路相對困難。

建議：

一、市政府攜帶旅遊局等職能部門主動出擊，到北京、上海、南京等旅遊大市推介東臺旅遊；

二、聘請文化名人做東臺市旅遊文化代言人。像周巍峙、王昆夫婦就是極佳的人選。記得河北邢臺市就請蘇叔陽夫婦做過愛情山的代言人；

三、有計劃有組織地邀請有知名度的攝影家到東臺來拍攝，請著名畫家來畫東臺景致，請大名頭的作家，以及對旅遊散文有興趣作家來寫東臺，爭取名人效應，宣傳效應；

四、邀請上海、南京、蘇州等城市旅行社老總來東臺免費考察景點，制定線路，如果旅行社老總動了心，還愁遊客不來嗎!?

五、定出規定：凡中國作家協會會員、中國攝影家協會會員、中國美術家協會會員來東臺旅遊，一律憑會員證免票；有記者證的也免票。國家級的會員來了，不用誰動員，他們自會去拍去畫去寫，自有報刊發表他們的作品，而有些讚譽的話，外地名家講與本地作者講，效果大不一樣。如果算門票之類小賬，那是撿芝麻丟西瓜的事，要善於花小錢，賺大錢。

六、與《揚子晚報》等這樣發行量大，有影響的報刊聯手舉辦東臺市旅遊文化徵文，吸引遊客，擴大知名度；

七、先在東臺範圍內徵集歌唱東臺的歌詞，再特邀著名作曲家譜曲，一首好歌唱紅一個城市完全可能的；

八、宣傳部對宣傳東臺的文章、照片等應該給予獎勵，不管是東臺本土的還是外地的作者都要獎勵。（去年，筆者去浙江嘉興市參加全國晚報總編工作會議，主辦方明確承諾：凡發表寫嘉興的文章與拍攝嘉興的照片都有獎勵，我寫了一篇《杭州灣跨海大橋》，國內國外各發了一次，我把複印件寄了過去，竟馬上兌現，發一篇獎勵一千兩百至兩千元，有一篇算一篇）；

九、開發本市市民一日遊，組織東臺的學生、退休人員、工人等看東臺，既有經濟效益，更有政治影響；

十、可與如皋等周邊縣市建立合作關係，把各自的旅遊資源捆綁推出。如果讓上海的遊客乘三四小時車來東臺，僅看一個董永與七仙女文化園，遊客會覺得划不來，但假如來一趟蘇北，看了個董永與七仙女文化園，再看冒辟疆與秦淮佳麗董小婉的水繪園，再看其他，可能就大有吸引力了。

拉拉雜雜，寫了若許感想與建議，繆誤難免，僅供參考。

大豐印象

江蘇的縣城我一大半去過，屈指算算，沒有到過的那些縣城，我最想去的是大豐。為什麼呢？

這倒不僅僅大豐有麋鹿，有丹頂鶴，有揚子鱷，有施耐庵，還有一個重要原因是：七十年代初，我的不少同學曾被無法選擇的命運，拋到這黃海邊的農場，戰天鬥地，摔打青春。說不準哪塊土地上就有他們流過的汗水與終身難忘的悲歡。

於是，我懷著一種複雜的心情來到了大豐，來到了黃海邊。

大豐是個好地名，就像我家鄉太倉也是個好地名，讓人一聞名就先生出三分喜歡心來。

大豐如今名聲在外，一半靠了麋鹿與丹頂鶴。無疑，麋鹿與丹頂鶴是大豐的重要城市名片。凡到大豐的遊客，十有八九是要去觀賞一下麋鹿或丹頂鶴的，我們一行也不能免俗，更確切地說，我們一車人大都是衝著麋鹿與丹頂鶴去的。

麋鹿，角像鹿，頭像馬，蹄像牛，尾像驢，可又非鹿、非馬、非牛、非驢，故俗稱「四不像」，歷史上就有神獸之譽，《封神榜》裡姜子牙的座騎就是這「四不像」，使麋鹿的形象深入人心，使麋鹿的美名遍傳四海。遺憾的是如此尊貴、珍稀的麋鹿卻在八國聯軍火燒圓明園後，在我國本土原生地絕種了，直到上世紀八十年代麋鹿才從英國回歸故里，重返祖宗之地。

那是初春一個陽光燦爛的上午，我們有幸來到了世界上最大的野生麋鹿保護區——中華麋鹿園，更有幸的是我們見到了兩百多頭野生狀態的麋鹿，只是初春正值麋鹿懷孕期，工作人員不允許我們太靠近麋鹿，怕驚擾了它們，一旦受驚奔跑起來，有流產之虞。麋鹿一胎僅一隻，繁殖力不高，還常常難產，導致夭折，甚至危及母體。我們哪還敢造次，只能遠遠地觀賞，遠遠地拍照。大概麋鹿見我們很是友善，也就相安無事，該吃草的吃草，該打盹的打盹，該散步的散步。有位搞攝影的，太想拍幾張近距離的麋鹿照，就悄悄地悄悄地靠上去，他貓著腰，走得很慢慢，很輕很輕，但警覺的麋鹿轉眼間，齊刷刷把屁股對準了照相機鏡頭，做好了飛奔而去的準備，或許只要再靠近一步，這兩百多隻麋鹿就會不約而同地起跑、彈跳，奔向遠處，消失在灘塗上，樹叢中，這一幕一定很壯觀，難得一見，但那位攝影家理智地止住了他的腳步，雖然我們沒有見到麋鹿飛奔而去的瞬間，但我們已很滿足了，因為我們已近距離接觸了麋鹿，欣賞了麋鹿那迷人的風采。

據有關資料介紹：江蘇大豐這黃海邊的灘塗濕地，有似海非海，似江非江，似河非河，似陸非陸之說法，因而麋鹿這「四不像」選擇了這「四不像」之地定居生活，繁衍後代。這是巧合，還是造物主精心的安排？值得學者們去研究、探討。

因麋鹿外觀美麗，且性情溫順，故皇家園林有養殖。那麼有否私人養殖麋鹿呢？我說有。根據何在呢？

據太倉地方誌記載：在太倉的牌樓鎮有一條河，名麋場河，從長江的楊林口到新塘鄉的六窯塘，長約五公里。相傳這一帶是明代大文豪王世貞父親王忬（官至兵部侍郎）養鹿的地方，俗稱麋場涇，是一個很大的園林。明代時，麋場涇是江邊灘塗，與黃海邊的灘塗有相似之處，所以麋鹿移居此處，也算環境相似，氣候相似，適合它們種群發展，這大概可算我國早期的麋鹿自然保護區吧。

可惜，明嘉靖年間，王忬被嚴嵩殺害後，這個園林也就荒敗了下去，那些麋鹿也就不知所終。到明萬曆年間，王世貞把麋場涇的太湖石等都拆搬到太倉城裡，建造了有「東南第一名園」之譽的弇山園，麋場涇也就空留其名了。

但不管怎麼說，大豐與太倉的淵源很深，至少有四百五十年交往史。到了上世紀八十年代，大豐與太倉又結成了友好縣市，當時的省委書記江渭清還題詞：「大豐全豐，太倉滿倉」。據有些離休老幹部回憶：大豐盛產棉花，其棉花品種又特別好，而太倉的工業是以輕紡為主的，需要優質棉花作原料，於是在有關領導的牽線搭橋下，大豐與太倉走上了雙贏的合作之路。

星移斗轉，三四十年轉眼過去了，我的那些同學也早離開了大豐，但大豐農場、大豐建設兵團這寫字眼卻深深地刻在了我腦海裡。

初踏大豐的土地，僅走馬觀花就把我腦海海中的荒僻之地的想像全盤顛覆了，原來大豐是個好地方，這兒市區高樓林立，車水馬龍，且馬路筆直寬闊，讓人賞心悅目；郊外土地平展而廣袤，極目遠眺，鳥窩處處，生態一流。或許此處與韓國距離較近，如今成了韓資企業集聚區，成為招商引資中的一個突出亮點，迅速崛起的大豐正在努力打造蘇北第一市呢，大豐真的讓人刮目相看。

從鳥窩想到的

從黃海邊的大丰采風回來，如果有人問我：「印象最深的是什麼？最想寫的是什麼？」我會毫不猶豫的答曰：「鳥窩。」

或許你會奇怪，怎麼不是麋鹿，不是丹頂鶴呢。

其實也不奇怪，因為去前我已知道大豐有麋鹿，有丹頂鶴，潛意識裡已不知多少回想像過、描摹過，到大豐就像證實自己的想像能力似的，讓虛擬世界與現實生活重合起來而已，也就沒有太多的懸念與激動了。

而大豐自然狀態的鳥窩，對我來說純屬意外收穫，要知道不是一隻兩隻，也不是十隻二十只，而是幾百隻幾千隻啊！——我能不興奮不激動嗎!?

在我兒時的記憶裡，鳥窩是很常見的東西，我家前院的兩顆老榆樹上就有七八個鳥窩，後院的樸樹與杏樹上也有過鳥窩。假如去農家小院看看，有燕子窩的十有七八；我家鄉太倉大街上的老百貨公司簷下少說也有二三十個燕子窩。五六十年代我還在家鄉太倉的野地裡、樹叢中親眼目睹過貓頭鷹、啄木鳥、灰喜鵲、喜鵲、野雞等鳥類，但如今，除了麻雀，其他鳥類幾乎絕跡，鳥窩自然也成了稀罕之物。像我兒子對鳥窩恐怕已很陌生了，我擔心我剛出生的孫子長大了會不會面對鳥窩也不知是何物？

令我欣喜不已的是在黃海邊的大豐竟還有如此眾多的鳥窩。據我知道，由於黃河上游的水土流失，夾帶著大量的泥沙順流而下，沉積在入海口，因此大豐的灘塗年年在漲，一年能漲出一萬畝左右的灘塗呢，這兒已成了我國重要的濕地之一。

當我們一離開大豐市區，越來越感到土地廣袤，一馬平川，凡有樹的地方，就有鳥窩的存在，說棵棵樹有鳥窩那有誇張、吹牛之嫌，但十有二三，應該是沒有水分的。有的樹上一樹兩窩，甚至三窩，最有意思的是有的並列兩棵樹各有兩個鳥窩，我戲稱為「兩上兩下」。我們一車人都感慨這兒鳥比人多，真正是鳥類的天堂啊。

我在麋鹿自然保護區的一棵刺槐上還見到一隻特大的鳥窩，據當地人介紹：這是國家一級保護鳥類東方白鸛之家。我突然想起我在央視的一檔節目中看過：原來僅一隻雌的白鸛，孤單單地生活於此，後來終於吸引了一隻雄白鸛飛來與它作伴，結成連理之好，準備在麋鹿保護區生兒育女。多讓人感動的愛情啊，多聰明的一對白鸛啊，生活在麋鹿保護區，這該是多明智的選擇。我誠摯地祝福你們！

我注意到這兒最常見的鳥兒是喜鵲與灰喜鵲，久違了，喜鵲、灰喜鵲，我為你們高興，但願你們在這兒生活得像麋鹿、丹頂鶴一樣無憂無慮，種群興旺。

還有一點很讓我欽佩與感歎的是，我們是三月中旬去的，離冰雪災害僅僅過去個把月，當時的大雪壓坍了多少房屋啊，但這兒的鳥窩沒見壓壞，沒見掉地上，鳥窩搭建質量之高，可見一斑，這些小精靈的生存本領堪稱一流。

在從大豐回太倉的高速公路上，我又發現了一個奇怪的現象：在大豐到無錫段時，沿公路能見到鳥窩，雖然沒有大豐灘塗上那麼多，有意思的是不少鳥窩竟建在高壓鐵塔上，是樹少了，還是高高的鐵塔上更安全？看來鳥兒把家安在冰冷的鐵塔上，而不是傳統的樹上，一準是無奈之舉。值得我們深思、反思。

車子一過無錫段進入蘇州境內，就幾乎見不到鳥窩了，見到的只是廠房與高樓。誠然，蘇州地區的經濟是發達的，GDP指標遠遠超過一般大中城市，但鳥窩少了、沒了，這不能不說是一個極大的遺憾。

我甚至在想，以後評衛生城市、文明城市、生態城市，是否可以增加一個指標，那就是檢查鳥窩的多少。一個處能見到鳥窩的城市，其生態環境必是一流的；反之，很少或沒有鳥窩的城市，其生態狀況必然是大高而不妙的。

留住鳥窩，留住鳥兒，實在是人與自然和諧的重要一環。

夏遊九龍口

應邀去江蘇寶應講課。寶應文聯的副主席何開文知道我第一次到寶應，準備安排我遊覽一下周邊景點，因只半天時間，只能去一個地方，他讓我自已選，我選中了九龍口。

我選擇遊覽九龍口有三個原因：

一、九龍口對我來說是個完全陌生的景點，我連聽也沒聽說。原來這是個剛開發的景點，或者說是個準備開發的景點。我對處女地式景點的興趣，遠勝於遊人蜂擁的地方。

二、九龍口遠離城市，地處建湖縣蔣營鎮境內，連接三市（鹽城市、揚州市、淮陰市）四縣（建湖縣、阜寧縣、寶應縣、淮安縣），這種地方平時不易走到，不是當地專門安排，自已去遊覽的可能性等於零。

三、好口彩，好景致。九龍之口，有九條搶珠之形勝，乃天然景觀，比之那些人造假古董肯定有味道。

去的那天正好高溫，三十八度，但我遊興不減。驕陽下，我們來到了被稱之為「裡下湖明珠」的九龍口。岸邊眺望，但見湖面浩浩，不見盡頭，同去的一位作家說：「這不是陽澄湖畔好風光嗎？」我說不是，因為常熟的陽澄湖畔以蘆葦蕩為主，而出了淺灘處的蘆葦蕩，則水清清，波碧碧，湖面開闊，水天一色。而這兒，更像我生活過的微山湖，湖裡長滿水草、荷花、菱花、茭白等，湖面上，水生植物比比皆是，水面已擠成瘦瘦的一塊或一航道。

九龍口九龍口，顧名思義乃九條龍張口處，這正是吸引我處。來過此寫過此的何開文充作臨時導遊說：要識九龍口，須登龍珠島。於是我們雇船上了龍珠島。

要說這龍珠島，還真是奇怪，在這野趣無限的湖中，竟有一個小小的，圓圓的略高出水面的土質島嶼。這島的正中修建了一座龍珠閣，登樓憑欄，涼風習習，消夏佳處也。若繞閣一周，那九龍口的景色也就盡收眼底了。有意思的是這闊大的湖面，其實由蜆河、林上河、錢溝河、安豐河、新舍河、溪河、莫河、澗河、城河等九條自然河道組成，一似九條逶迤遠去的青龍。最令人驚詫的是這九條河道匯合於龍珠島，給人的感覺好像是九龍搶珠。

這裡還有一個美麗傳說：相傳古代，這個十萬餘水面的蕩灘之地出現了一條興風作浪的黑蟒，使當地漁民不能安居樂業。東海龍王聞之大怒，派其九個兒子來圍殲黑蟒。黑蟒拚命反抗，戰得天昏地黑。這九條水系就是九位龍子與黑蟒殊死相搏時留下的溝痕。

當地民女玉珠有感受於九龍的義舉，天天焚香禱告，後九龍子動了凡心，與玉珠結為夫妻。

當地人為了感念九龍子，留住九龍子，就在九龍口的土墩上建了座龍王廟，以期九龍子與玉珠長相廝守，平安一方。這土墩亦即今天的龍珠島。

我以為在島上觀景是一種味道，深入湖蕩又會是一味道，於是我們要求船家把遊船往湖蕩深處駛去。

果然別樣風光撲面來，最難得的是時不時見三三兩兩的野鴨與小鳥在水面或荷叢中優哉遊哉浮游。那船開著開著，突然從前面的水草中竄出一兩隻不知名的水鳥來，那鳥兒的鳴叫似在左邊，似在右邊，似在遠處，又似在近身，疑是置身在水鳥王國，這樣的野趣，在上海與江南一帶已久違了，怎不人感到心曠神怡。

我看過一則資料，說九龍口一帶的水生植物有兩百六十五種，水生動物有兩百二十三種，難怪有「金灘銀蕩」之譽呢。

有詩人贊曰：「漁村臨風水來闊，海國無山日落遲。」我來狗尾續貂：「湖光水色滌俗慮，欲覓野趣此最宜。」

茅山難解之謎

江蘇的茅山，是名傳遐邇的道教名山。其山上的老子聖像高達三十三米，甚是壯觀。此道祖聖像背倚靠青山，俯視群峰，從堪輿理論釋之，地理位置極佳。

據當地《金山》雜誌主編唐金波介紹，造此聖像時，有幾個難解之謎呢。

其一，開工之日（即一九九七年三月二十三日），忽然烏雲密佈，狂風大作，暴雨驟至，以致不得不收工待命。有迷信思想的，認為可能擇時擇地有問題，憂心忡忡。不料茅山道長慧眼觀之，發現了問題，原來道教以黃為尊，但工程隊所掛橫幅均白底紅字，這似有褻瀆、冒犯之意，於是立馬重新趕製六條黃底紅字橫幅更換之，就此紫陽當空，無風無雨。

其二，因老子神像是個整體建築，神像兩側還有配套的老君廣場與靠山壁的壁畫廊等，但不想此處均非堅硬的山石，而是流沙層，不但打樁築基難度極大，而且還時有山體滑坡，大大提高了成本。當時建築隊甚至懷疑在這流沙層上是否可能豎起三十三米高的老子神像，這可不是泥塑木雕，而是重達一百零六噸的銅像啊。誰想到彷彿上天早就知道這兒該是安放老子神像的地方，獨獨這一塊地方下有正好略大於神像的一片岩石，你說怪也不怪。

其三在安裝老子銅像前，按道教規矩，由茅山道士為此做祈祥道場，以求順利。哪想到道場剛完，天空即顯現彩虹一道，七色耀目，神奇萬分。

其四，老子聖像竣工之日，突然有成千上百隻燕子飛舞於老子神像之上，久久不去。燕子又稱紫燕，有識之士認為：此乃兆紫氣東來也。

其五，老子銅像完工後的第二天，有人發現在聖像捋須的右手掌心，出現了一隻巨大的蜂窩，彷彿一夜之間突然出現的，且越做越大。老子聖像的右手正好掌心向下，手指與手掌呈九十九度，剛好保護了那蜂窩不受風吹雨打。有人解釋為此乃「蜂擁而至」，兆香客蜂擁，遊人蜂擁。

其六，老子神像聳立處為茅山積金峰，此處海撥高度為一百五十九點八米，可諧音為「要吾久發」，口彩極好，加之積金峰原本意蘊豐厚，口彩極佳，故民間視為大吉大利，大發大貴。

茅山有此六謎，無解即有解。自然香客蜂擁，遊客蜂擁。

茅山神奇軍號聲

茅山，我國著名道教名山也，位於江蘇句容境內，茅山的道觀歷史悠久，相傳兩千多年歷史。被認為是上清派發源地，並有「第八洞天，第一福地」的說法，故歷來香客眾多。近年作為甲級風景名勝區開放後，更是遊人濟濟。

不知是出於旅遊宣傳的需要，還是媒體參與炒作的結果，不少遊人現去茅山更多的是衝著茅山三怪而去的。何為茅山三怪呢，一曰山下放炮仗，山頭吹軍號；二曰老君神像數十米，手掌蜂窩好幾米；三曰車停山坡道，自動往上行。

特大馬蜂窩各地到處有，汽車往上滑，各地也有多處發現，已不算稀奇，最吸引我的，莫過於新四軍紀念碑下的炮仗聲轉變為軍號一事了。

老遠就能見到那高高聳立在山頭的新四軍紀念碑，雖不如天安門廣場的人民英雄紀念碑高大、挺拔，但依山而聳，自有幾分雄奇。不知是否這兒成了財源之一，如今到新四軍紀念碑下放炮仗是要買門票的，而且還有一個奇怪的規定，必須買門口指定的炮仗、煙火。買就買吧，來了，不就是為了聽那神奇的軍號聲嗎。

進了門，住在山下的山民熱情地迎了上來，原來他們也出售炮仗、煙火，價錢比門口便宜呢。據陪我們去的鎮江《金山》雜誌主編唐金波說：碰到旅遊旺季，那炮仗、煙火一卡車一卡車運來，這幾家山民著實發了筆財。我注意到山下幾家山民的屋子裡，走廊上全擺放著一箱箱的炮仗、煙火，生意一定不錯。

有位姓楊的青年婦女主動迎上來向我們介紹，並不因為我們已買了門口的炮仗、煙火而改變態度。

她還不厭其煩的給我們介紹發現軍號聲的過程。原來一九九八年時，距楊家十多米遠的李家在大年三十放炮仗，結果炮仗響後，聽到山頭響起了「的的大的大」軍號聲。開始沒注意，只認為哪個頑皮的孩子，這麼晚還在山上吹軍號。等新年的零點鐘聲敲響後，李家又出來放炮仗，結果又聽到山頭響起軍號聲，那已是半夜時分，這山上萬籟俱寂，軍號聲清清楚楚。且連放幾個炮仗均有軍號聲響起，這一來，李家放炮仗者嚇壞了，半夜時分，肯定不會有人在山上吹軍號，莫不是撞鬼了！——因為這兒是新四軍紀念碑，新四軍烈士中有吹軍號的號手，這完全是可能的。難道放炮仗驚動了這些英魂，會不會有什麼災禍呢？

這軍號聲，李家也聽到了。後來就傳了出去，越傳越邪乎，以致當地政府不得不出面制止流言的蔓延。有關領導把這當作了迷信的一種。傳到後來，被當地報紙的記者聽說了，記者以新聞工作者特有的敏感性感到這不但是一條極好的新聞素材，還是一個極有價值的旅遊資源，由於是經實地放炮仗證實確有其事後，就登報作了宣傳。沒想到從此茅山多了一個吸引遊人的好去處，從此，來茅山的遊人，十有八九要來看一看、聽一聽這山上放炮仗，山頭吹軍號的奇觀。

我們去的時候，只見在紀念碑百米遠的寬闊大道中央，放著幾個固定炮仗、煙火的鐵架子；滿地都有是炮仗的紙屑。那位姓楊的婦女指點我們說，必須站在她家門口，那軍號聲才會聽得最清楚。經很多遊人實踐，放十響或二十響的煙火效果最好，因為那十響或二十響是一響接一響的，那山頭的軍號聲也就一遍又一遍響起。

為什麼山下發炮仗，山頭會響軍號呢？據說曾有不少人試圖尋找出答案來，有人說：是山谷的回聲造成了；有人說這碑下的山體有空穴。我觀察了四周的地形與碑與樹後，發現這紀念碑頂端的碑額下是中空的，這正好與我們兒時吹的叫子一樣，我猜測炮仗炸響時，那聲波穿過那碑上的口子，就此發出了響聲，五個音符絕不混淆。更有意思的是，那上紀念碑的石匠階，一組一組共七組，正好如七個音符，如果誰上了一組臺階，就要少聽到一組音符，五個音節減少為四個，再上一組臺階，又會少一個音節，如果是到碑下，即便下面再放炮仗，軍號聲也聽不到了。這個奇特的現象可能只有讓物理方面或音樂方面的專家來解謎了。

茅山女導遊

我們一行三人進入茅山道院九霄雲外萬福宮後，即有一年輕女導遊迎上問要不要講解。我是客，自然不想讓東道主破費，就說：「算了，我們自已看看吧。」那導遊很會遊說，意思有無導遊講解不大一樣，省哪幾個小錢，走馬觀花走一遍，茅山的歷史、典故都不甚了了，豈不太遺憾了。東道主怕我倆遺憾，執意請了那導遊。

大概那導遊見我反對請導遊的，所以一上來就提了個問題考考我，如果我答不出，輸了一局，豈不就矮了三分，也就顯示出請不請導遊大不一樣。

那宮裡除了正中供有王靈官，兩壁還供有青龍神、白虎神、朱雀神、玄武神四神像。那導遊站在青龍神前，看似很隨意地問我們：「這青龍、白虎、朱雀、玄武是什麼神，知道嗎？」

我因名山大川跑得多，各地廟宇道觀進得多，也算是略知一二吧。我答曰：「這是我國古代的方位神，好像是東青龍、西白虎、南朱雀、北玄武。」

導遊見沒難倒我，又笑嘻嘻提了個問題說：「為什麼我們說買東西，不說買南北？」

對宗教我雖沒有多少研究，但有關五行之說我翻過書，約略有點記得，我說東屬木，西屬金，南屬火，北屬水，所以可以買東西，而不可買南北，誰又會去買火買水呢。（如果古人知道今人會買淨水喝，恐怕要改買東西為南北了。一笑。）

那位導遊見我答對了兩個問題，知道碰到了文化人，於是在講解時把她兜裡的庫存一古腦兒都端了出來。

在介紹一位女性神像時，她又突然問道：「什麼叫乾道？」開始我一下沒反應過來，我老老實實說不知道。但當我注意到供奉的女性神像時，我聯想起了武則天的乾陵，對，一定是這個意思，我說：「乾與坤代表天與地，亦即陰與陽……」其實我並未解釋清楚乾道，我至今也不知道乾道是否女性的道觀或教派，如果那位女導遊追問下去的話，我肯定答不出了。

導遊帶我們進到裡面一進山門時，她叫我們猜那門框上的的石刻浮雕有多少年代，那是青石深浮雕，，刻著青蚪等圖案，我看那石質的風化程度與圖案形狀，估計宋以後的遺存，所以我說：「不會超過八百年。」我說話時底氣並不足，因為我畢竟不是考古學家。

導遊聽了我回答後，面露喜色，很驕傲地告訴我：「這石雕兩千多年了，」

導遊這樣一說，我反心定了。我說絕不可能，漢代時的石雕風格講究神似，往往刻得很粗獷，那有這麼細膩的。我注意到門的最下面的兩塊石頭雖花紋一樣，但石質不一，且風化程度也不一樣，我指著左側一塊說：「這塊能有一兩百年歷史就不得了。」

不知導遊見我固執己見，還是什麼原因，導遊軟了口氣說：「這一塊確實不是原物。」後來那導遊每講一處就注意我反應，好像我是來考核她的專家，其實我也是半瓶子醋，略知皮毛而已。

世界唯一的「水下皇陵」

如果是十年前，洪澤湖邊上的盱眙縣城，又有多少人會知道。說得難聽些，把「盱眙」誤讀為「於臺」的不是一個兩個。

近年，盱眙的小龍蝦做出了大文章，使得原本默默無名的盱眙名聲大振。

雖說「民以食為天」。龍蝦又沾了個「龍」字，但到底與文化品位、歷史底蘊還扯不上多少關係。真正沾了「龍」光，是因了明祖陵的發現與開發。

明祖陵就是明太祖朱元璋為其高祖朱百六、曾祖朱四九、祖父朱初一建的衣冠塚。

據野史記載與民間傳說：元末時，此處乃泗州城外的一個叫楊家墩的小丘，朱元璋的祖父朱初一那時是個叫花子，就蜷縮在此處一個窩棚裡，有一叫靈光的道士認為這是風水寶地，龍脈所在，葬這兒者，其子孫必出真龍天子。朱初一聞之大喜，死後即葬身於此。後來，乞丐出身的朱元璋果然位至九五之尊，傲視天下群雄。

雖然無須辨析就知此乃穿鑿附會之說，但龍蝦與龍脈似乎冥冥之中有什麼關連與玄機，實在說不清道不明。

關於明祖陵建於何時，專家們有兩種說法。一說在元末初即動工，即一三六一年至一三六三年間，明洪武年間再修建；一說是明洪武十八年（西元一三八五年），由太子朱標修築祖陵，前後二十八年始建成。不管哪一說更接近史實，這稱之為「明代天下第一陵」的祖陵至少有六百多年歷史。

朱元璋小名朱重八，他高祖則朱百六，曾祖叫朱四九，祖父叫朱初一，他父親叫朱五四，一聽名就知道非書香門第出身。由於朱元璋出身貧寒，崛起於草莽之間，實屬不易。因此他一則感激上蒼，感激祖墳生紫氣；二則他要追捧祖上，抬高祖上。因此他大造祖陵，編造龍脈龍穴之類的傳說也就不足為奇了。不管怎麼說，朱元璋有這樣的孝心孝行終歸不是壞事。

明祖陵位於江蘇盱眙縣仁集鄉的明陵村。地處洪澤湖之畔，在這片廣袤的蘇北大地上，大片大片的農田一望無垠，視野極為開闊。明祖陵周圍，寧靜、平和，高高的鑽天楊一排排肅立，似在護衛祖陵。麥苗青青，野花簇簇，誰又能想到這兒竟然是「龍脈」所在呢？

一九六三年時的枯水期，水底的石人石獸露出了水面，被考古專家發現後，確定為這就是消失了三百多年的明祖陵。這消息立即轟動了考古界。因為據史書記載：在清康熙十九年（西元一六八〇年）時，黃河氾濫，一場特大洪水把古泗州城與明祖陵統統淹沒於洪澤湖底，這一淹就是三百多年。這兒等於是中國的龐培古城，其歷史價值當然不可估量。

只是，那時國家正遭受自然災害，哪能顧及這些。當地老百姓見了，也只是揀些磚搬些石頭去建房建豬圈，並不懂文物價值。而這些搬磚搬石的，基本上都是朱姓人家，乃明代看護祖陵的朱家後裔。因此有一說法：所謂肥水不落外人田。

到了一九六六年時，極左的紅衛兵準備毀掉這些代表封建帝王的「糟粕」，於是在一近侍石像上身鑽了三個洞，準備第二天填炸藥，炸它個粉身碎骨，孰料當夜一場大雨，第二天露出水面的祖陵的祖陵又成澤國。這大水，整整十年後才退，那些石人石獸才算逃過一劫。講解員講得神乎其神，似乎有神靈庇護，不管事實如何，還得感謝上蒼，如果當年被紅衛兵炸了，那不但他們成了千古罪人，還毀滅了如此有價值的文物，那可是整個國家與民族的損失啊。

一九七六年時，明祖陵再次露出水面。這時，國家的形勢已發生了很大的變化。有關方面劃出五百三十畝土地為祖陵區，並築了兩千七百六十七米長的防水堤，以保護祖陵不再沒入水中。之後，又把被大水沖倒的石人石獸石柱一一起吊扶正就位，使祖陵初現面貌。

一九八二年，祖陵定為省級文物保護單位，一九九六年升級為全國文物保護單位。

修復工程還在進行當中。目前，進入祖陵有一條新建的大路，陵區門前有一條多孔大橋，類似蘇州寶帶橋的建築風格。祖陵大門由三座城門式建築構成，紅牆、黃琉璃瓦、斗拱、飛簷，頗有皇家氣派。

進入陵區，但見白楊排排，但聞百鳥爭鳴。這兒確乎是一處沒有三廢污染的生態區，但比之當年周圍植七萬棵松柏，又算不了什麼。

一進陵區門，就能見到一個碩大無比的洪武通寶幣，被號稱為天下第一幣。據導遊說摸之能帶來財運。俗話說「銅錢眼裡穿跟鬥」這個錢幣眼裡若想穿跟鬥那綽綽有餘。

最能吸引遊客的自然是那神道上的石人石獸。我數了一下，共有二十一對，分別是麒麟兩對，雄獅六對，望柱兩對，馬官兩對，天馬一對，拉馬侍一對，文臣三對，武將兩對，近侍兩對。這條神道大約兩三百米長，石人石獸相對集中排列，因此顯得格外威武肅穆。從中國傳統風俗來看，石像乃「象生之儀」，所以這些石像又稱「石像生」。當然，在封建社會中，等級是極為嚴格的，不是阿貓阿狗，或者有錢有財就能在墓前立石人石獸的。到宋代，墓葬禮儀就已形成條文。一般的大臣墓前可立有石羊、石虎和望柱各一對，三品以上的重臣石人一對。明代略略放寬些，對王公一級的可置放文臣武將各二對，還可增加石馬一對。如果潛越，那可要殺頭的，甚至滅九族的。因此，如果發現古墓前除石獸外，還有石人像，必是王公大臣級的墓葬。像祖陵的麒麟、雄獅等，就只有帝王之家，才能享用。

麒麟是虛構動物，尊稱為神獸。代表瑞祥。南京的城標為辟邪，那是無角的；雙角的稱天祿，獨角的即麒麟。扯遠了，就此打住吧。

祖陵的這些石像石獸有六百多年了，沒在水中也有三百多年歷史了，但除局部損壞外，總體觀之，依然栩栩如生。第一印象總高大威猛，這兒的石人石獸比之明皇陵、明孝陵、明十三陵的都高大，這也反映了朱元璋的尊祖心理。第二這些石刻有較優典型的唐宋遺風。因為元代是外族入主中原，其宗俗與漢族大異，朱元璋顯然不屑學化外蠻風。他要承繼光大的是大漢遺韻，所以從唐宋石刻中汲取營養，所有的石刻都採用了浮雕、半浮雕的技法。或逼真、或誇張，現實主義與浪漫主義融合得恰到好處。我注意到那馬，雄性之馬的尾巴是垂直到地的，雌性之馬的尾巴中間打一個結的，不仔細看還看不出來，石匠藝人的技藝讓人歎為觀止。

我看了介紹，那麒麟、雄獅每只個體都重達十二點五噸，真正的龐然大物啊。而那拉馬侍，人與馬是整體雕刻的，重達二十四噸。那未雕刻前的原石要多大多重啊，這在中國，在世界上都是獨一無二的。

進了神道，前面是欞星門享殿遺址。隔壁四個大石柱想來是享殿所在位置。寫到這兒，我又想起了古羅馬的大門獸場，埃及的金字塔等西點方建築，由於是石頭建築，曆千年而保存了下來，而中國的建築，通常都是磚木結構，因此不毀於火，就毀於水，既便不毀於水火，也消泯於歷史的風風雨雨中，最後只剩下了石礎、條石等房基、殿基可供考古發掘，可供騷人墨客發思古之幽情。

享殿前方是萬歲山，也即祖陵的陵寢寶城。

這兒原名楊家墩，自建了祖陵後，追封為「基運山」，意為「耀靈發源，肇基帝跡」的吉壤。「萬歲山」可能是百姓的俗稱吧。

萬歲山下有一汪水，其實不是池塘，而是水中陵寢。透過水可見水中的發券門，共九個。原來三個發券門為一個組，正好三帝後陵寢。

據專家考證：此祖陵未見盜墓跡象。如果確未盜過的話，隨葬品一定很豐富。如果有朝一日發掘，一定會有震驚考古界的重大發現，只是這兒離洪澤湖西點岸太近，又是沙質土，湖水會滲入陵寢寶城，抽水機也抽不乾，這對日後發掘是個不小的難題，看來發掘之事還是留給我們的後人吧，相信他們的本事比我們大。

目前，來此遊覽的遊人還不算多，每年約一二十萬吧，萬歲山前有香案可供拜祭燒香，小販放置了一副對聯，上聯為「敬皇陵，沾靈氣，大富大貴」；下聯為「燒炷香，許個願，大吉大利」，此聯算是俗到底了，但頗能抓住遊客心理，堪可玩味。

最有意思的是那位導遊反覆說：某某某領導來祖陵祭拜後，回去不久就升了，還有名有姓報出了好幾位領導名字。這確乎不失為一種宣傳手段。我對這些不感興趣，我感興趣的是導遊以一種很肯定的口氣說：朱鎔基總理是朱元璋第八子長沙王的後代。那導遊指著朱元璋的畫像問我們與朱鎔基像不像。說實話，那眉毛，還真說不定有遺傳基因呢。導遊怕我們不信，還說：按六百年一個大循環，朱鎔基與朱元璋正好相距六百年，聽得有些遊人一楞一楞的，不信也信了。

但據說朱鎔基在鳳陽開會時，曾去祭過祖。如果此說不虛的話，朱鎔基也算是皇室後裔吧。

在中國，去過明孝陵，去過十三陵的遊客不少，去過鳳陽明皇陵的就少了，而去過江蘇盱眙明祖陵的就更少了。其實，明祖陵實在很值得一看。想想吧，自從清康熙十九年以來的三百多年中，明祖陵沒在水中無人知曉，而我們這一代多有幸，當你撫摸著六百多年前的石人石獸，與之合影，與之對視時，你彷彿在觸摸歷史，與歷史對話，那種滄桑感，那種歷史感，會給你許多許多的感悟與啟迪。

去吧，去看看吧，這可是世界上唯一的水下皇陵，這座明祖陵的建築風格綜合了道家的順應自然，佛家的因緣化合，儒家的禮制秩序，普通遊客與專業人員都會有收穫，這是一定的。

盱眙的鐵山寺森林公園

到了盱眙，聽說有座鐵山寺森林公園不能不看。但我總有點懷疑，能不能見到真正意義上的原始生態自然保護區。

這鐵山寺森林公園離城約四十公里，總面積三十五點七三平方公里，在江蘇平原，能有這樣一座山已很可觀了。

我印象最深的是這兒有古火山噴發的遺存。山路兩旁大大小小的石頭，幾乎無不呈現蜂窩狀，典型的火山地貌景觀。在經過一片竹林時，只見一堆堆火山石壘成堆。導遊問我們這是派什麼用場的？多數人猜是墳包。可導遊一口否認墳包說。我突然想起，這與蒙古草原上的敖包極為相似，但想想又不對，敖包是茫茫大草原的路標，隔很遠很遠才會出現一個。而這兒隔幾米，十幾米就一個，怎麼可能是敖包呢。結果導遊告訴，這是打仗用的，把石頭推下山可阻擊敵人。我很懷疑這種說法，因為這兒在山腳處，坡度甚小，且這些石頭，大的如西瓜，小的如香瓜，能有多少殺力。我見石塊壘於竹林這中，猜測可能是為了便於竹筍生長，才搬掉這些石頭的。不過我知道竹筍的能量是很大的，頂翻石頭不算稀奇。那麼究竟是為何壘徹於此呢？後來我查了資料，才知道這兒的竹園在明代是戰馬養殖場遺址。軍馬要跑動，為了擴大草場面積，便於軍馬賓士，就把散見於地的石塊撿拾一起。這個解釋應該最合情合理。

這兒既然稱之為森林公園，自然有多種植物。據介紹樹有兩百多種，我特意留意一下，見有大葉樸、黃檀、臭椿、黃連木、梧桐、石楠、銀杏、木瓜等，最古老的樹齡達三百七十到三百八十年，明末時的樹，導遊還說這山裡有狼、狗獾、草獾、草狐、草獐、野兔、刺蝟等，我多少有點懷疑狼的存在。我曾在一篇文章裡寫到，我家鄉的野生動物除了老鼠，只有麻雀了，所以我倒很希望這兒能有狼的蹤跡。

其實，在這種對外開放的森林公園，就算有狼也根本無須害怕，要提防的倒是蛇。說到蛇，蛇果真來了，在過一個山凹時，見路旁有塊《巨蟒吟》詩碑，原來這兒是蟒蛇澗，導遊繪聲繪色說有個遊客前不久見過一條巨大蟒掛在樹上，並說遊客還拍下了照片。說得膽小的女遊客神經不免緊張兮兮的。我特地把那首記了下來，詩曰「古剎深林鐘聲聲，小徑幽幽溪水清，丈八巨靈有悟性，馳向禪院聽讀經」。詩碑還注明清光緒二十六年，顏子書。這詩實在是不敢恭維，不過提醒遊客，這兒在百多年前就有巨蟒出沒，可惜，現在的遊客恐怕很少有眼福見到野生狀態下的巨蟒了。

在這山裡，巨蟒沒見著，倒意外地見了一位百歲老人，百歲老人叫孫世同，今年一百零一歲，門牙已掉，但思路清晰，身板硬朗，並在擺攤做小生意呢。我問他長壽秘訣，他狡黠一笑說：「多吃靈芝啊。」並指指他攤上的木靈芝，我拿起一個問他多少錢？他說五十元一個。

我提出與他合影，老人爽快答應。

我見這兒有個百歲亭，開始以為是為孫世同老人建的，後來見了文字，才知源於一個神話故事。相傳古時這兒有戶陳姓人家，無子。婆婆傷心至極。後來了五位慈眉善目的老人，告知老婆婆，他們是福、祿、壽、喜、財五神仙之化身。五神仙關照老婆婆，只要把心願寫在紅絲綢上，繫在樹上即能如願。結果兒媳如願生子，壽至百歲。

這兒有五棵朴樹、合歡樹竟被視為代表福、祿、壽、喜、財，說廣東高僧本煥大師在二〇〇〇年五月為這五棵對樹開過光。這都是無從核對的事，但這五棵樹上確實有不少經綢布，求啥的都有。只是在我看來，那五棵樹似乎樹齡還不夠，最多百年吧，如果是千年壽樹，那信的人一定要多得多。

這兒叫鐵山寺森林公園，鐵山寺不能不寫。這鐵山寺始建於北宋太祖末年，距今有千年以上歷史，可惜在戰火毀了，現在在重建。據說等全部修復，這兒將是蘇北最大的寺廟。

讓我感慨萬千的是這個以寺廟名命名的森林公園竟有了夜總會等，俗文化的輻射力真是無孔不入。

訪《西遊記》作者吳承恩故居

中國四大古典名著的書名與作者名，有點文化知識的都能報出來，但如果加一句：「曹雪芹、羅貫中、施耐庵、吳承恩的家鄉在哪裡？」——估計多數人要傻眼。

以前書上介紹：吳承恩，號射陽山人，亦即山陽人，這山陽是古地名，乃今江蘇淮安市，曾一度稱淮陰地區。

吳承恩故居齋名射陽簃，這簃指樓閣邊上的小屋。從這齋名也可窺見吳承恩當年的窮困潦倒狀態。

據瞭解，吳承恩的曾祖吳銘、祖父吳貞皆為儒學教諭、訓導，還算個芝麻綠豆官，至他父親吳銳時，則家道中落。吳承恩明嘉靖中補貢生，曾出任過長興縣丞，卻因與上司不合，拂袖而去，頗有點讀書人的傲骨。後來他出任過荊王府紀善。現故居裡陳列有一塊吳承恩棺木殘片，就是「荊府紀善」四個字，這朱漆之字被認為是吳承恩為淮安人的直接證據。

吳承恩先後有過兩房夫人，可能未育。在古代，「不孝有三，無後為大」，想來吳承恩很是苦悶。他才氣橫溢，抱負凌雲，然無伯樂慧眼識之。他不甘碌碌無為，不甘蹉跎歲月，於是，才情、志向，全部付於了筆墨，以澆胸中磊塊。正像正廳大門的一副對聯所書的：

搜百代闕文，采千秋遺韻，藝苑文推北斗；
姑假託神慰，敢直抒胸臆，奇篇演出西遊。

這副對子讓遊人回味再三，對吳承恩晚年絕意仕進，專意著述，寫出名著，傳之後人的一個簡要而恰切的概括。其實，吳承恩並不止寫《西遊記》，他還寫過《禹鼎記》，可惜已散失，存世的唯《西遊記》與《射陽先生存稿》。不過，先生僅一部《西遊記》已足矣，已足以使其大名輝耀整個文學史。

吳承恩因無子嗣，射陽簃故地早蕩然無存，僅剩一塊射陽簃匾額，為明代嘉靖年間的淮安狀元沈坤所書。一九八二年時，也即吳承恩逝世滿四百周年前，為迎接全國首次《西遊記》學術研討會，當地政在吳宅舊址上複建了吳承恩故居，應該說，按修舊如舊的原則，這處故居是比較成功的，如果不說穿是八十年代重建的，一般遊客是看不出啥破綻的。

目前的吳承恩故居位於淮安打銅巷尾，共三進二十七間青磚瓦房，樸實，靜幽。

大門口的「吳承恩故居」為著名書法家舒同手跡。正廳上懸掛的「射陽簃」匾額乃趙朴初所題。整個故居印象最深的是吳承恩的書齋，為兩間斗室，千萬別小看了這兩間不起眼的小書屋，這裡就是寫《西遊記》的所在地。我站在書齋前，久久佇立不願離去。如果沒有文字表明，沒有導遊解說，誰又會相信，不朽的《西遊記》竟誕生在這貌不驚人的小屋。射陽簃前有吳承恩的漢白玉雕像，我還特地在像前拍照留影，以表達對這位先賢文人的崇敬。

故居的幾副對子給我印象很深。一副是著名女書法家蕭嫻所書的「伏怪以力，取經唯誠」；一副是「得山水清風，揚天地大觀」；還有一副「靈根孕育源流出，心性修持大道生」；言簡意賅，寓含哲理。像松風軒的楹聯：「雲深三徑鶴歸院，水滿一溪虹倚門」，則有一種意境美。另一幅「援琴對明月，試寫松風聲」，有一種古典美。後花園「小塵世」處的對聯為「餘自塵世人，癡心小塵世」，頗多人生感慨。後花園進門處那副「千年遙寄神仙樂，八極孤搏海嶠風」，大氣而灑脫。

後花園雖有小河、石舫、小石拱橋、假山、走廊等，但我興趣不大，因為當年的吳承恩恐怕是沒有財力修這園子的。

吳承恩的墓在離城十里地的一個鄉村，可惜時間來不及了，要不然是應該去憑弔一番的。

淮安漕運總督署遺址憑弔

我家鄉太倉劉家港自元末即為漕運重要港口，所以我對漕運的有關資料一直比較留意。這次到淮安，周恩來故居自然是必看的，但我早想好了，要去尋訪一下漕運總督署遺址，這其中還有個原因是明代太倉的凌雲翼曾總督江南五省兵馬糧運，巡撫淮、揚，這在《明史凌雲翼傳》中都有記載。換句話說：凌雲翼曾主持過淮安的漕運事務，曾在漕運總督署行使過一把手的權力，所以我對此特別有興趣。

在參觀周恩來故居、紀念館後，我一問到漕運總督衙門，當時接待的就告知：漕運總督署已辟為遺址公園，可供人憑弔，於是我們欣然前往。

遺址在市中心位置，明顯高出街道約一兩米。臨街處有「總督漕運部院遺址公園」幾個大字，上面的平臺甚大，現有門廳九間，中間三間很氣派，面闊十米以上，門眉懸掛「總督漕運部院」六個白底黑字匾，門口左右一對高大威猛的青石獅子，在門廳裡有「總督漕運公署遺址」的石碑嵌於牆壁，注明於二〇〇二年十月為省文物保護單位。

過門廳，又一極大的磚徹場地，典型的明代風格，場地前方用石欄圈著的就是漕運總督公署的遺址了。

我繞有興趣地來到了遺址上，見有二三十個青石礎，那碩大無比的石礎外方內圓，還有條石，牆基殘存、磚地坪等，當年的規模可以想像。

我查了資料，漕運自秦始皇起，這在《史記平淮書》中已有記載：「漕轉山東粟，以給中都官」。通常認為水運為漕，車運為轉。漢代與隋唐時，雖有漕渠，但運輸量有限，且宋以前漕糧皆民運，直到元代，海盜朱清、張瑄降元後開闢了從江蘇太倉至天津的海上漕運線路後，才開啟了漕運軍運的局面，並在太倉設都運府。漕運總督則是明代景泰年（西元一四五一年）始沒，設在淮安。據說當年此處有兩百一十三間房屋，有兩萬兩千多人為漕運服務。自明清設漕運總督公署後，至清末光緒三十一年（西元一九〇五年）運河失修，停辦漕運，共有兩百三十七任總督。

這兒的漕運總督，管理漕糧的取齊，上繳和監押運輸。明代時，還兼撫鳳陽等處，俗稱漕撫。這可能與朱元璋的祖陵在淮安屬下盱眙與不很遠的鳳陽明皇陵有關。清代時，漕運院部又別稱為漕臺。

漕運總督是個肥缺，有些貪官，以損耗為名，發十數石，僅收一石。當然，這也是個擔風險的職位，且不說與漕幫的種種矛盾，更要擔心同僚的奏摺，皇上的清查，鬧不好就會掉腦袋。

淮安現今的漕運總督部院遺址是明萬曆七年（西元一五七九年）時漕運總督凌雲翼移建於此，但淮安有位元作家寫的文史資料中將「凌雲翼」誤寫成了「凌方翼」，也可能是排版之誤，校對時疏忽了，凌雲翼曾官至兵部尚書兼副都禦史，在明史上也算有點名氣的。

據介紹，漕運總督公署，在三十年代時開過一個劇院，四十年代時，被侵華日軍的飛機炸為廢墟。解放後，辟為體育場。一九八八年，始辟為遺址公園。

漕運的輝煌早成歷史煙雲。明清時，這兒衙門的森嚴，繁忙已沉寂於歷史。夕陽西下時的遺址所在地，唯我一人在尋尋覓覓，其他遊人與當地人對此似乎並無多少興趣，唯有幾位老人在平坦的場地上打著太極拳，給人一種祥和安逸的感覺。遺址兩側，則是店鋪林立，已成商業街，花花綠綠的招牌甚惹人注目，與遺址的冷寂形成極大的反差，讓人感慨頓生。

歷史總是要發展的，要進步的，如今的火車與集裝箱碼頭的出現，與當年的漕運的運輸量相比，漕運又算得了什麼，但作為一種歷史的存在，總讓後人思索，並引出了種種話題。

韓侯祠感慨

淮安是個該細細品讀的歷史文化古城，可看的名勝古蹟密集得讓人應接不暇。我們只在淮安逗留半天，只能跑馬觀花，留下遺憾，留下再到淮安的藉口。

淮安的古蹟其他不說，光韓信一人，就有韓侯祠、漂母祠、胯下橋、韓侯釣臺等多處，可惜時間關係，我們只去了韓侯祠。

如今的韓侯祠在漕運總督部院不遠處，屬於熱鬧地段。但令我看不懂的是此處僅僅是淮安市文物保護單位，連省文保單位都不是。這可能與韓侯祠的幾度興衰有關。

韓信崛起於秦末，佐劉邦打下漢家四百年天下，光與韓信有關的成語就有「多多益善」、「一諾千金」、「胯下之辱」、「背水一戰」、「十面埋伏」、「四面楚歌」、「明修棧道，暗渡陳倉」、「大丈夫能屈能伸」等等，另外像「狡兔死，走狗烹；飛鳥盡，良弓藏；敵國破，謀臣亡」等更是發人深省。

從歷史年代來看，韓信的故事距今兩千兩百年，韓信祠最早的出現，據說是隋唐之間，那也要一千三百多年。明代時，韓侯祠已成淮安名勝之最，那麼也該有四五百的歷史了。可惜的是到了晚清，韓侯祠日漸荒敗與被侵佔。解放後，因拓街、建設等種種原因，加之文革的因素，更是破壞慘重。當年頗大的韓侯祠僅剩三間維持殘局，留下舊名而已。直到一九八二年，當地政府才對韓侯祠作大修，只是面積遠不如從前，真古蹟的價值也大打了折扣。但不管怎能麼說，漢韓侯祠保存了下來，總是件令人欣慰的事。

韓侯祠門口有一對青石的抱鼓石，一看形制便知是清代的。門內有一小照壁，水磨磚牆上有「靈威冠世」四個鎦金字。

大殿有一幅對聯，上聯為「英雄既許驅馳固已誓忠貞詎肯聽蒯生之計；豪傑非無智略顧乃罔籌劉祗為酬蕭相之知」，橫匾為「勳冠三傑」。

大殿內是韓信塑像，旁有聯曰：「生死一知已，存亡兩婦人」。這一知已應該是指蕭何，漢相蕭何月下追韓信的故事廣為人知，乃伯樂相馬識人才的千古傳話。存亡兩婦人，應該一指漂母，一是指呂雉。當年韓信未發跡時，窮困僚倒，漂母以中國婦女特有的善良，以一飯相贈，並以語言激勵之。韓信的發憤，韓信的發跡，實在與漂母大有關係。至於說到另一女人呂後，稍熟悉一點歷史的都知道呂後是漢高祖劉邦的皇后，名雉，字娥姬，呂後心狠手辣，是她幫助劉邦殺害了韓信，還有彭越等。此聯簡潔而意味深長。

大殿門外的抱柱楹聯「奠數千里長淮，神留桑梓；開四百年帝業，功冠蕭曹」。對韓信的一生作了一個精當的概括。

韓信像是彩色的全身立像，近看英氣逼人；遠觀，威風凜凜。其塑像右側，還放置了一把青鋼大刀，又名三劉刀，有一點五米長，五十公斤重。也不知是哪兒覓來的。

韓信一生的命運大起大落，其才華，其遭遇最是讓後人感慨萬千。歷代文人騷客曾以此為題材寫過不少詩文，後世的功高震主，以及誅殺功臣，何不功成身退等等，都與韓信不無關係。

韓信以一介平民，從淮陰而走進歷史冊頁，讓兩千年後的文人與遊客還津津樂道，足可慰九泉也。

周恩來，淮安的驕傲

江蘇的淮安，是古老的大運河上的一顆明珠，被譽為「京杭通衢，江淮咽喉，軍事重鎮，漕運要道，綱鹽樞紐」。名人更是輩出，如韓信、枚乘、梁紅玉、吳承恩、劉鄂、關天培、李公樸等，皆為重量級的歷史名人。當然，影響最大的當數周恩來。如今去淮安旅遊的，一大半人是衝著周恩來的名頭去的，是為了實地參觀、瞻仰一下周恩來故居與周恩來紀念館。

周恩來故居在一條叫附馬巷的巷子內，這是一座老式的宅院。據文字資料介紹：此屋乃周恩來祖父周攀龍與其二哥周駿昂共同買下的，時在一八九三年，即道光十九年。這是典型的清代建築，共有四進。這與江南的大戶人家三進、五進、七進，宅院建在中軸線上不同，這宅院落佈局有點不規則，第二進乃周恩來童年讀書處，掛有周敦頤《愛蓮說》中的句子。有一對聯曰：「未熟黃粱彈指光蔭經富貴，無欺暗室居心忠厚即神仙。」還有一聯曰：「峽束滄江起，岩排古樹圓。」也許少年周恩來受的啟蒙教育即是此吧。

第三進是周恩來出生之屋，舊時沒大醫院落、孩子出生都由接生婆在自已家裡接生。周恩來幼年亦即生活在這兒。第四進有一棵百年樹齡的榆樹，還有一眼水井，水位很高。此情此景，覺得甚為親切，因為我兒時住的天井裡有兩棵老榆樹，兩口古井。佇立樹下，撫摸古樹，有一種似曾相識的感覺。轉彎是廚房，還有一塊菜地，這兒也有一棵老榆樹，據說少年周恩來曾在這地裡種過菜呢。

再後面是稱之為西宅院的，有周恩來紀念展覽室、碑廊、周恩來故居書畫苑等，院內有一棵觀音柳與一棵石榴樹，樹齡都在百年以上。

那周恩來墨蹟碑廊，收有周恩來的書法刻碑，行家評曰：「書風清郎豐潤，雄渾樸茂，熔顏魏於一爐，於平穩出險峻。」

周恩來書畫苑，則是江澤民、李鵬、李鐵映等國家領導人的題詞，有趙朴初、劉海粟、關山月、唐雲、周思聰等名家捐贈的墨寶。

我屬老三屆，故對周恩來的功績十分熟悉，來此無非是重溫一遍，切實感受一下周總理的個人魅力，以表崇敬之情吧。

步出周恩來故居時，我突然想起：周恩來乳名「大鸞」，「鸞」係舊時傳說中乃鳳凰一類的鳥，沒想到周恩來果然成為人中之鳳。如以中國傳統文化釋之，龍與鳳至高至貴至尊，而鳳處相輔地位，冥冥之中真有定數？我為自已有這種奇怪的想法而吃驚。

繼而我又想假如周恩來不走出淮安，能成就今天這一番事業嗎？所謂「花盆難栽萬年松，茅棚難養千里馬」。走出小天地，走向一個廣闊的舞臺，不正詮釋了古人的「好兒女走在四方」嗎!?

周恩來故居、周恩來紀念館如今是淮安的城市名片，是淮安人永遠的驕傲。

告別周恩來故居時，我特地在鄧小平題詞的周恩來同志故居的紅底金字匾額前留了影，以作永遠留念。

睢寧城市名片
——睢寧兒童畫

睢寧兒童畫的名聲大矣，印象中與金山農民畫、戶縣農民畫齊名，都是崛起於鄉野，走出國門，走向世界的畫種，是中國美術界的驕傲，也是媒體關注的焦點。

我八十年代在徐州大屯煤礦工作時就不止一次聽說過睢寧兒童畫屢屢獲國際大獎的消息，只是沒機會參觀。我調回太倉後，因太倉與睢寧是幫困扶貧的結對縣，關於睢寧兒童畫的消息更是常常聽到，愈發使我產生了一睹為快的念頭。

機會終於來了，最近，市文聯組織一撥書畫家去睢寧、徐州、沛縣采風，我得以同行，一則是故地重遊，二則是一償夙願，了卻了一樁心事——那就是參觀了睢寧兒童畫。

我們在當地畫家朱君的陪同下，饒有興味地欣賞了睢寧兒童畫中在國際比賽中獲獎的部分陳列畫。以前雖也零散見到過幾幅，但這次集中觀看，感受大不一樣。《古文觀止》是指對古典文學作品的歎為觀止，那麼到了這裡，簡直就該對中國兒童畫歎為觀止了。據資料介紹，自一九七八年，睢寧兒童畫首次在瑞典與澳大利亞展出後，近三十年來，幾乎年年獲獎，可以說是捷報頻傳，佳音連連，並且長盛不衰，後勁十足。

我注意了一下，從一九八一年，睢寧十一歲的女孩郁萍的《武術表演》在南斯拉夫國際兒童畫展獲得金獎後，睢寧的兒童畫已在國際上獲得了七百多個獎，參加展出的作品有六千多幅，被送至世界七十多個國家與地區展出。這在全國是絕無僅有的。由於睢寧兒童畫的突出成績，吸引了許多海外兒童教育工作者的目光。地處江蘇北隅的古之下邳，竟先後迎來了法國「法中友協」的客人來參觀，與聯合國教科文組織的考察團。一九九六年時還被文化部任命為「兒童畫之鄉」。據說中央電視臺、中央人民廣播電臺、《人民日報》等全國各大新聞媒體光專題報導就達三四百次之多，大大提高了睢寧兒童畫乃至睢寧的知名度。

睢寧的領導獨具慧眼，他們以睢寧兒童畫為金鑰匙打開了通向世界的門戶。為了進一步樹立睢寧兒童畫的品牌，他們雙管齊下，一是大力扶植兒童畫，從抓師資隊伍開始，活動不斷，獎優罰劣，鼓勵冒尖；二是投資建造「睢寧兒童畫活動中心大樓」，既陳列睢寧兒童畫獲獎作品，也陳列國際優秀兒童畫作品，使教師與兒童習畫者有比較有借鑒。另外，他們還著手編輯出版了《睢寧兒童畫》畫冊，這精美的畫冊，既是饋贈嘉賓的禮品，又是睢寧這座古城極好的一張城市名片。

睢寧兒童畫的最大特點是童趣盎然。也許不少畫還不符合透視比例，有誇張、失真等，但正是這些稚拙稚嫩，溢出了無限的童真與無趣，讓人感受到了一顆無邪的童心。在經濟日益衝擊我們社會，商業味日益侵襲藝術的今天，保持藝術的童心是多麼難能可貴啊。睢寧兒童畫給我的啟迪又豈止在藝術上。

龜山漢墓，華夏一絕

說起來，我也算半個徐州人，因為我在徐州轄區內的大屯煤礦奉獻過二十年青春，加之自己也算個半吊子文化人，故對徐州的考古發現還是極為關注的，在我調離徐州前，我就聽說了北洞山漢墓、獅子山漢墓與龜山漢墓，但遺憾地是尚未正式對外開放，我也就未能一睹為快。這種遺憾一遺憾就是十二年。十二年後，當我重新有機會故地重遊時，我首先想到的是去看一看九裡山處的龜山漢墓。

記得古有民謠「九里山下古戰場，牧童拾得舊刀槍」。在這樣一個兩千年前的兵家必爭之地，發現一些千年文物，兩漢古蹟，似乎是早晚的事。九州之一的徐州，與兩漢文化有著千絲萬縷割不斷的關係——看兩漢文化，到徐州，這口號沒任何水分。

龜山漢墓的主人是西漢楚王襄王劉注的夫妻合葬墓，距今兩千一百多年，其實我寫這也是多餘的，因為對大多數遊人來說，這裡葬的是西漢的第幾代王，哪個王，叫啥名甚，都是無關緊要的，即便導遊說了，說不定沒到家就忘了，重要的是，只要去過龜山漢墓的，誰也無法忘懷這兩千多年前的浩大工程，稱之為傑作，稱之為一絕，都是當之無愧的。

我能告訴讀者的，這是一座硬碰硬在龜山山體上鑿出來的大型陵墓。在西漢，生產力自然無法與現在相比，也不具備先進的鑿石開山工具與精確的測繪儀器，完全靠一把鑿子，一把鐵錘，我們的先祖卻在這堅硬無比的山體上鑿出了五十六米長的甬道，這甬道高一點七八米，寬一點零六米，這甬道裡面大小墓室有十五間之多，有車馬室、有馬廄、有廚房、有武器庫、有禮樂器具室、有廁所、有前殿、有棺室，可說是一應俱全，總面積達到七百多平方米。乍聽，七百多平方米似乎不算太大，但要知道，這不是在地面上壘磚起瓦的建築，也不是在土山裡挖土挖穴，這可是在鑿山造陵啊。整個空間要達兩千六百多立方，這兩千六百多立方的石頭就是石匠們在那四塊石頭夾塊肉的天地裡一鑿一鑿，一小塊石頭一小塊石頭鑿出來的呵。那石屋頂人工鑿過的痕跡清清楚楚。這十五間墓室，室室相通，或大或小，主次有序，還有象徵性的水井，以及實用的排水系統，就算是現代的地下防禦工事也不過如此。

這些且不說了，最使我驚歎的甬道壁石面極為光滑，如果用手撫之，一點無粗糙感，顯然是精心打磨過的。也許有的讀者要問：墓的甬道為什麼要長達五十六米，甬道四壁為何要如此精心打磨？原來這是防盜墓的重要措施之一。這五十六米長的甬道封墓時用每塊重達六至七噸的塞石塞住，分上下兩層共二十六塊塞石，這就要計算得非常精確，若一頭大一頭小，塞石就會卡死，若太小了就起不到塞石作用。想要二十六塊塞石全部到位，這可不是簡單之事。據導遊介紹，當年開挖時，那塞石與甬道壁只能放進一枚硬幣，可見其精確之程度。照理，這樣巨大這樣沉重的塞石，一般的盜墓賊無論如何也拉不出來的。然而，龜山漢墓還是被盜了。從現在堆放在墓外的塞石可知，是有人在塞石上鑿了牛鼻眼再拉出來的。據考古專家推斷，時在王莽篡政之時，這樣大規模的盜墓，除了官盜，通常私盜是難以做到的。

劉注的屍骨早就灰飛煙滅了，但這座世界罕見的漢墓卻留下來了，成了古人智慧的結晶與象徵。從龜山漢墓看，這兒並不亞於埃及的金字塔，至少可以相媲美。但不知是由於宣傳不到位，還是其他什麼原因，龜山漢墓的知名度還太低太低。如果徐州能像江南的周庄、同裡、甪直、浙江的烏鎮、西塘古鎮那樣不惜人力物力宣傳，龜山漢墓必會名揚天下，讓海外遊人驚得目瞪口呆的。

漢文化瑰寶——徐州漢畫館

十多年前，我曾去過雲龍山下的徐州博物館，在那裡見識過若干塊漢畫像石，當時使我驚歎不已的是，我發現在畢卡索畫筆下的那種變形、誇張、荒誕手法等等，其實在漢畫像石中早就有了，我甚至懷疑畢卡索是否從哪種渠道見過中國的漢畫像石，他從中借鑒了那些手法。

這次到徐州，聽說已建成了專門的徐州漢畫館，這自然是非看不可的。到漢畫館時，已到了關館時刻了，按常理，講解員是很煩這樣的不速之客的，推遲下班畢竟不是什麼愉快的事。但這位女講解員很快發現這是一群難得的知音，因為除了我及少數幾個外，都是學有專攻的書畫家，他們對漢畫像石不但表現出了十二分濃厚的興趣，還是內行。講解員越講越來勁，反倒是我們不好意思了，叫她講簡單些，怕耽誤她下班太久。

中國的漢畫像石，當然不止徐州一地有，但徐州是漢畫像石發現最多，分佈最集中的一個地方，這是史學家與考古學家們達成共識的。徐州漢畫像石發現很早，到清代已記入地方誌。徐州及徐州附近的睢寧、沛縣、銅山、邳州、新沂等地都有發現。徐州古稱彭城，屬古之九州之一，睢寧古時稱下邳，沛縣古時稱小沛，漢代時的不少名將名臣，都出於這一帶，漢代時不少歷史事件也發生在這一帶，這裡的鄉野，基建時挖到漢墓甚至沒人大驚小怪。據講名揚世界的《牛耕圖》、《紡織圖》等漢畫像石就出土於睢寧，目前徐州地區僅保存下來的漢畫像石就有五百多塊，成為一筆寶貴的文化遺產，成為全人類共有的歷史遺存。

這些漢畫像石基本上出土於漢墓，或是墓主的陪葬品，或是墓室的裝飾品，大都採用徐州及徐州附近就有的石灰岩，青石雕鑿而成。有一面雕鑿的，也有兩面雕鑿的，考究的還有四面雕鑿、六面雕鑿的。有淺浮雕，也有深浮雕，甚至有透雕，但以陰線刻與淺浮雕為主。

內容涉及到現實社會與神仙世界，有神話傳說，有歷史故事，也有當時寫真，還有名木嘉卉，瑞獸祥鳥。因為有不少建築、車馬、家俱，以及歌舞、宴飲場面，故保存了大量有價值的歷史資訊、文化資訊，比之文字記載更直觀，更具像。並且還留下了許許多多的民俗資訊，可供有志研究者慢慢考證。

除開這些，單從藝術角度而言，這也是一批不可多得，難以複製的國寶級藝術珍品。那些畫，真正是逸筆草草，傳神至極。或粗曠，或古拙，或凝重，或飄逸，往往不求具像，但求神似，質樸而氣韻生動，簡潔而神形畢現。有些畫，也許不符合透視、空間感等美學要求，尺寸比例也不對，但興趣盎然，拙樸可愛，如再觀之現代西方的抽像畫、荒誕派，這些堪稱他們的老祖宗呢。

漢畫像石真是越看越喜歡，假如拓之裱之，在家中掛一幅，那可是上檔次上品位的，一定滿室生香，雅趣倍增。

微山湖畔的記憶碎片

在我兒時的記憶中，我家居住的長埭弄，走到弄堂底就是農田了，鄉村對我來說並不遙遠。一九七一年七月，我被招工到了微山湖畔的大屯煤礦，說是煤礦，其實當時還一片白地。我所在的坑口電廠，正好在江蘇與山東的省界線上，距微山湖一箭之遙，前不巴店，後不挨村。抬眼四望，除了煙柳，就是墳包，真正的鄉野。

當宿舍樓蓋起來後，就吸引了當地農民的眼球。這一帶的農民，不少人祖祖輩輩連百裡外的徐州都沒去過，更不要說上海了，他們見過的最洋派的房子大概就是大隊書記家的瓦房了，除此外幾乎清一色的泥坯茅頂房，而我們的宿舍樓是五層樓，這對他們來說太稀罕了。我親眼看到有個憨厚的中年男子用獨輪車推著他滿臉皺紋的老母親來看我們的宿舍樓。我問了一下，竟然推了五六十裡地跑來的。為的就是讓上了年歲的老母親來開開眼界，看看上海人造的大樓，那老太看了我們住的五層樓後，感慨萬千地對我們說：「你們這些上海娃子福氣啊，住這麼高的洋樓，你們的生活比解放前地主的生活還好哩。」我們聽了，哭笑不得，但我相信那老太太說的是真話。

特別是當我們電廠那八十二米高的大煙囪造好後，更是轟動一時，當時這煙囪，號稱「淮海平原第一高」，平地崛起，十幾里地外都能望得見。這高煙囪，更是吸引了一批又一批的當地參觀者。那些飽經風霜的老頭老太都鬧不明：「咋能造出如此高的煙囪來！」他們無不佩服得五體投地。

當我們生活區造好後，為了改善文化生活，就每個月在籃球場上放一場電影，不賣票的，只要你端個凳一放，都可以看。當地農民知道了，豈能放過這個好機會。但他們很知趣，並不早早擠進場，而是等放映後，一圈圈站在我們的周邊，還保持一定距離。但來的人多了，看著看著就情不自禁往前擠了，這一擠就擠到了最後一排身邊。因當地農民幾乎一年四季不洗澡，加之吃大蒜吃羊肉，身上那一股味實在很難聞，最後一排的受不了那味，只好離場讓位。場內的走掉一排，後邊的逼近一排，最後籃球場中央當地農民唱起了主角，我們廠裡的職工反躲到了四周，或乾脆到周邊，立在凳子上看。

當地農民知道我們反感他們身上的味道，於是想到了洗澡。記得有一次來了一群婦女，還拿了大隊的證明，證明上寫著因計劃生育要結紮，所以要洗個澡，希望能開綠燈云云。弄得門衛不知該放還是不放。如果不放，三個女人一臺戲，那門衛保證被那群農村婦女纏得頭發昏，最後乖乖投降。

這種要求免費洗澡的情況越演越烈，最後單位領導只好同意每星期為當地農民開放一次浴室，也算是增進工農關係吧。

當然，這都是上世紀七十年代的事。如今已大變樣了，由於大屯煤礦的開發，不少當地失地農民進礦當了工人。加之十來萬人的大煤礦，也帶動了周邊鄉村的建設，因蔬菜的需要，水果的需要，副食品的需要，肉類、禽類的需要，礦周邊的鄉村大大受益，毫不虛言地說：乃鳥槍換炮了。

不認識你了，墟溝

應邀去參加「二〇〇六中國連雲港《西遊記》文化國際學術研討會」，到了那裡才知下榻在東連島的觀海樓。

一條長約六七千米的人工海上大堤把原本孤零零遺散在海裡的小島與墟溝連在了一起。我們是子夜時分到的，小車過大堤時，但見一條蜿蜒遠去的海上光帶，似乎要把我們引向蓬萊仙島。堤對岸面海傍山的是連雲港碼頭，碼頭上排列著一臺又一臺高高的龍門吊，在夏日的夜色裡，驕傲地伸展著龐大、偉岸的身姿。不夜的碼頭，那燈光閃閃爍爍，在隱隱約約，朦朦朧朧中可窺視碼頭的剪影，別是一景，極為壯觀。

記得當年孫中山先生在《建國方略》中，就有把連雲港建成東方大港的設想，如今，連雲港與太倉港成了江蘇一南一北兩個最重要最有潛力的大港。

第二天晨起，走到長堤，觀海聽濤，神情為之一爽。站在寬闊、雄偉的大堤，遙望大堤那頭的墟溝，但見高樓鱗次櫛比，儼然一個海濱鬧市。

這難道就是我曾到過的墟溝？怎麼與我記憶中的墟溝大相徑庭。

九十年代初，金陵微型小說學會在連雲港舉辦金秋筆會，我是組織者之一，那次會議有來自十六個省市的六十多位作家。那時的墟溝純粹是個原生態的海灘，整個海邊就一幢樓房，係唯一的一家賓館，我們就住那兒。印象中，出了賓館門就是海灘，海灘上還錯落有致地散落著大大小小的礁石。中秋的海灘，夏日的喧嘩已經過去，顯得有點冷寂，但清靜得讓人想起世外桃源，傍晚，漫步在海灘，竟讓人心靜神爽，那俗慮俗情，隨海風遠去遠去。

一晃，十三四年過去了。乖乖，今日墟溝，真的不認識了。昔日空空曠曠的海灘已建成了海濱公園。沿海邊，全是綠樹、鮮花，與建築小品。沿海濱大道這邊拔地而起一幢又一幢高樓，美輪美奐，一派現代城市的氣勢，真正是相見不相識，愣在那兒很難相信自己的眼睛。

看得出，由於墟溝濱海這得天獨厚的地理條件，墟溝這十多年成了連雲港發展最快最大的區域，成了連雲港人氣最旺的所在。

我把當年拍的照片翻出來，竟然成了不折不扣的老照片，如果不事先言明，誰會相信那老照片上的海灘，就是今日的墟溝海濱公園。

如此快的變化，讓人感觸頓起，感歎萬分。

海島古漁村

應邀去連雲港參加「西遊記文化國際學術研討會」。下榻在風景優美的連島，會議結束那天，住在附近的一位作家小馬來看我，小馬很善解人意，提出帶我去海邊漁村看看，這正是我求之不得的，遂欣然前往。

車子沿著島邊的公路疾駛而去，我則貪婪地欣賞著海景。一般遊客只到旅遊景點蘇馬灣，而我們則開到了島的縱深處，車子最後停在了連島突出海面的一個鉗形海灣處，這裡山石嶙峋，參差不齊，高出海平面數十米，站在公路上，但見一條石磴通向下麵的海灣與漁村。路邊有幾棵大椿樹，從這上百年的樹齡推測，這漁村恐怕應該有點年頭了。

小馬正在找熟人帶路，我站在大椿樹下觀察這海灣這漁村。有意思的是，人未到漁村，未到海灣，那陣陣海風已吹來了海腥味，這是海港與漁村特有的味道，就像進入貴州懷縣茅臺鎮，一進境內立馬能聞到特有的酒糟香一樣。如果用詩的語言，彷彿隨手在空氣裡抓一把，也能抓出一條魚來，抓出幾隻蝦來似的。

小馬聯繫上了漁村一位叫王華英的婦女主任，大約四十出頭的模樣，樸實、幹練，有著漁民特有的紅紅的、黑黑的臉，一種經風經雨的健康膚色。婦女主任很熱情，一路走一路介紹。原來這小漁村始建於明末清初，已有三百多年歷史，據說近年還發現了清代道光年間的地契，距今少說也有一百五十年以上了。她們祖祖輩輩都是生活在這兒，俗話說靠山吃山，靠海吃海，她們早已習慣了向大海討生活，只是近一二十年近海的魚蝦資源越來越少，不得不向外海進發。不過早年魚蝦多時，不值錢，魚賤傷民，日子一直是過得緊巴巴的。如今魚蝦是少了，卻應了物以稀為貴的古語，城裡人追捧生猛海鮮，甚至不少城裡人專門開了車到島上來品嚐海鮮，那海鮮一漲再漲，漁民的生活也因此水漲船高。

在婦女主任的帶領下，我們走進了一般外人到不了的小漁村，說小漁村，其實也不小，整個村有百多戶人家，八百多人口呢。這漁村最大的特點是地處臨海的半山坡上，依坡而造，面海而築，因地制宜而建的石屋與半石屋，隨著山勢漸長漸高，層層疊疊。這一家家的房子有大有小，有高有矮，全是根据山石的大小、空間而定，一間屋至少有一面是利用了原來的山岩，再用片石、塊石壘牆，架屋面、安門窗。雖說簡陋，不少漁民家已有電視機、電冰箱等家用電器。儘管比之城裡人家，漁民家中的擺設還是簡單的，甚至破舊的，但差不多家家門口種著幾盆花草，其中有一戶，家中只一個上了年歲的老奶奶，但門口竟種了幾十盆入臘紅、月季花、仙人掌等花草，說起來並無名貴花種，但愛美之心，熱愛生活的態度分明讓我感受到了。

一路閒聊時，那婦女主任毫不掩飾地告訴我：她是「易迷」，說她非常非常喜歡中央電視臺「百家講壇」品三國的易中天。我想如果易中天知道，在偏遠的海島小漁村，也有他的粉絲，不知會不會更牛氣沖天。從另一方面也可以知道：現代傳媒的力量是多麼大啊，早先幾乎與世隔絕的漁家婦女，如今也與時代同脈博，融進了新生活的潮流中。

一圈兜下來，看了漁村，看了魚網，看了補網，看了曬魚乾，看了漁家的孩子，我興奮莫名，幾乎忘了咕嚕嚕叫的肚子。

好客的婦女主任執意叫我們到村書記陳聖龍開的飯店吃海鮮。原來這幾年旅遊經濟有了長足的發展，漁家風情遊更是吸引了眾多的目光。吃漁家飯、睡漁家房、海邊垂釣、隨船出航成了城裡人的時尚。村幹部抓住機遇，帶頭開起了家庭旅館、飯店。帶動不少家漁民都開了飯店，專營海鮮。書記的飯店在半山腰上，面對海灣，風景絕妙，站在飯店門口，可以眺望海灣中停著的一百多隻漁船，煞是壯觀。

那海鮮是漁家自己捕的，婦女主任叫我去挑，說喜歡吃啥就挑啥，我看了一下，叫得上名的有梭子蟹、花蟹、石蟹、蝦婆、石斑魚、江蘺、海帶等，還有好幾樣叫不上名的。我是基本吃素的，就點了兩三樣沒有品嚐過的海生蔬菜，點了兩隻城裡人不常見的蟹與一條模樣有些古怪的魚。我懊悔當時沒用筆記下來，結果吃得津津有味，回來後卻記不得那蟹那魚叫什麼名字了。不過我雖然沒記住那蟹那魚的名稱，卻記住了婦女主任的熱情、好客，記住了小漁村別具一格的自然風貌。

遺憾的是，這三百多年古老的小漁村不久將不復存在了，據說有關方面相中了這塊風水寶地，將搬遷這小漁村，給他們蓋新樓、蓋高樓，這兒依山傍海要建高檔海濱別墅。這兒的房地產肯定因了這海灣將是老虎肉價格，那房地產商定是賺得缽滿盆溢，可一個有著極高民俗價值，很難替代複製的原生態的古漁村卻因此將蕩然無存，我只能扼腕長歎：可惜啊可惜！

連雲港的「東方天書」

到連雲港後，我謝絕了朋友安排我去花果山一遊的計畫，執意要去將軍崖親眼目睹一回「東方天書」。我記不得在哪篇報導中讀到這資訊的，但我記住了「東方天書」是中華民族最原始最古老的文明發源地之一，比之自然景觀的山山水水，它的價值絕不可同日而語的。

遺憾的是連雲港的朋友也不清楚「東方天書」到底在哪兒，開始以為在孔望山，後來去桃花澗才欣喜發現這正是我苦苦尋找的將軍崖。

將軍崖岩石畫在一九八八年已被列為全國重點文物保護單位。它屬連雲港雲臺自然風景區的一個組成部分。而這桃花澗則是雲臺山脈的第一大澗，此處有峰巒，有石坡，有山崖，有澗水。山之硬郎，水之柔軟集於一身，自然乃風水寶地。當年因山崖上有將軍牽馬圖岩畫，故定名為將軍崖岩畫，可惜如此珍貴的岩畫在開採磷礦石時被毀去了，怎不叫人扼腕歎息。

然而，不幸之中萬幸的是將軍崖下有一片石坡保存了下來，那光溜溜的花崗石表面，有著依稀可辨的圖案，但假如不仔細看，很可能忽略過去了，後來經文物專家、考古專家鑒定，乖乖，乃是七千年前古文明遺存，這可是一個改寫中華民族文明史的大發現啊。從耄耆老人到小學蒙童，誰不知道中華民族五千年文明史，而將軍崖岩畫的認定，一下子把文明史推前了兩千年，這是何等石破天驚的大事。

我們到達桃花澗時，已是晚霞收餘暉，暮色漫山崗的黃昏時分了，冬日的山風呼呼作響，但我們依然饒有興味地一一細看了這些老祖宗的傑作。

在數百平方米的山坡上，刻有人像、禾苗、社神、太陽等等圖案，那人像一個個均圓圓臉，大大眼，頭髮或網狀、或禾苗狀，或梳子狀，線條極其簡潔、流暢，雖為淺浮雕，但線條的鑿痕極為光溜，不知是先人的刻意打磨，還是歲月的打磨造成的。

景區負責人指著一條長長的線條介紹說這是子午線，經測定與現在科學測定的子午線完全吻合。如果不是專門介紹，誰又會留意呢，可能還會以為這是山石的自然裂縫呢，在子午線下方有一條寬數尺的鑿痕帶，上面有大小不一的淺坑淺窩，大的如雞蛋，小的如黃豆。誰又會想到這是我國最早的銀河系圖案。那八門七星，那金星、火星、木星、水星都能一一對照，讓人歎為觀止。

原來這兒是七千年前東夷先民的朝聖中心，故這兒還有祭臺等，同時，還是觀天測地之所在，先民們把他們對天體的瞭解實錄於此，為後人留下了不可多得的寶貴文化遺產。

據瞭解，東夷民族是個母系社會，他們崇尚女性，崇尚生殖，所以這兒還遺留著女性崇拜的痕跡。在祭臺下方的一處，相對獨立的山石上有一稍作加工的小水坑，其狀類似女陰，其坑中常年有水，據說終年不乾涸。我本想用樹枝探探有多深，又覺有褻瀆先祖之嫌，遂放棄，但暴露於岩石之上的一個不大的水坑，其水暴曬不乾，確乎是個難解之謎。據景區負責人介紹，早年附近還有男根圖騰呢，可惜被無知山民破壞了。

暮色中我佇立上石上，望著遠處的平原心潮難平，沒想到尋根尋根喊了多少年，原來我們的總根在這兒呢。

我彷彿看到了七千年前，我們的祖先在這兒祭天祭地祭祖宗，在這兒觀天觀地觀大海，用他們的智慧，用他們的雙手，創造出了中華遠古第一處文字符號圖形。

這兒，是中華民族永遠的驕傲。

釀文學50　PG0686

人文江蘇山水情

作　　者	凌鼎年
責任編輯	林泰宏
圖文排版	邱瀞誼
封面設計	蔡瑋中

出版策劃	釀出版
製作發行	秀威資訊科技股份有限公司 114 台北市內湖區瑞光路76巷65號1樓 電話：+886-2-2796-3638　傳真：+886-2-2796-1377 服務信箱：service@showwe.com.tw http://www.showwe.com.tw
郵政劃撥	19563868　戶名：秀威資訊科技股份有限公司
展售門市	國家書店【松江門市】 104 台北市中山區松江路209號1樓 電話：+886-2-2518-0207　傳真：+886-2-2518-0778
網路訂購	秀威網路書店：http://www.bodbooks.com.tw 國家網路書店：http://www.govbooks.com.tw
法律顧問	毛國樑　律師
總 經 銷	聯合發行股份有限公司 231新北市新店區寶橋路235巷6弄6號4F 電話：+886-2-2917-8022　傳真：+886-2-2915-6275

出版日期	2011年12月　BOD一版
定　　價	350元

國家圖書館出版品預行編目

人文江蘇山水情 / 凌鼎年著. -- 一版. -- 臺北市：
釀出版, 2011.12
面； 公分. --（釀文學50 ; PG0686）
BOD版
ISBN 978-986-6095-68-9（平裝）

1. 旅遊文學 2. 江蘇省

672.16 100023736

讀者回函卡

感謝您購買本書，為提升服務品質，請填妥以下資料，將讀者回函卡直接寄回或傳真本公司，收到您的寶貴意見後，我們會收藏記錄及檢討，謝謝！如您需要了解本公司最新出版書目、購書優惠或企劃活動，歡迎您上網查詢或下載相關資料：http:// www.showwe.com.tw

您購買的書名：______________________________

出生日期：________年________月________日

學歷：□高中（含）以下　□大專　□研究所（含）以上

職業：□製造業　□金融業　□資訊業　□軍警　□傳播業　□自由業

□服務業　□公務員　□教職　□學生　□家管　□其它_____

購書地點：□網路書店　□實體書店　□書展　□郵購　□贈閱　□其他

您從何得知本書的消息？

□網路書店　□實體書店　□網路搜尋　□電子報　□書訊　□雜誌

□傳播媒體　□親友推薦　□網站推薦　□部落格　□其他__________

您對本書的評價：（請填代號　1.非常滿意　2.滿意　3.尚可　4.再改進）

封面設計____　版面編排____　內容____　文／譯筆____　價格____

讀完書後您覺得：

□很有收穫　□有收穫　□收穫不多　□沒收穫

對我們的建議：______________________________

____

____

____

請貼
郵票

11466
台北市內湖區瑞光路 76 巷 65 號 1 樓

秀威資訊科技股份有限公司 收

BOD 數位出版事業部

（請沿線對折寄回，謝謝！）

姓　　名：＿＿＿＿＿＿＿＿　年齡：＿＿＿＿　性別：□女　□男

郵遞區號：□□□□□

地　　址：＿＿＿＿＿＿＿＿＿＿＿＿＿＿＿＿＿＿＿＿

聯絡電話：(日)＿＿＿＿＿＿＿＿＿＿（夜）＿＿＿＿＿＿＿＿＿＿

E-mail：＿＿＿＿＿＿＿＿＿＿＿＿＿＿＿＿＿＿＿＿